EDENS ZERO

26

EINE
GLÜCKLICHE
WELT

HIRO MASHIMA

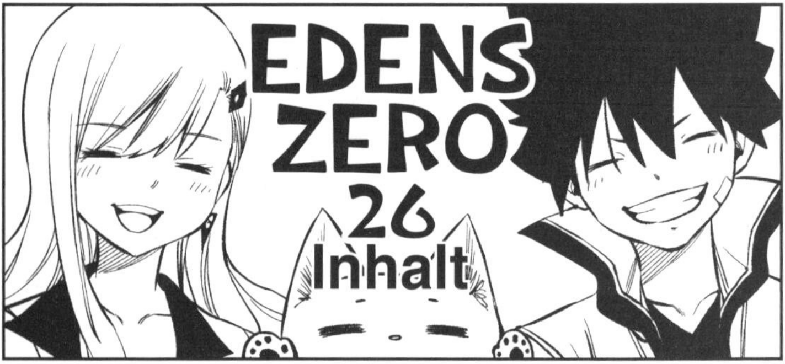
EDENS ZERO
26
Inhalt

EDENS ZERO

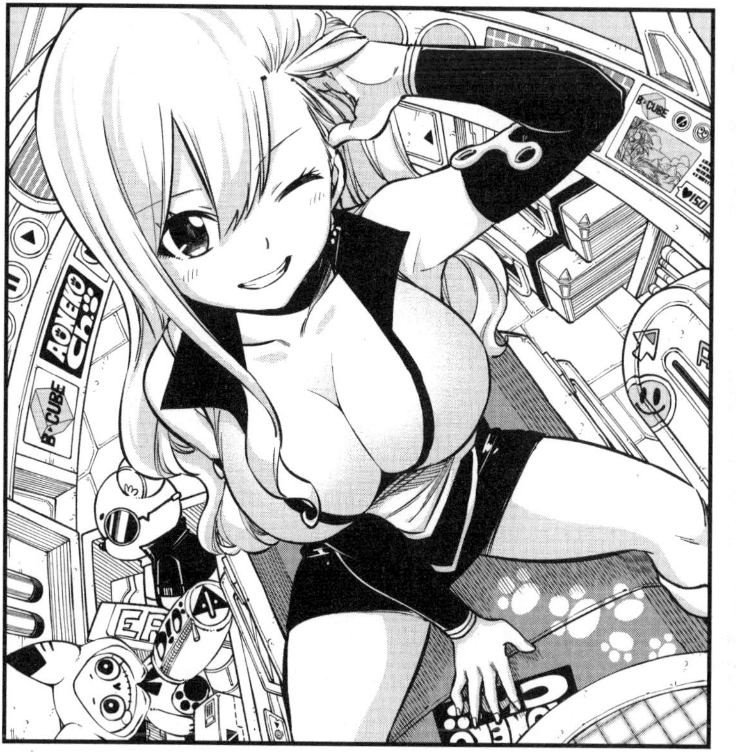

KAPITEL 222: EINE GLÜCKLICHE WELT

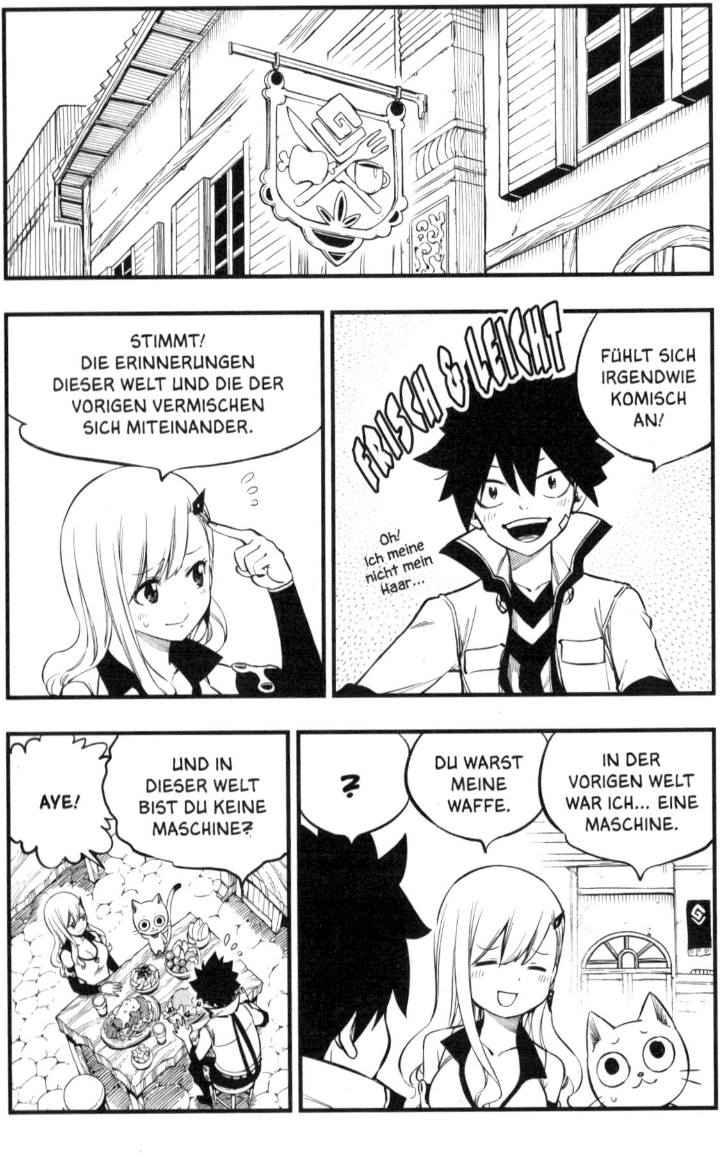
FÜHLT SICH IRGENDWIE KOMISCH AN!
FRISCH & LEICHT
Oh! Ich meine nicht mein Haar...
STIMMT! DIE ERINNERUNGEN DIESER WELT UND DIE DER VORIGEN VERMISCHEN SICH MITEINANDER.
IN DER VORIGEN WELT WAR ICH... EINE MASCHINE.
DU WARST MEINE WAFFE.
?
UND IN DIESER WELT BIST DU KEINE MASCHINE?
AYE!

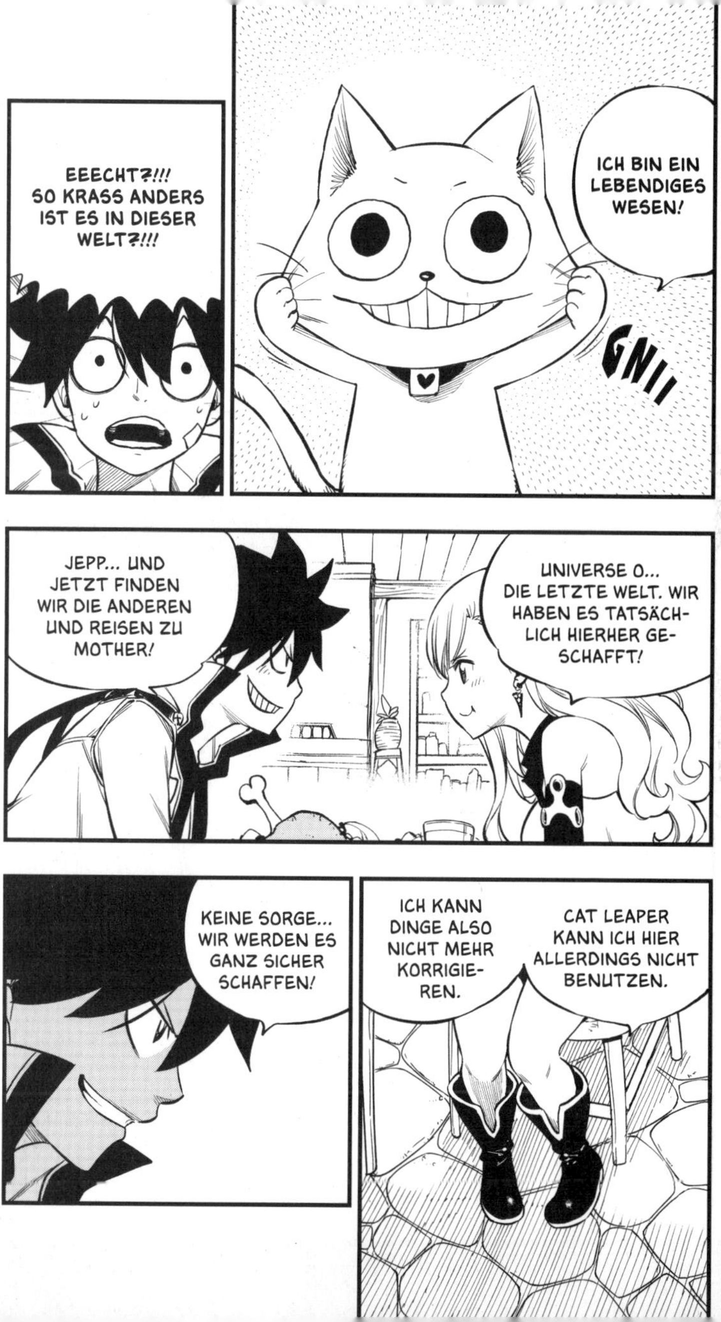
ICH BIN EIN LEBENDIGES WESEN!
GNII
EEECHT?!!! SO KRASS ANDERS IST ES IN DIESER WELT?!!!
UNIVERSE 0... DIE LETZTE WELT. WIR HABEN ES TATSÄCH-LICH HIERHER GE-SCHAFFT!
JEPP... UND JETZT FINDEN WIR DIE ANDEREN UND REISEN ZU MOTHER!
CAT LEAPER KANN ICH HIER ALLERDINGS NICHT BENUTZEN.
ICH KANN DINGE ALSO NICHT MEHR KORRIGIE-REN.
KEINE SORGE... WIR WERDEN ES GANZ SICHER SCHAFFEN!

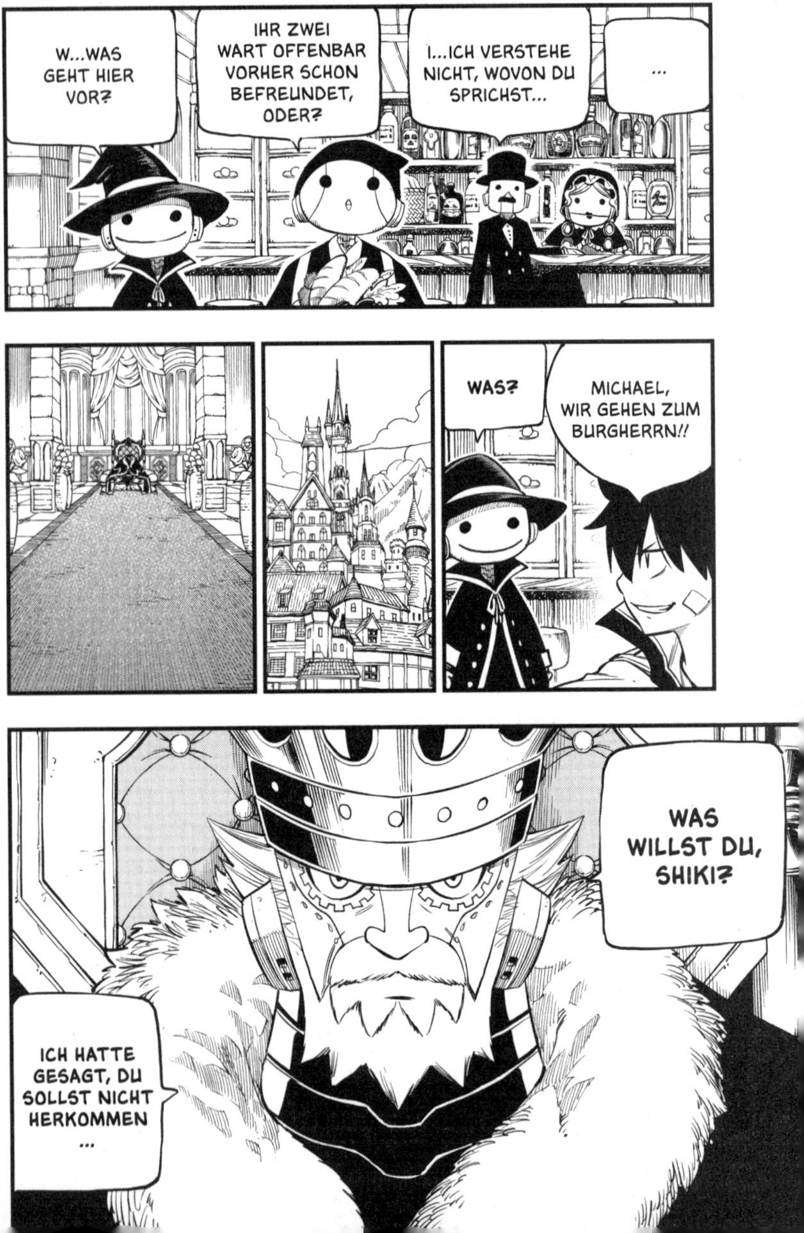
W...WAS GEHT HIER VOR?
IHR ZWEI WART OFFENBAR VORHER SCHON BEFREUNDET, ODER?
I...ICH VERSTEHE NICHT, WOVON DU SPRICHST...
...
MICHAEL, WIR GEHEN ZUM BURGHERRN!!
WAS?
WAS WILLST DU, SHIKI?
ICH HATTE GESAGT, DU SOLLST NICHT HERKOMMEN ...

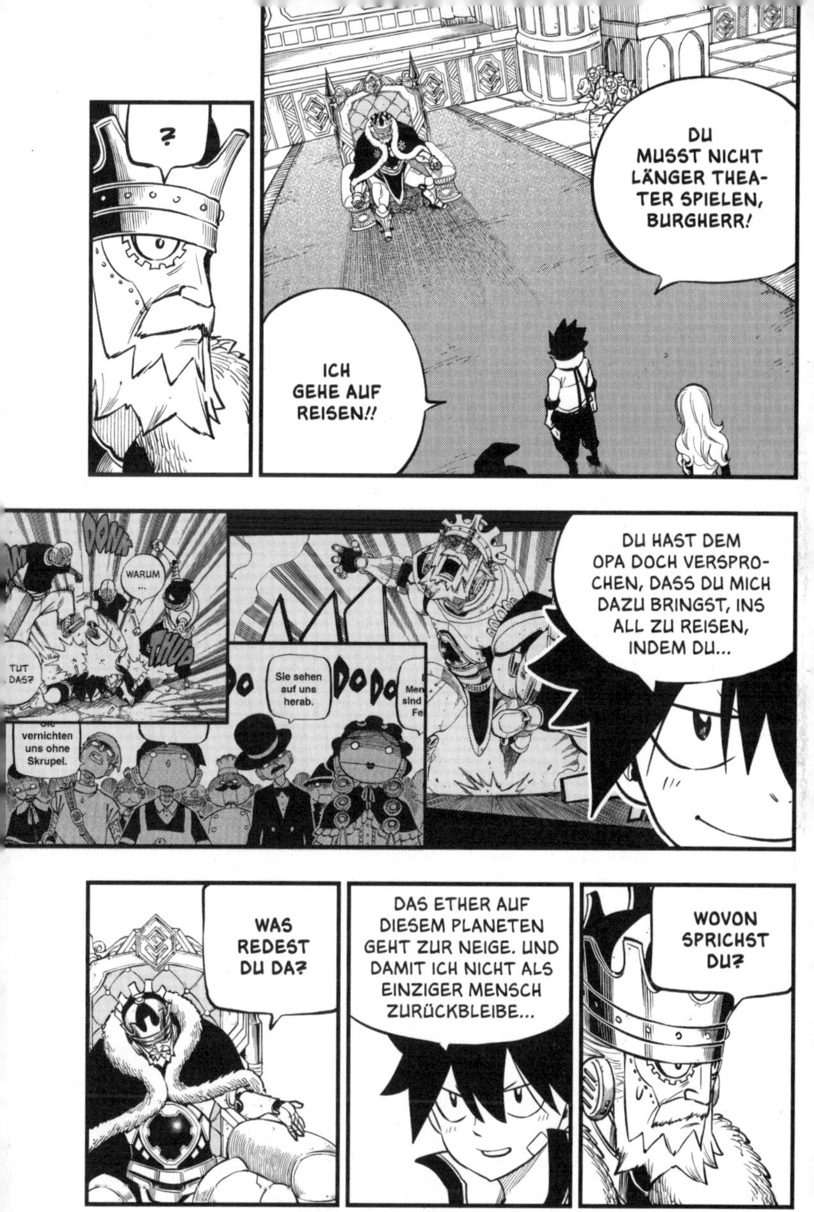
DU MUSST NICHT LÄNGER THEATER SPIELEN, BURGHERR!
ICH GEHE AUF REISEN!!
?
DU HAST DEM OPA DOCH VERSPROCHEN, DASS DU MICH DAZU BRINGST, INS ALL ZU REISEN, INDEM DU...
Sie sehen auf uns herab.
vernichten uns ohne Skrupel.
DONK
WARUM ...
TUT DAS?
THUD
WOVON SPRICHST DU?
DAS ETHER AUF DIESEM PLANETEN GEHT ZUR NEIGE. UND DAMIT ICH NICHT ALS EINZIGER MENSCH ZURÜCKBLEIBE...
WAS REDEST DU DA?

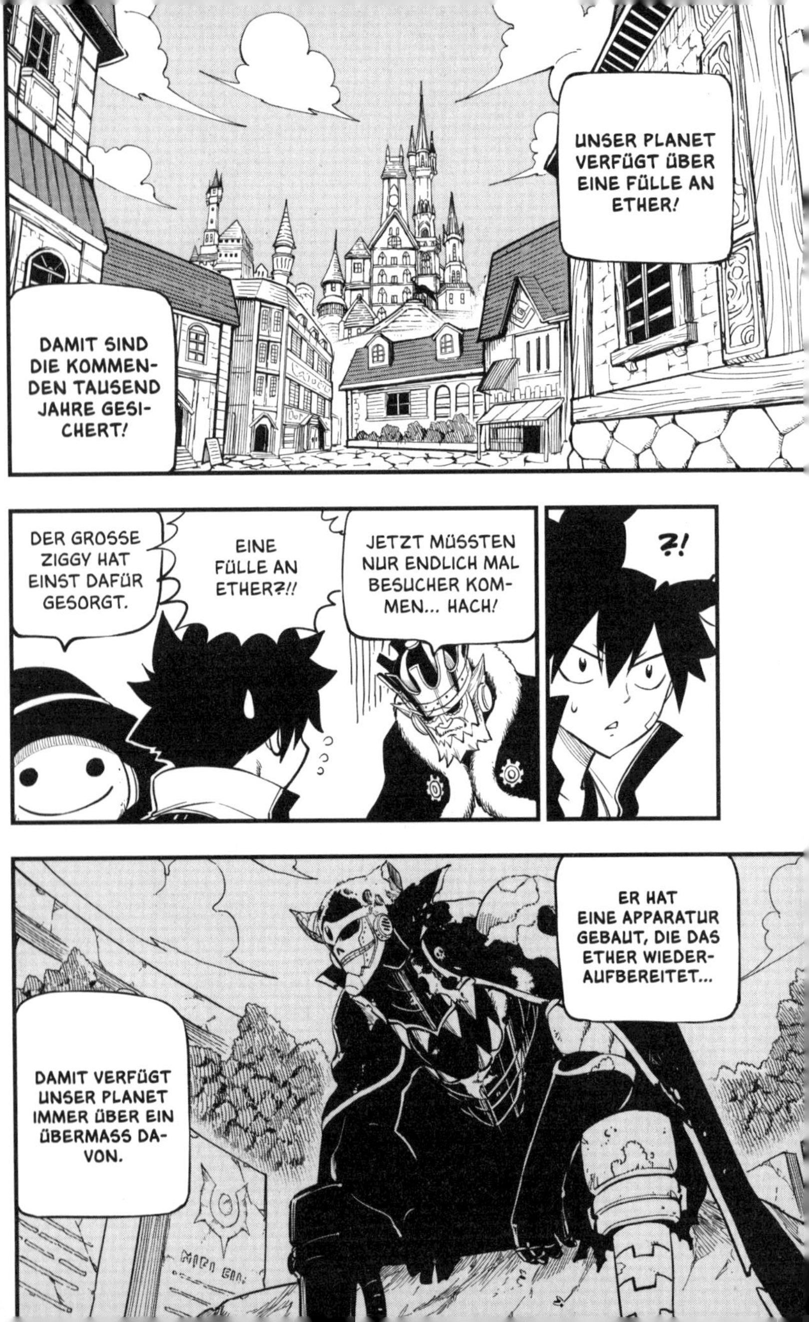
UNSER PLANET VERFÜGT ÜBER EINE FÜLLE AN ETHER!
DAMIT SIND DIE KOMMEN-DEN TAUSEND JAHRE GESI-CHERT!
DER GROSSE ZIGGY HAT EINST DAFÜR GESORGT.
EINE FÜLLE AN ETHER?!!
JETZT MÜSSTEN NUR ENDLICH MAL BESUCHER KOM-MEN... HACH!
?!
ER HAT EINE APPARATUR GEBAUT, DIE DAS ETHER WIEDER-AUFBEREITET...
DAMIT VERFÜGT UNSER PLANET IMMER ÜBER EIN ÜBERMASS DA-VON.

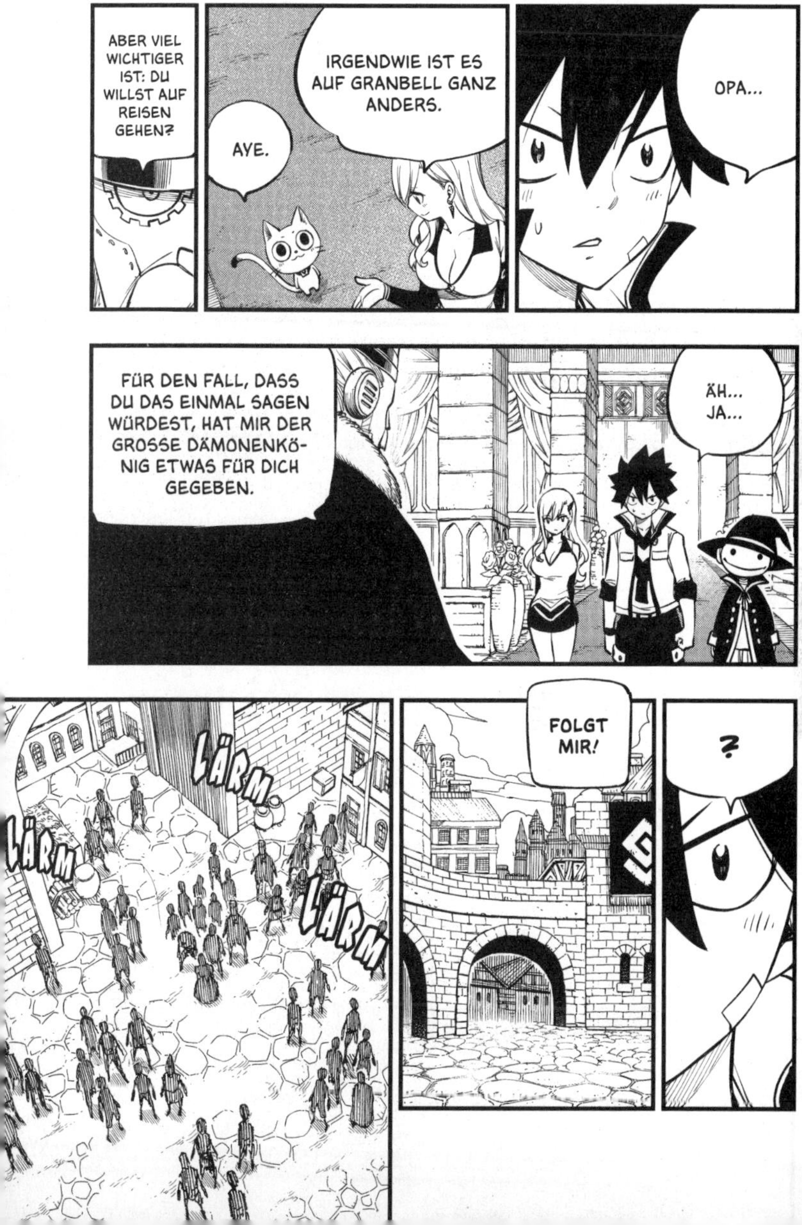
OPA...
IRGENDWIE IST ES AUF GRANBELL GANZ ANDERS.
AYE.
ABER VIEL WICHTIGER IST: DU WILLST AUF REISEN GEHEN?
ÄH... JA...
FÜR DEN FALL, DASS DU DAS EINMAL SAGEN WÜRDEST, HAT MIR DER GROSSE DÄMONENKÖ-NIG ETWAS FÜR DICH GEGEBEN.
?
FOLGT MIR!
LÄRM
LÄRM
LÄRM

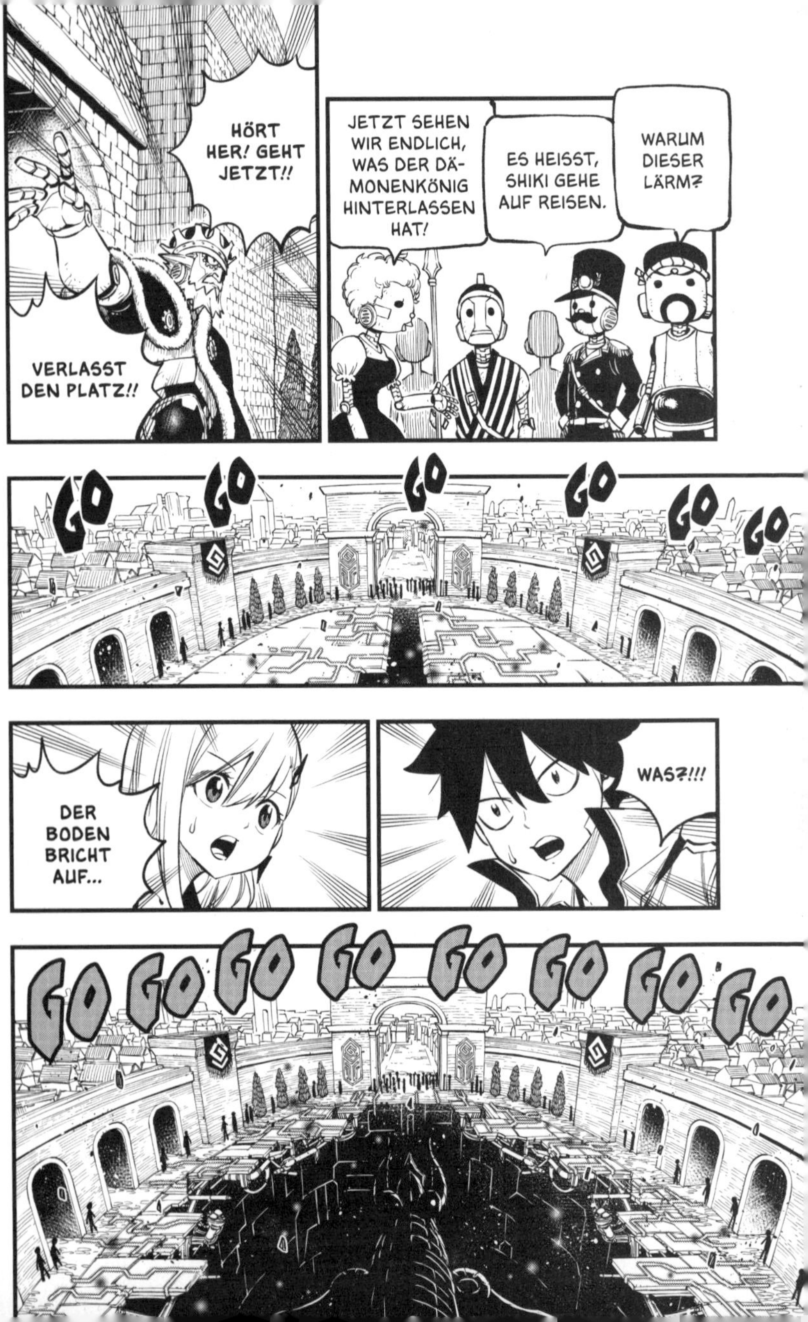
WARUM DIESER LÄRM?
ES HEISST, SHIKI GEHE AUF REISEN.
JETZT SEHEN WIR ENDLICH, WAS DER DÄMONENKÖNIG HINTERLASSEN HAT!
HÖRT HER! GEHT JETZT!!
VERLASST DEN PLATZ!!
GO GO GO GO GO GO
WAS?!!!
DER BODEN BRICHT AUF...
GO GO GO GO GO GO GO GO

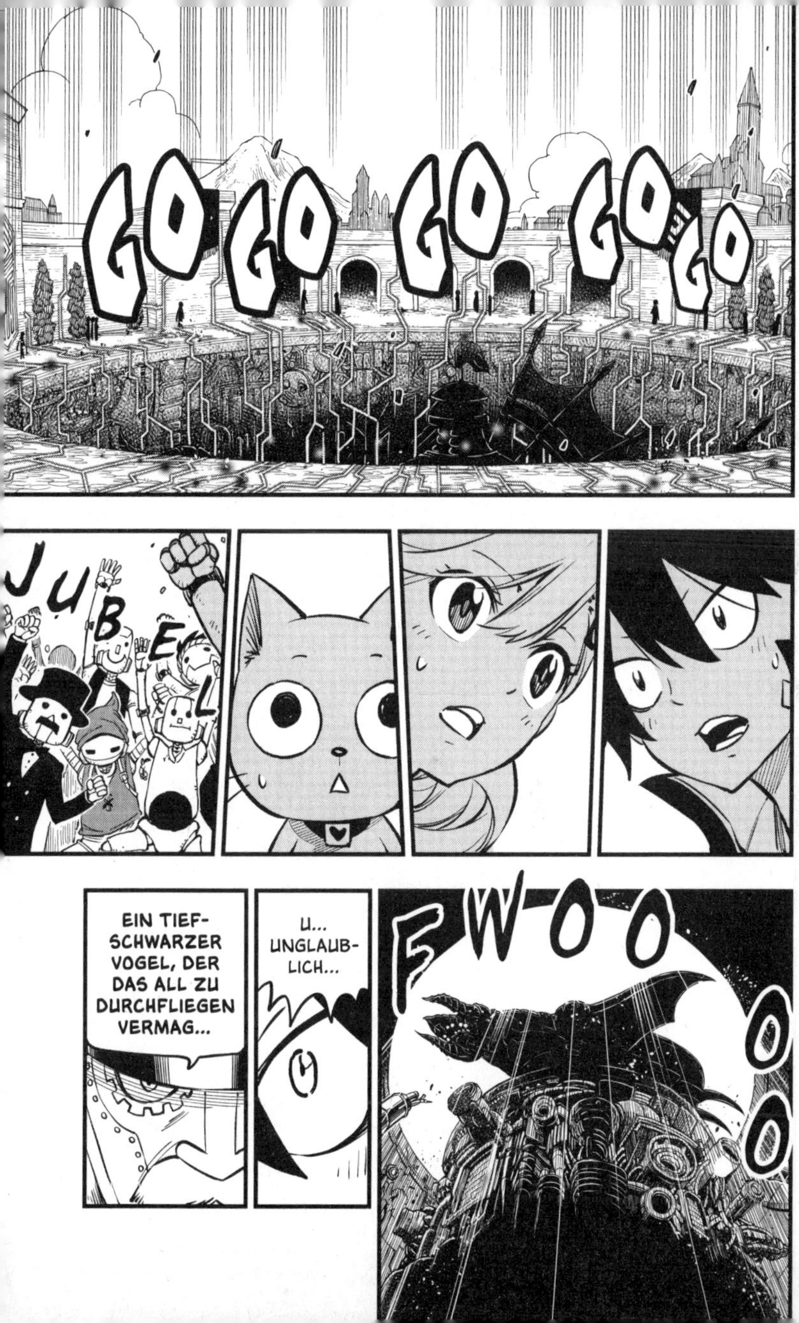
GO GO GO GO GO GO
JUBEL
FWOOOOOOO
U... UNGLAUB-LICH...
EIN TIEF-SCHWARZER VOGEL, DER DAS ALL ZU DURCHFLIEGEN VERMAG...

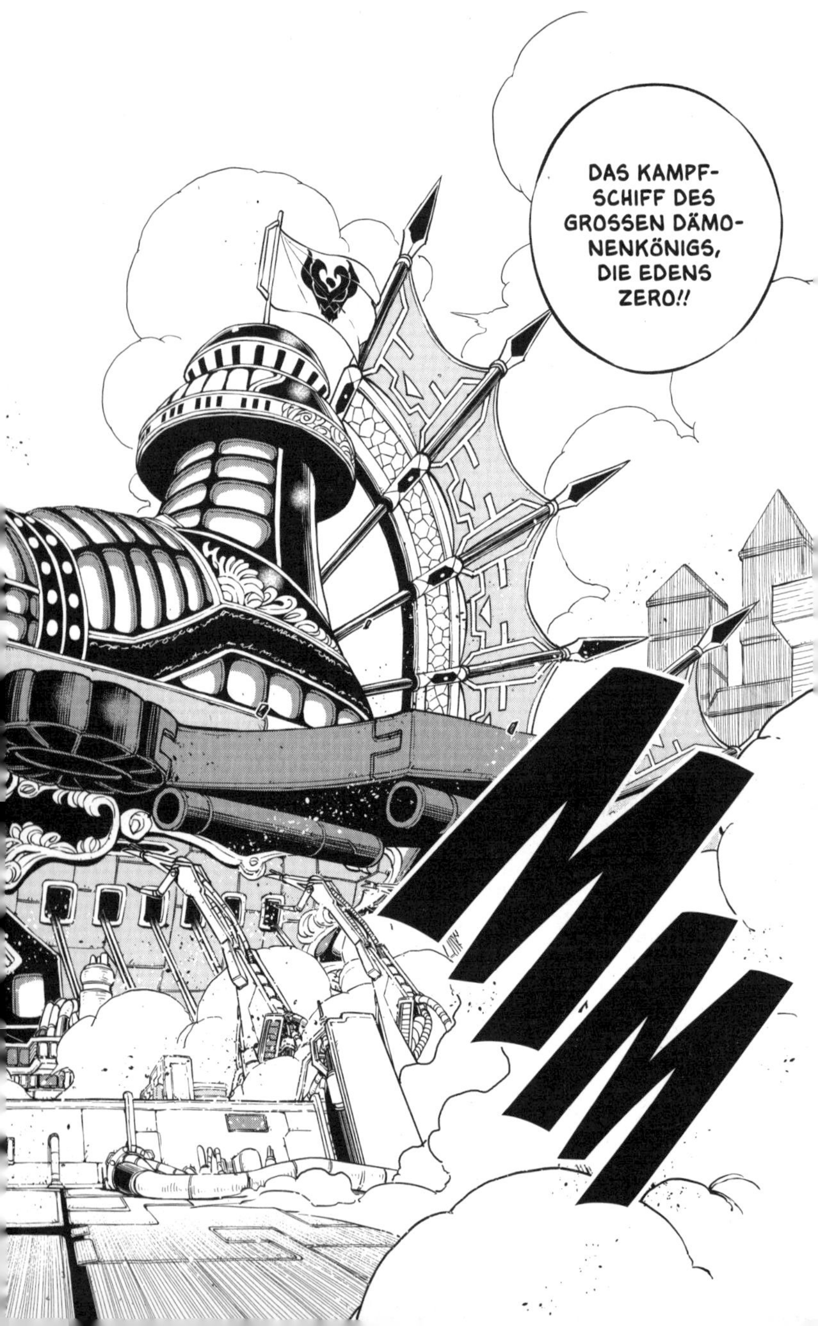
DAS KAMPF-SCHIFF DES GROSSEN DÄMO-NENKÖNIGS, DIE EDENS ZERO!!
MMM

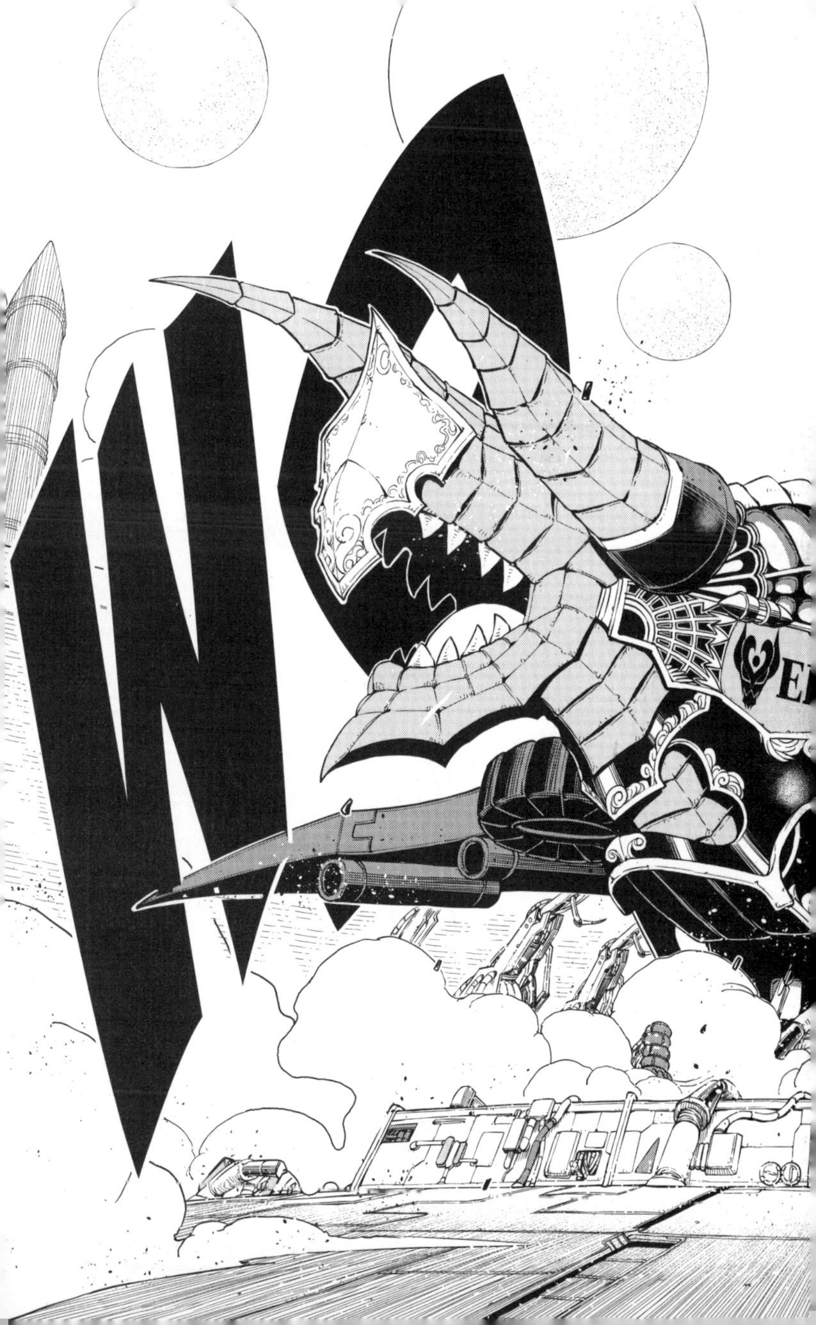

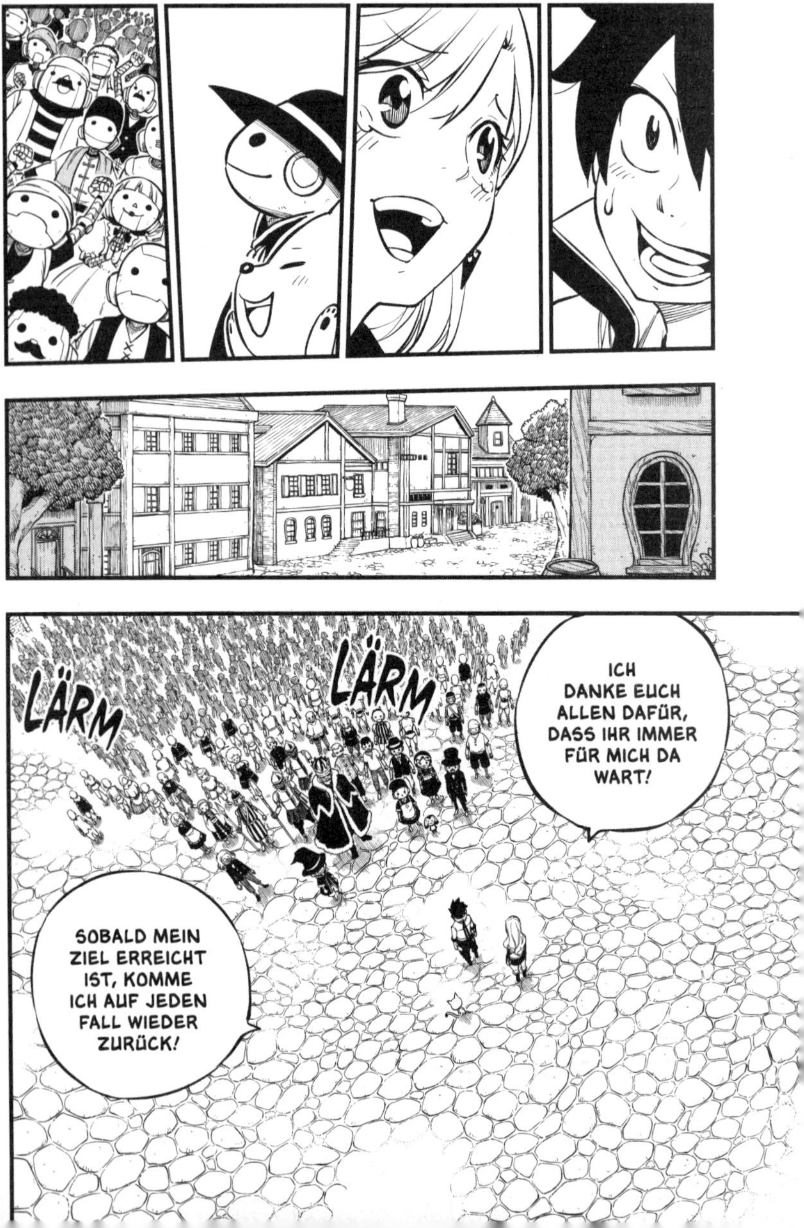
LÄRM
LÄRM
ICH DANKE EUCH ALLEN DAFÜR, DASS IHR IMMER FÜR MICH DA WART!
SOBALD MEIN ZIEL ERREICHT IST, KOMME ICH AUF JEDEN FALL WIEDER ZURÜCK!

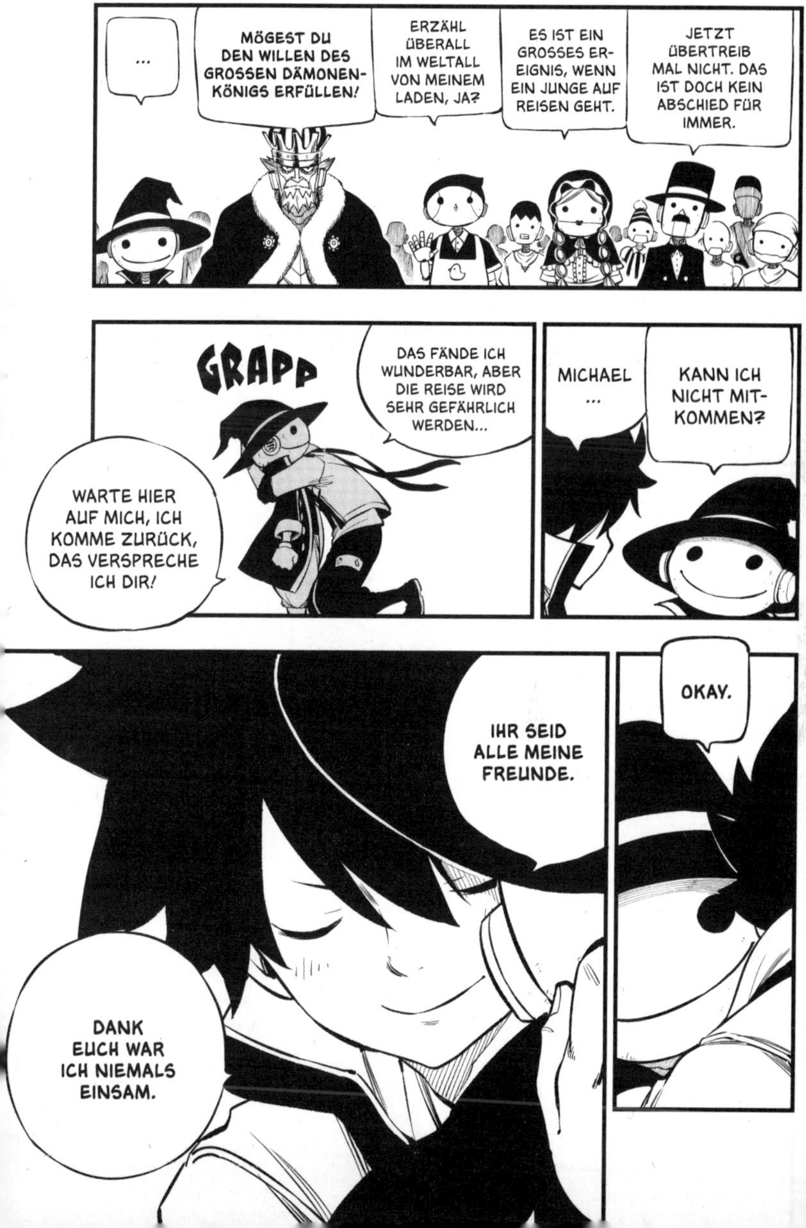
JETZT ÜBERTREIB MAL NICHT. DAS IST DOCH KEIN ABSCHIED FÜR IMMER.
ES IST EIN GROSSES ER-EIGNIS, WENN EIN JUNGE AUF REISEN GEHT.
ERZÄHL ÜBERALL IM WELTALL VON MEINEM LADEN, JA?
MÖGEST DU DEN WILLEN DES GROSSEN DÄMONEN-KÖNIGS ERFÜLLEN!
...
KANN ICH NICHT MIT-KOMMEN?
MICHAEL ...
DAS FÄNDE ICH WUNDERBAR, ABER DIE REISE WIRD SEHR GEFÄHRLICH WERDEN...
GRAPP
WARTE HIER AUF MICH, ICH KOMME ZURÜCK, DAS VERSPRECHE ICH DIR!
OKAY.
IHR SEID ALLE MEINE FREUNDE.
DANK EUCH WAR ICH NIEMALS EINSAM.

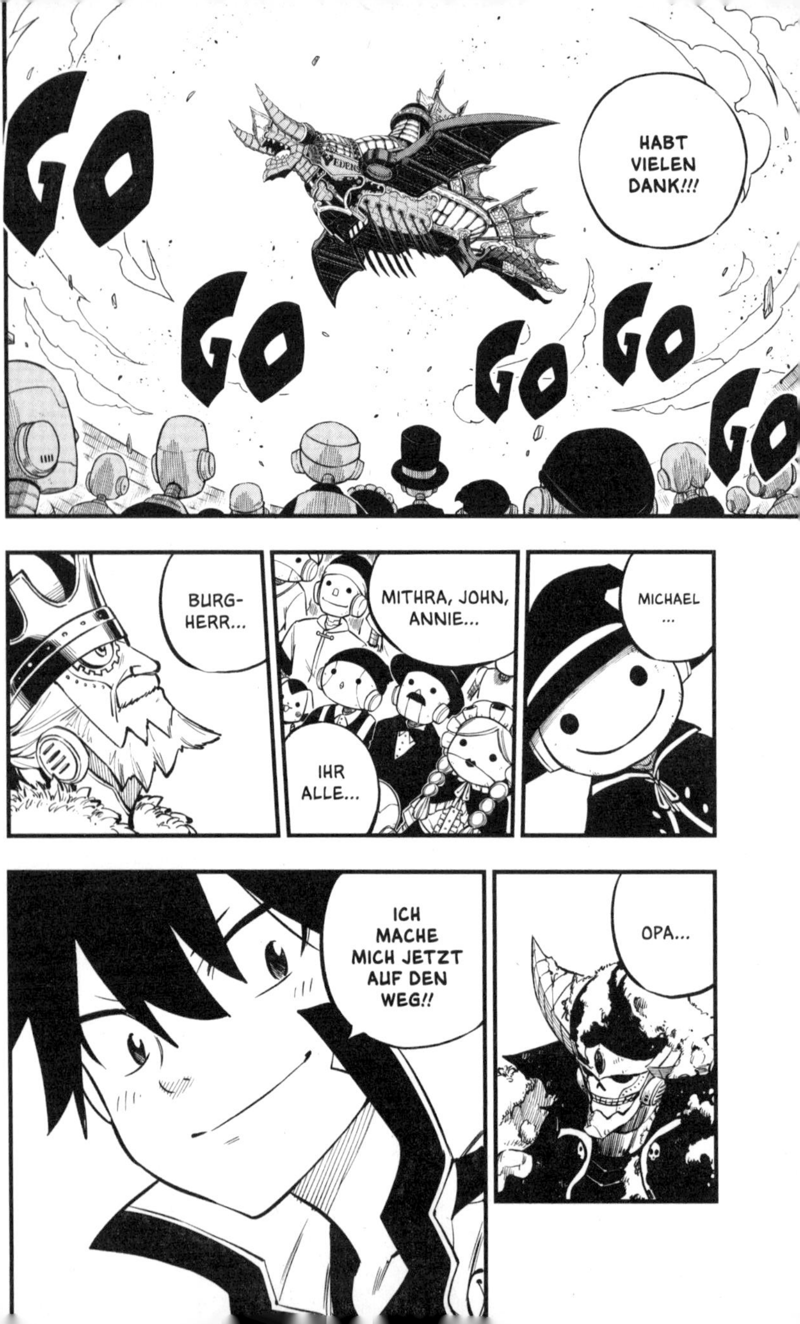
GO GO GO GO GO
HABT VIELEN DANK!!!
MICHAEL ...
MITHRA, JOHN, ANNIE...
IHR ALLE...
BURG-HERR...
OPA...
ICH MACHE MICH JETZT AUF DEN WEG!!

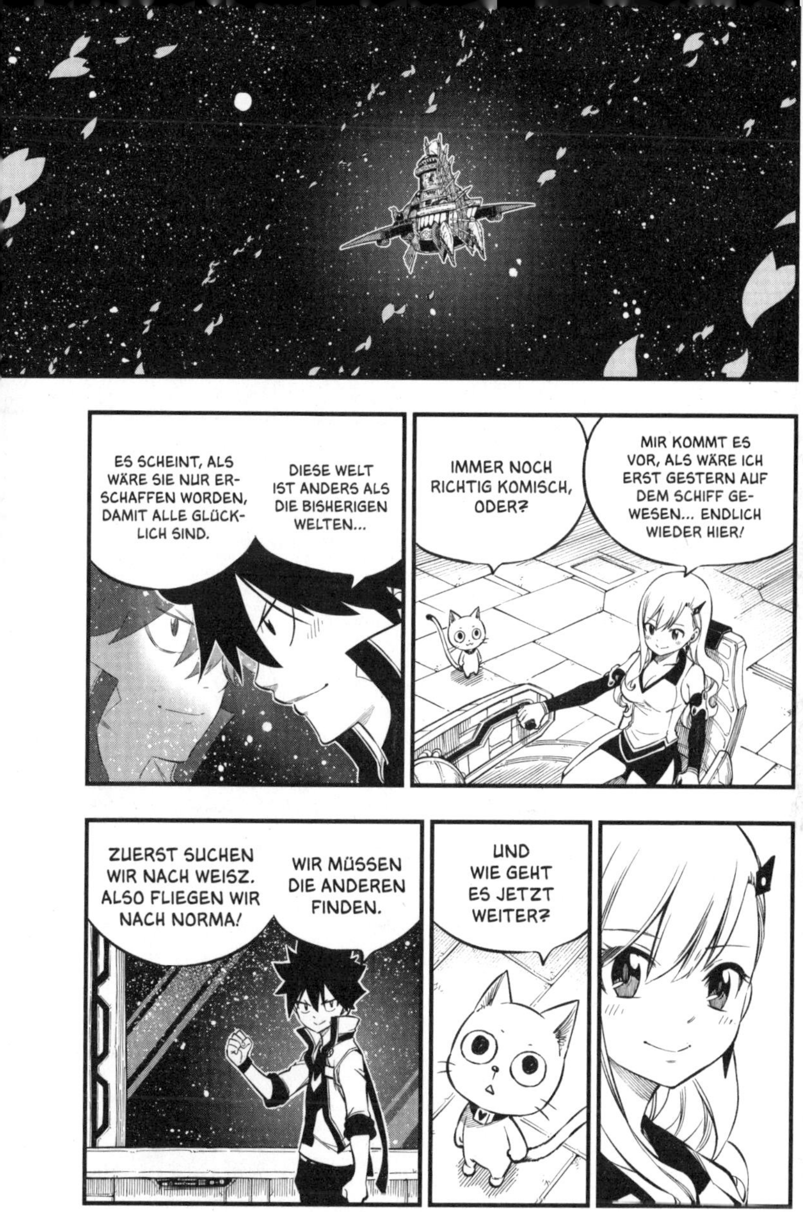
MIR KOMMT ES VOR, ALS WÄRE ICH ERST GESTERN AUF DEM SCHIFF GEWESEN... ENDLICH WIEDER HIER!
IMMER NOCH RICHTIG KOMISCH, ODER?
DIESE WELT IST ANDERS ALS DIE BISHERIGEN WELTEN...
ES SCHEINT, ALS WÄRE SIE NUR ERSCHAFFEN WORDEN, DAMIT ALLE GLÜCKLICH SIND.
UND WIE GEHT ES JETZT WEITER?
WIR MÜSSEN DIE ANDEREN FINDEN.
ZUERST SUCHEN WIR NACH WEISZ. ALSO FLIEGEN WIR NACH NORMA!

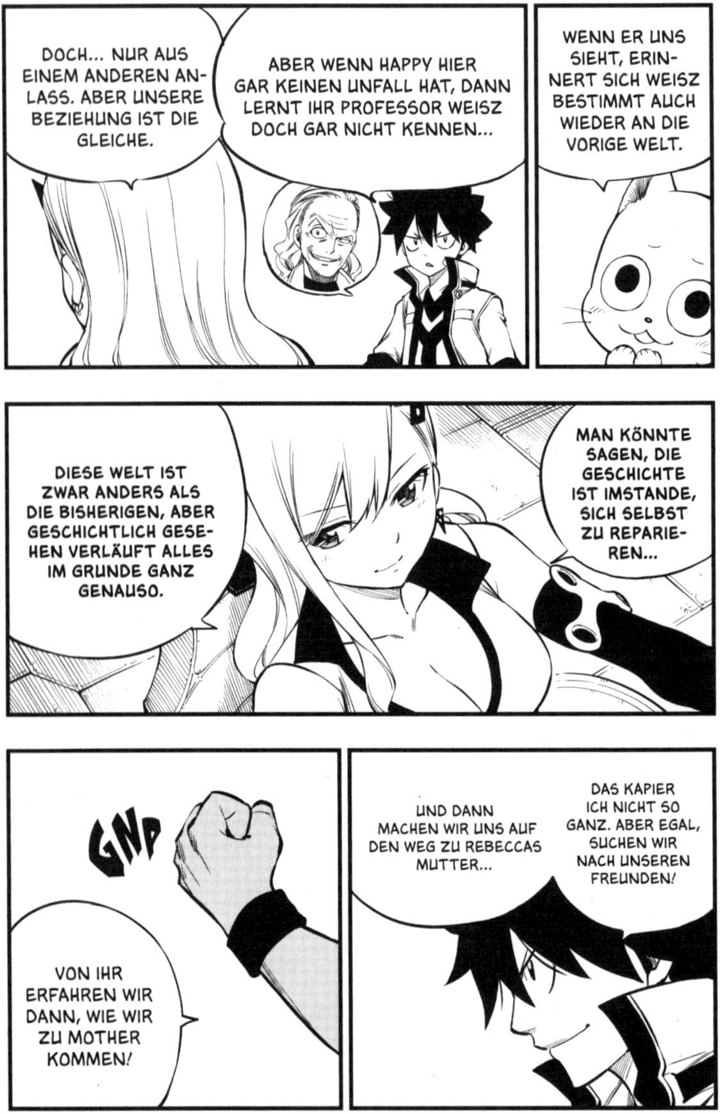
DOCH... NUR AUS EINEM ANDEREN ANLASS. ABER UNSERE BEZIEHUNG IST DIE GLEICHE.
ABER WENN HAPPY HIER GAR KEINEN UNFALL HAT, DANN LERNT IHR PROFESSOR WEISZ DOCH GAR NICHT KENNEN...
WENN ER UNS SIEHT, ERINNERT SICH WEISZ BESTIMMT AUCH WIEDER AN DIE VORIGE WELT.
DIESE WELT IST ZWAR ANDERS ALS DIE BISHERIGEN, ABER GESCHICHTLICH GESEHEN VERLÄUFT ALLES IM GRUNDE GANZ GENAUSO.
MAN KÖNNTE SAGEN, DIE GESCHICHTE IST IMSTANDE, SICH SELBST ZU REPARIEREN...
GNP
VON IHR ERFAHREN WIR DANN, WIE WIR ZU MOTHER KOMMEN!
UND DANN MACHEN WIR UNS AUF DEN WEG ZU REBECCAS MUTTER...
DAS KAPIER ICH NICHT SO GANZ. ABER EGAL, SUCHEN WIR NACH UNSEREN FREUNDEN!

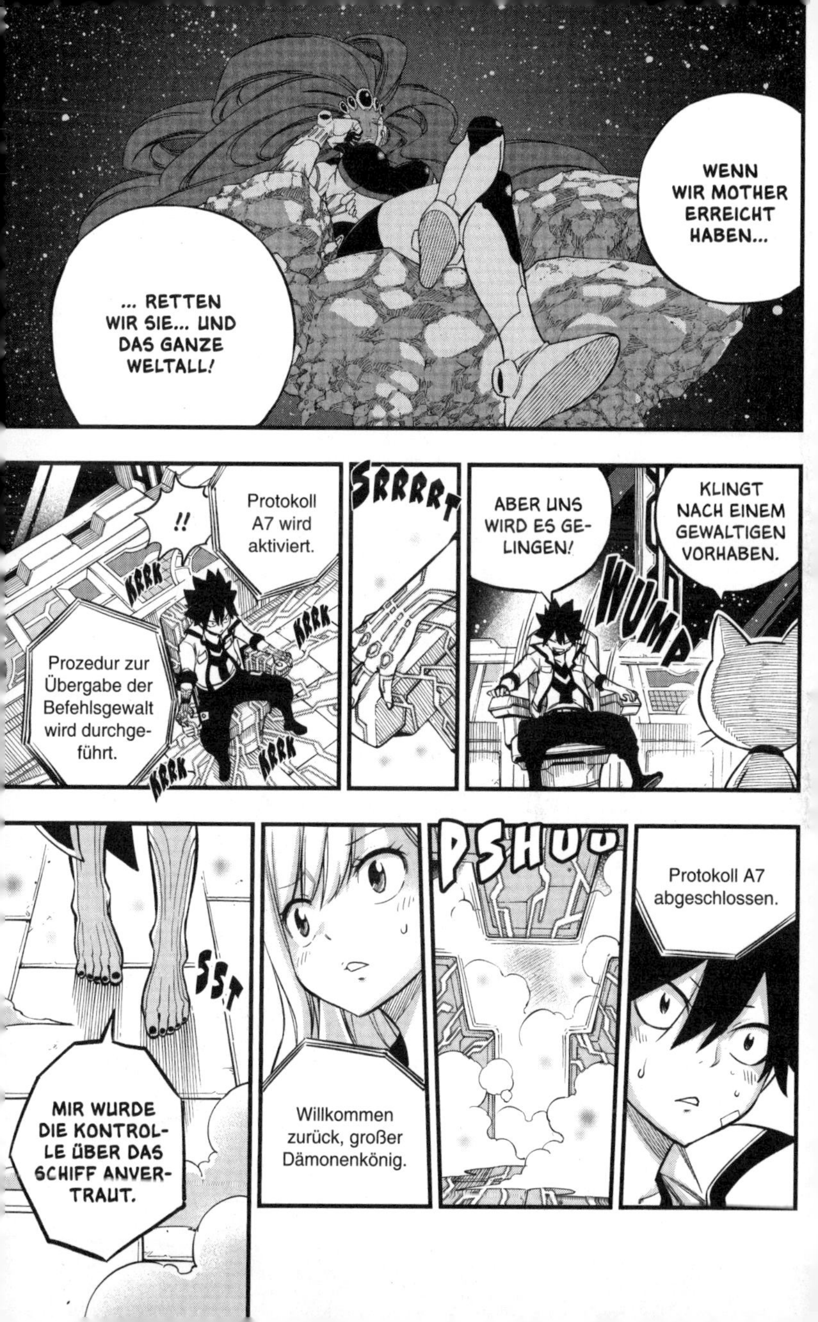
WENN WIR MOTHER ERREICHT HABEN...
... RETTEN WIR SIE... UND DAS GANZE WELTALL!
KLINGT NACH EINEM GEWALTIGEN VORHABEN.
WUMP
ABER UNS WIRD ES GELINGEN!
SRRRRT
Protokoll A7 wird aktiviert.
!!
KRRK
KRRK
Prozedur zur Übergabe der Befehlsgewalt wird durchgeführt.
KRRK
KRRK
Protokoll A7 abgeschlossen.
PSHUU
Willkommen zurück, großer Dämonenkönig.
SST
MIR WURDE DIE KONTROLLE ÜBER DAS SCHIFF ANVERTRAUT.

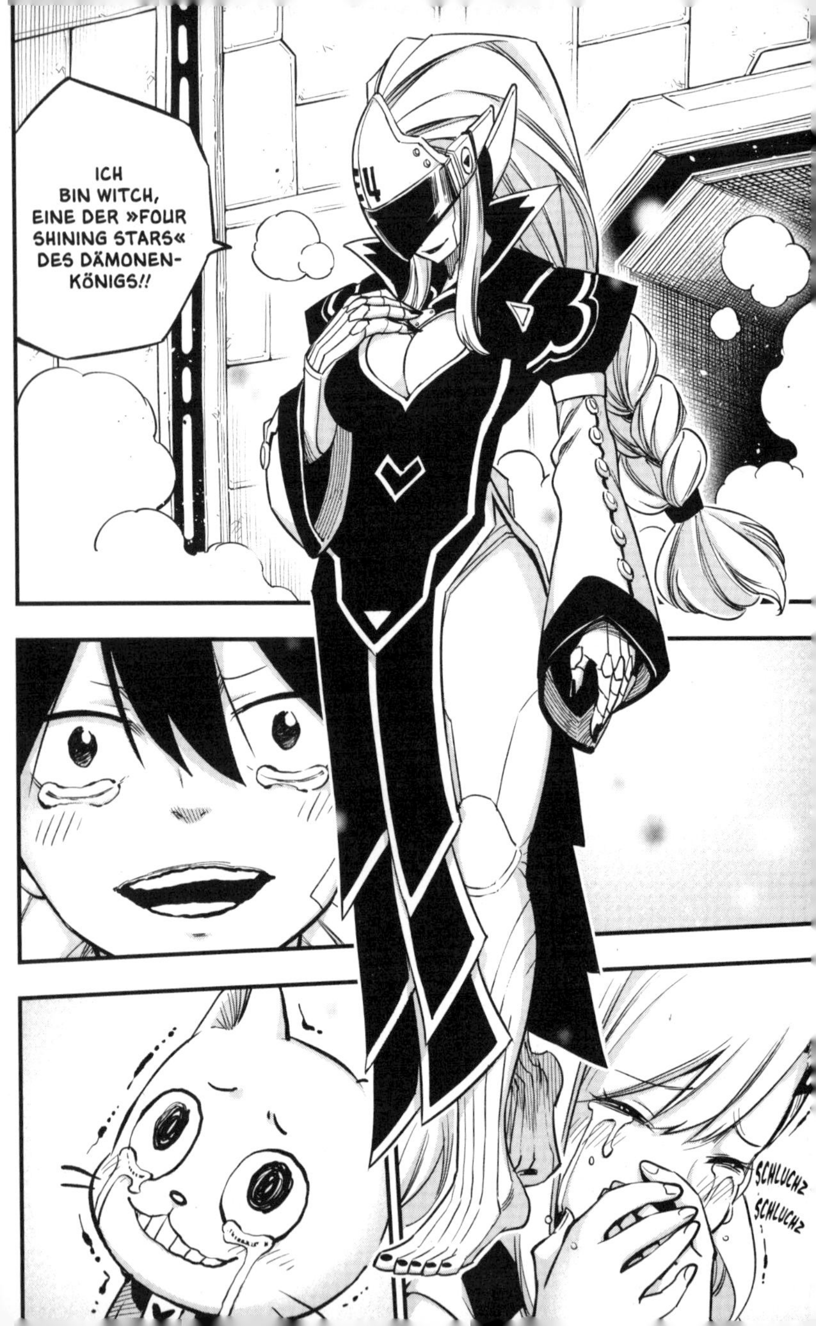
ICH BIN WITCH, EINE DER »FOUR SHINING STARS« DES DÄMONEN-KÖNIGS!!
SCHLUCHZ
SCHLUCHZ

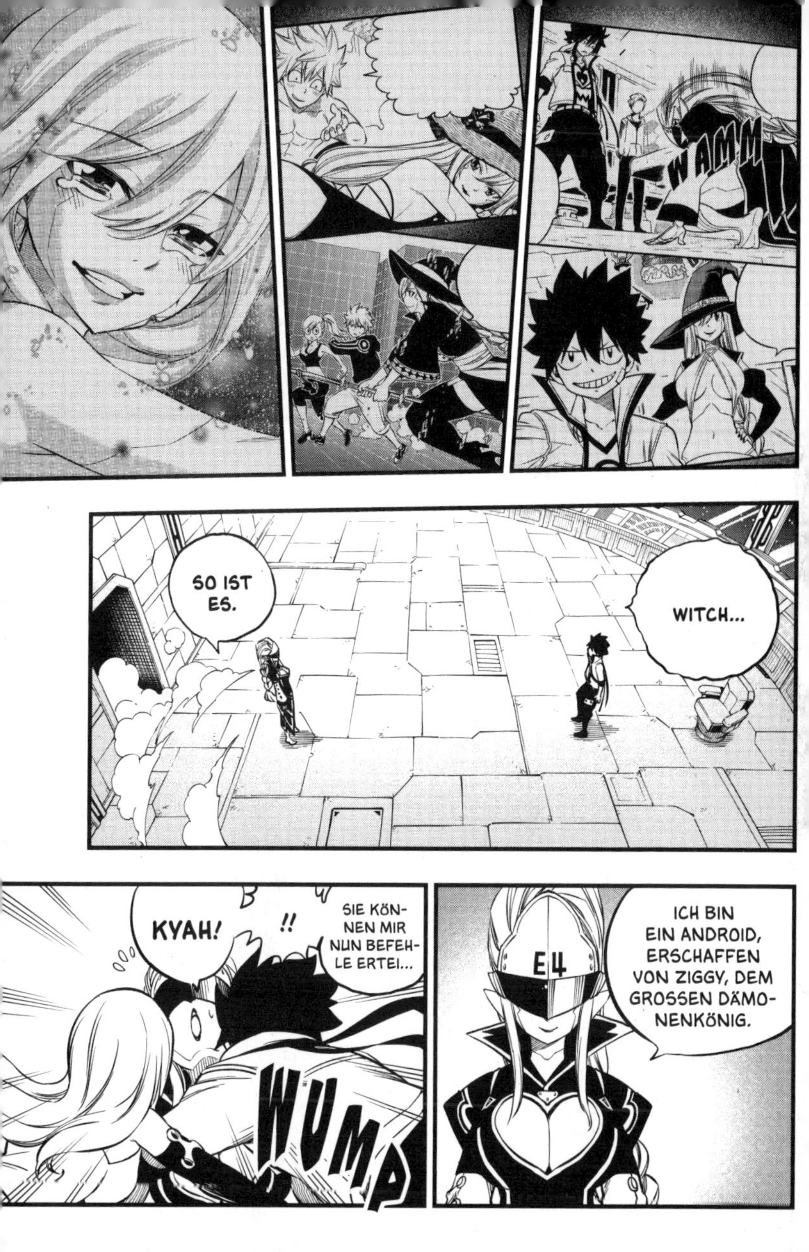
WAMM
WITCH...
SO IST ES.
ICH BIN EIN ANDROID, ERSCHAFFEN VON ZIGGY, DEM GROSSEN DÄMONENKÖNIG.
SIE KÖNNEN MIR NUN BEFEHLE ERTEI...
!!
KYAH!
WUMP

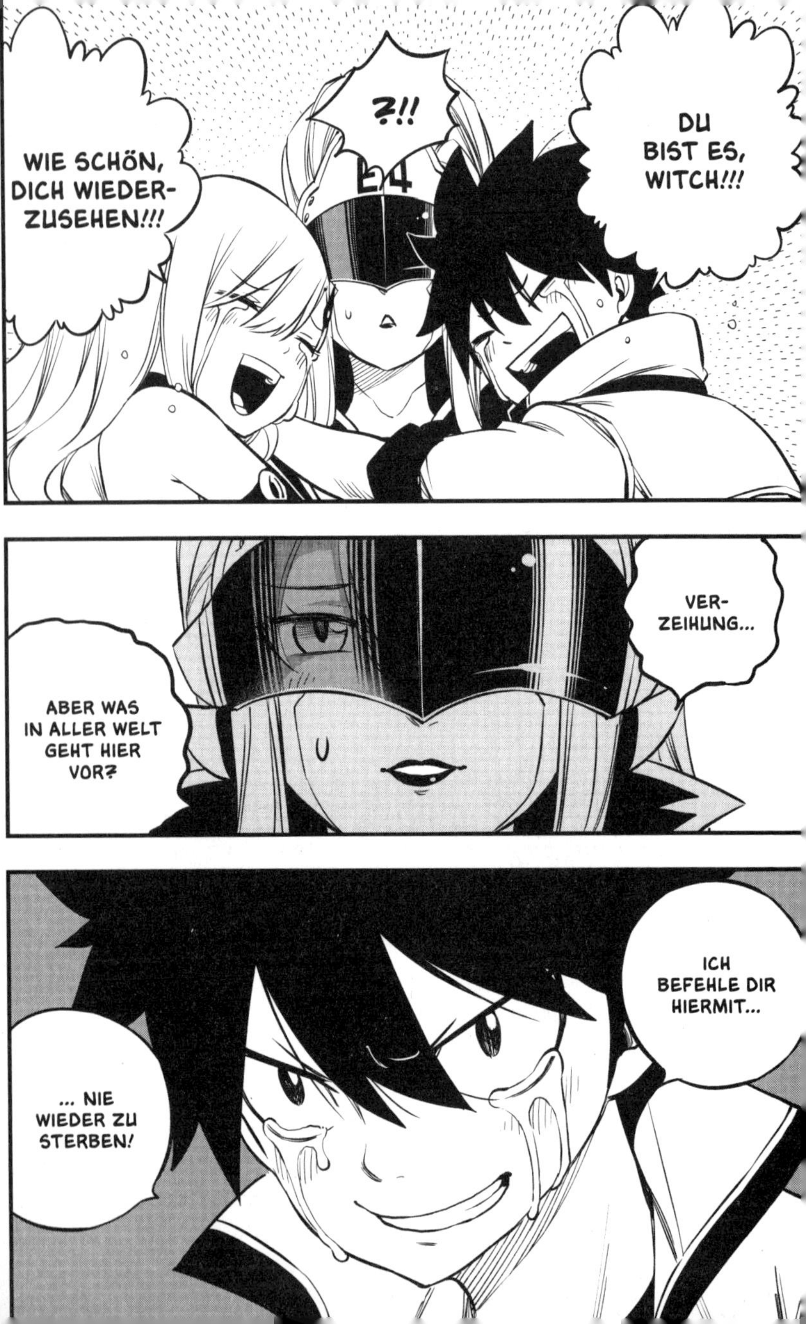
DU BIST ES, WITCH!!!
?!!
WIE SCHÖN, DICH WIEDER-ZUSEHEN!!!
VER-ZEIHUNG...
ABER WAS IN ALLER WELT GEHT HIER VOR?
ICH BEFEHLE DIR HIERMIT...
... NIE WIEDER ZU STERBEN!

EDENS ZERO

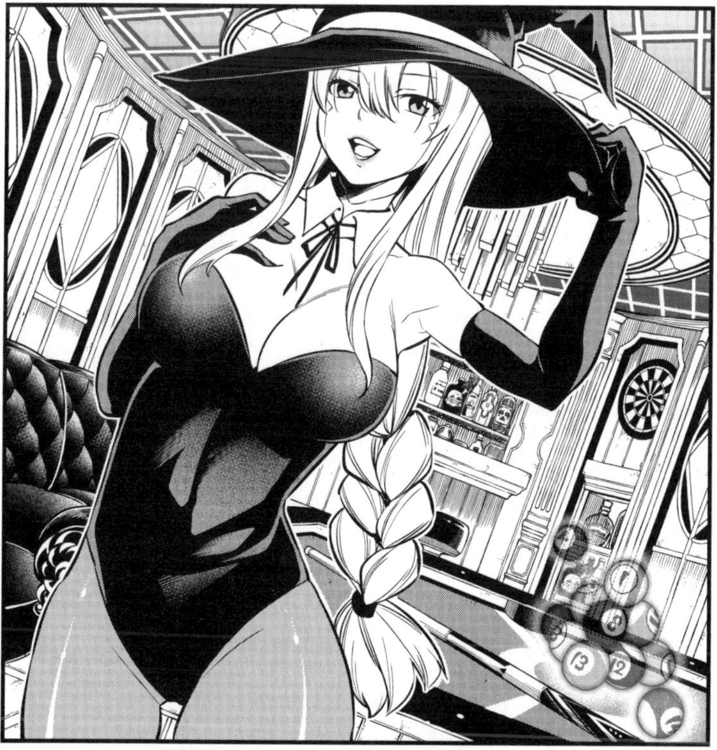

KAPITEL 223: ERINNERUNGEN UND FÄHIGKEITEN

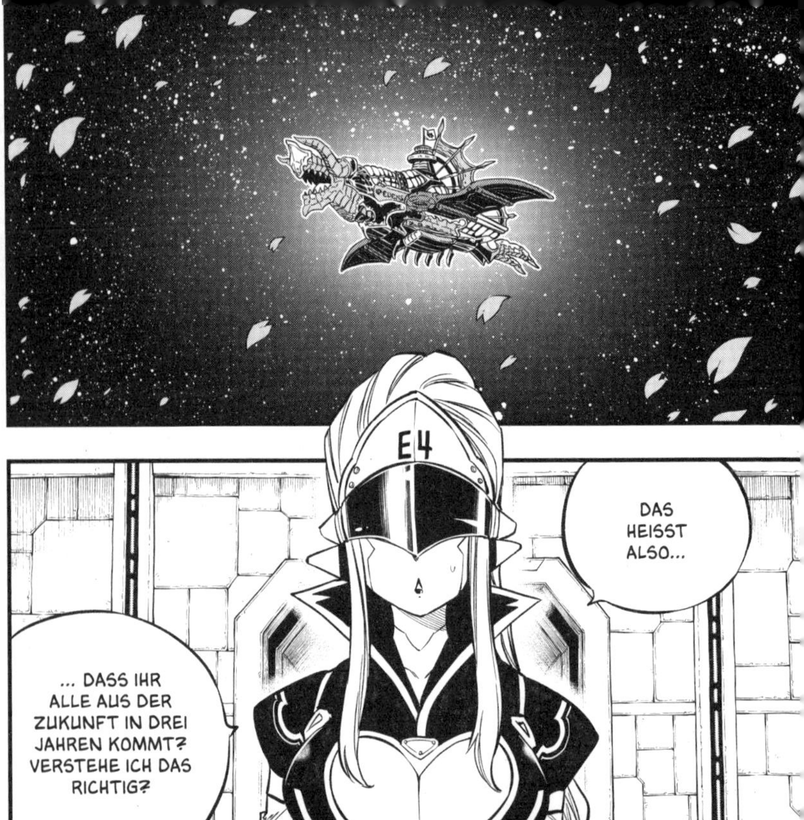
DAS HEISST ALSO...
... DASS IHR ALLE AUS DER ZUKUNFT IN DREI JAHREN KOMMT? VERSTEHE ICH DAS RICHTIG?
GROB GESAGT, JA.
ES IST, ALS WÜRDE SICH DIE GESCHICHTE WIEDERHOLEN, ALLERDINGS MIT KLEINEN ÄNDERUNGEN. ZUM BEISPIEL...
... SIND WIR AUF EINEM ANDEREN WEG AN DAS SCHIFF HIER GEKOMMEN.

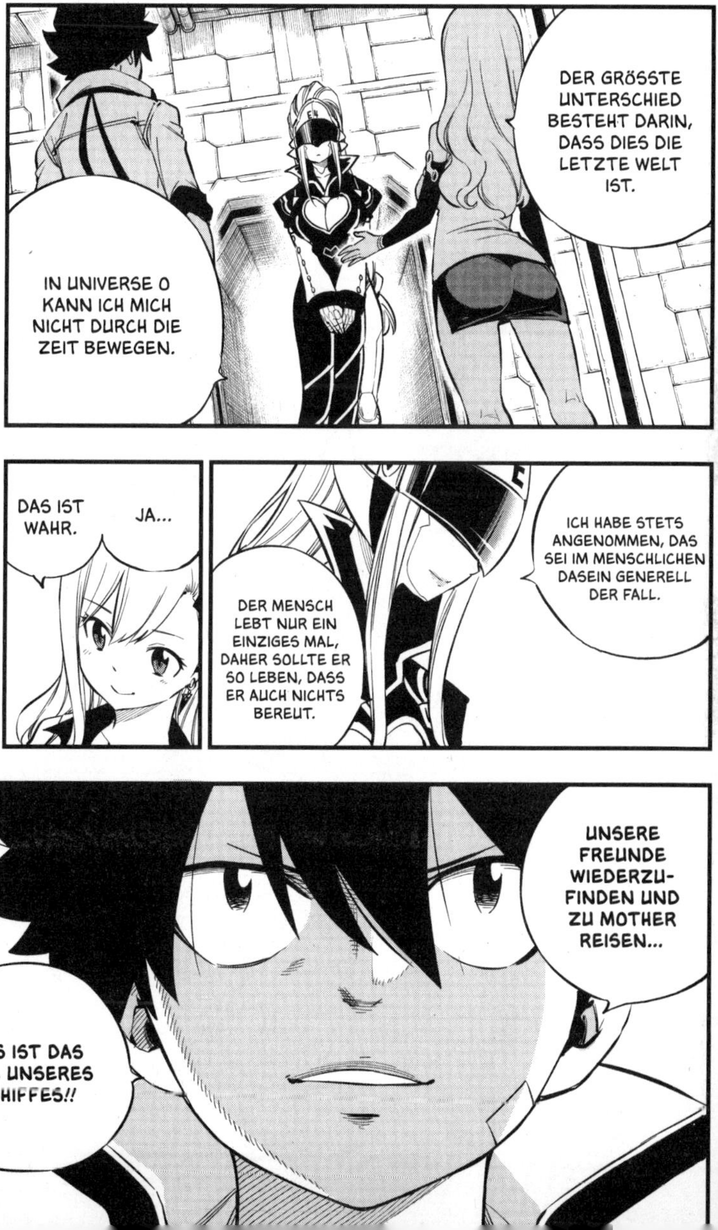
DER GRÖSSTE UNTERSCHIED BESTEHT DARIN, DASS DIES DIE LETZTE WELT IST.
IN UNIVERSE 0 KANN ICH MICH NICHT DURCH DIE ZEIT BEWEGEN.
ICH HABE STETS ANGENOMMEN, DAS SEI IM MENSCHLICHEN DASEIN GENERELL DER FALL.
DER MENSCH LEBT NUR EIN EINZIGES MAL, DAHER SOLLTE ER SO LEBEN, DASS ER AUCH NICHTS BEREUT.
JA...
DAS IST WAHR.
UNSERE FREUNDE WIEDERZUFINDEN UND ZU MOTHER REISEN...
DAS IST DAS ZIEL UNSERES SCHIFFES!!

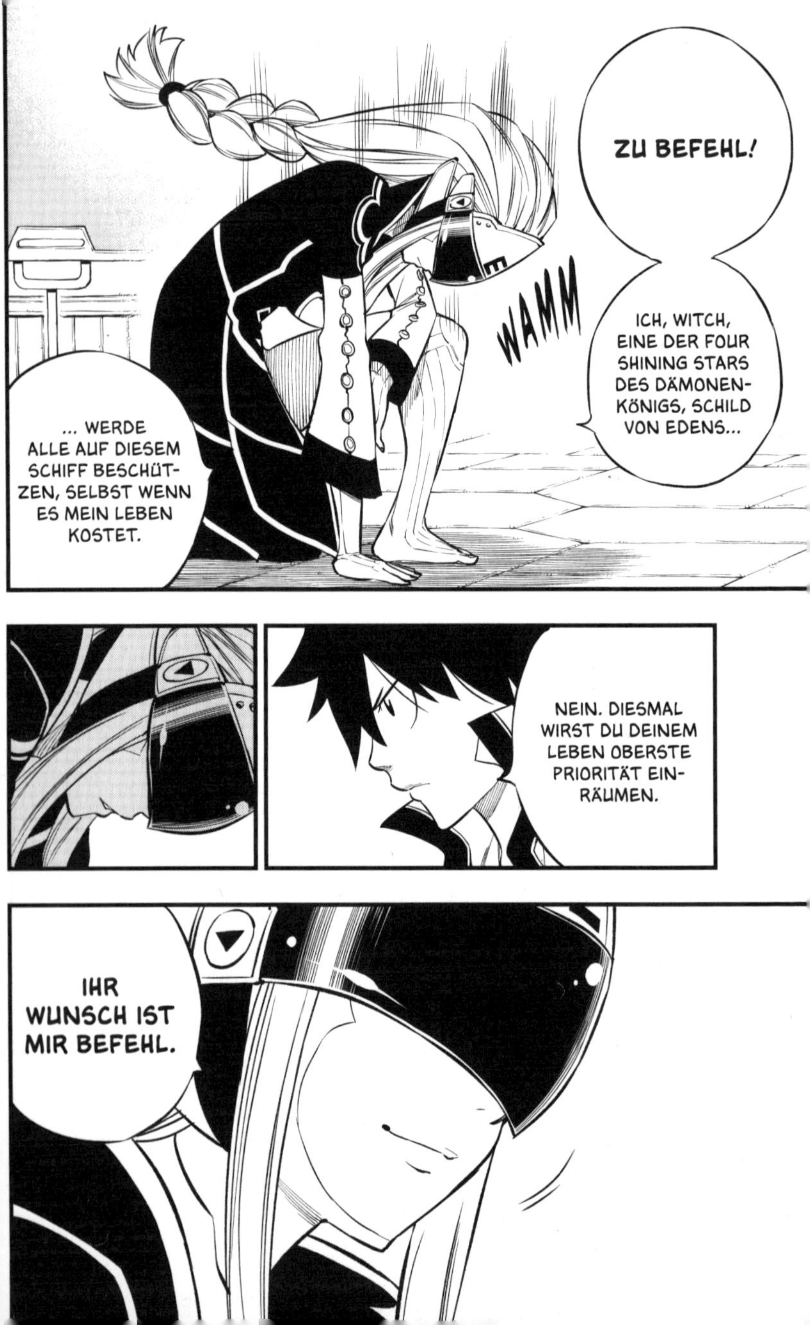
ZU BEFEHL!
WAMM
ICH, WITCH, EINE DER FOUR SHINING STARS DES DÄMONENKÖNIGS, SCHILD VON EDENS...
... WERDE ALLE AUF DIESEM SCHIFF BESCHÜTZEN, SELBST WENN ES MEIN LEBEN KOSTET.
NEIN. DIESMAL WIRST DU DEINEM LEBEN OBERSTE PRIORITÄT EINRÄUMEN.
IHR WUNSCH IST MIR BEFEHL.

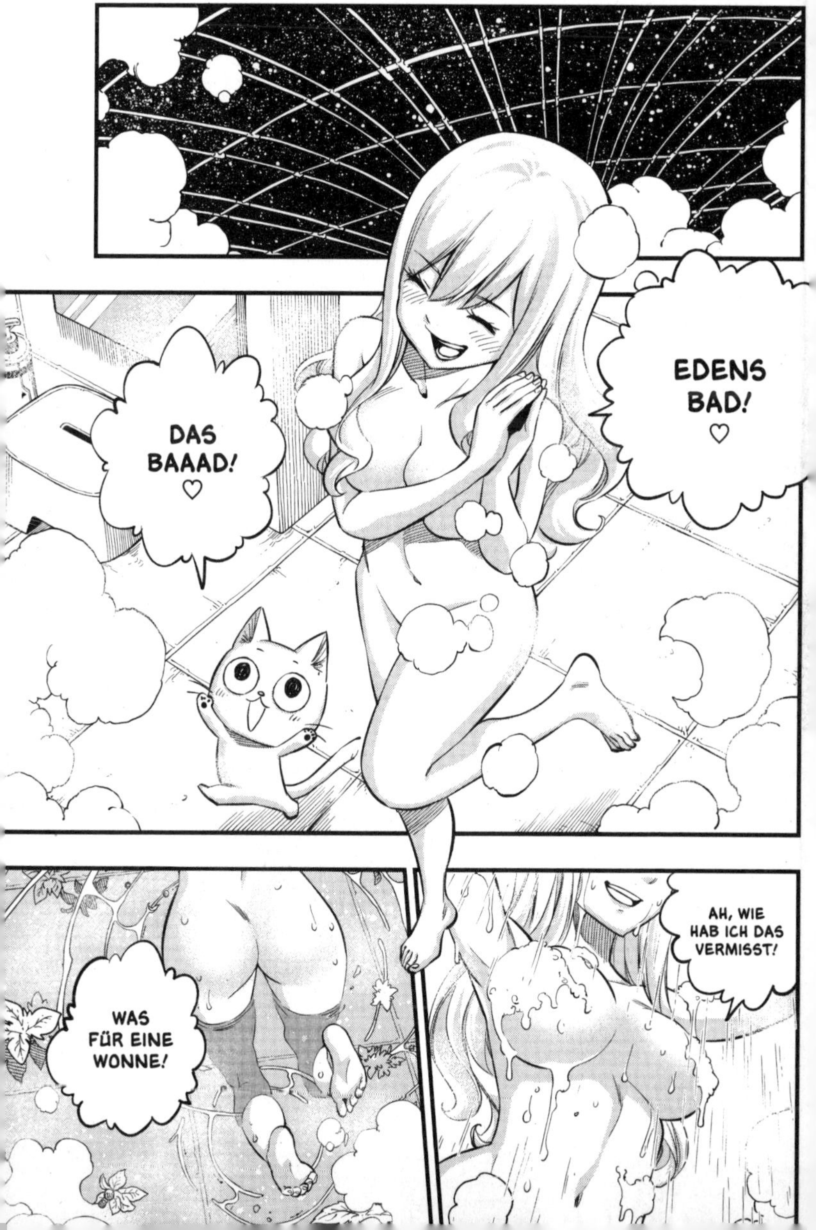
EDENS BAD! ♡
DAS BAAAD! ♡
AH, WIE HAB ICH DAS VERMISST!
WAS FÜR EINE WONNE!

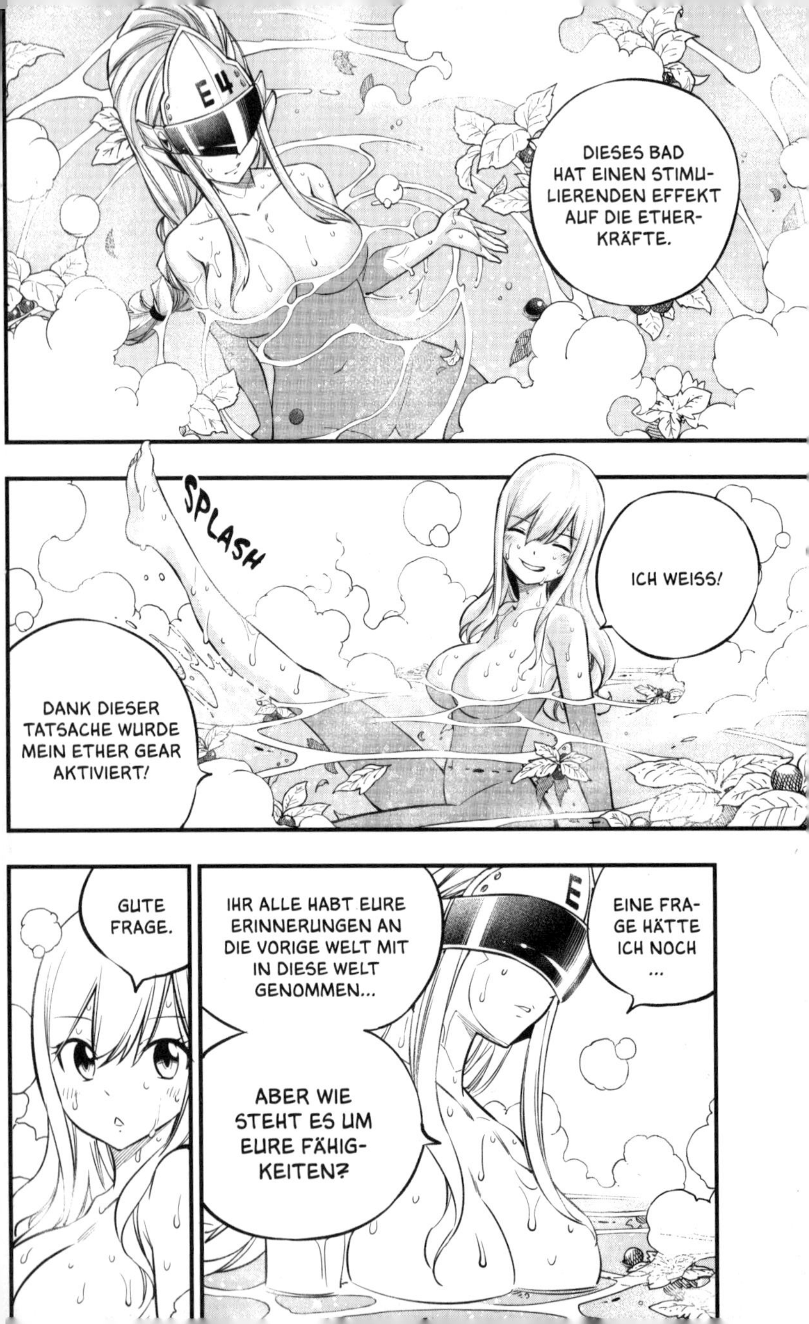
DIESES BAD HAT EINEN STIMU-LIERENDEN EFFEKT AUF DIE ETHER-KRÄFTE.
SPLASH
ICH WEISS!
DANK DIESER TATSACHE WURDE MEIN ETHER GEAR AKTIVIERT!
EINE FRA-GE HÄTTE ICH NOCH ...
IHR ALLE HABT EURE ERINNERUNGEN AN DIE VORIGE WELT MIT IN DIESE WELT GENOMMEN...
ABER WIE STEHT ES UM EURE FÄHIG-KEITEN?
GUTE FRAGE.

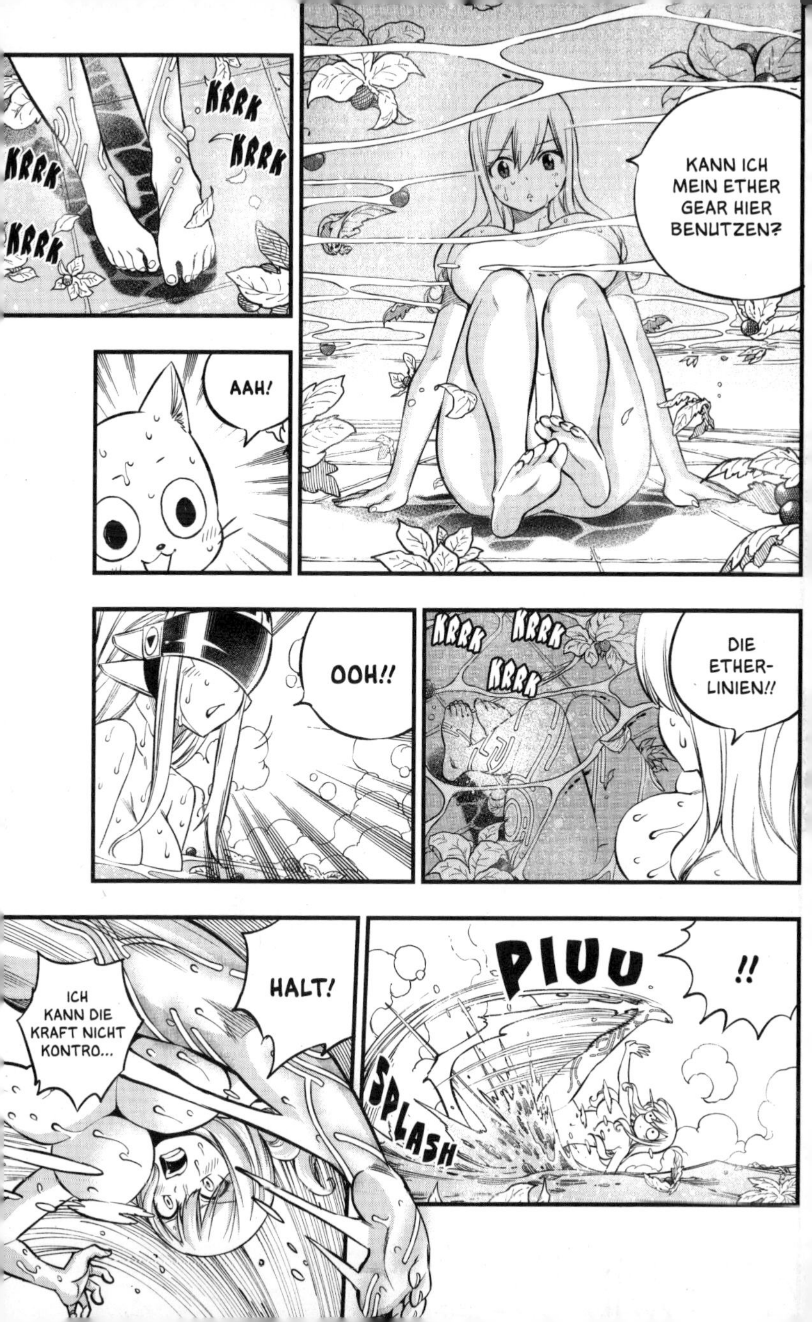
KANN ICH MEIN ETHER GEAR HIER BENUTZEN?
KRRK
KRRK
KRRK
KRRK
AAH!
DIE ETHER-LINIEN!!
KRRK
KRRK
KRRK
OOH!!
PIUU
!!
SPLASH
HALT!
ICH KANN DIE KRAFT NICHT KONTRO...

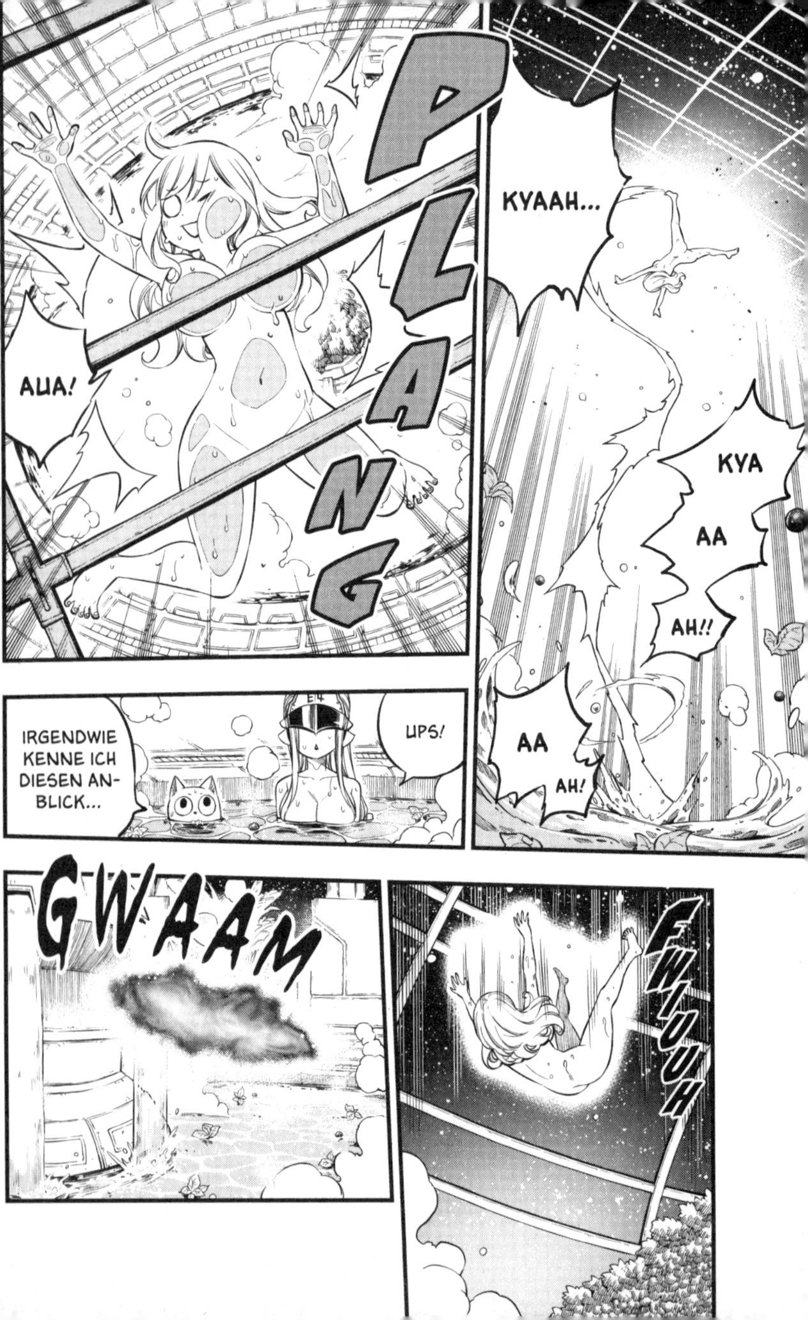
KYAAH...
KYA AA AH!!
AA AH!
PLANG
AUA!
UPS!
IRGENDWIE KENNE ICH DIESEN ANBLICK...
FWUUH
GWAAM

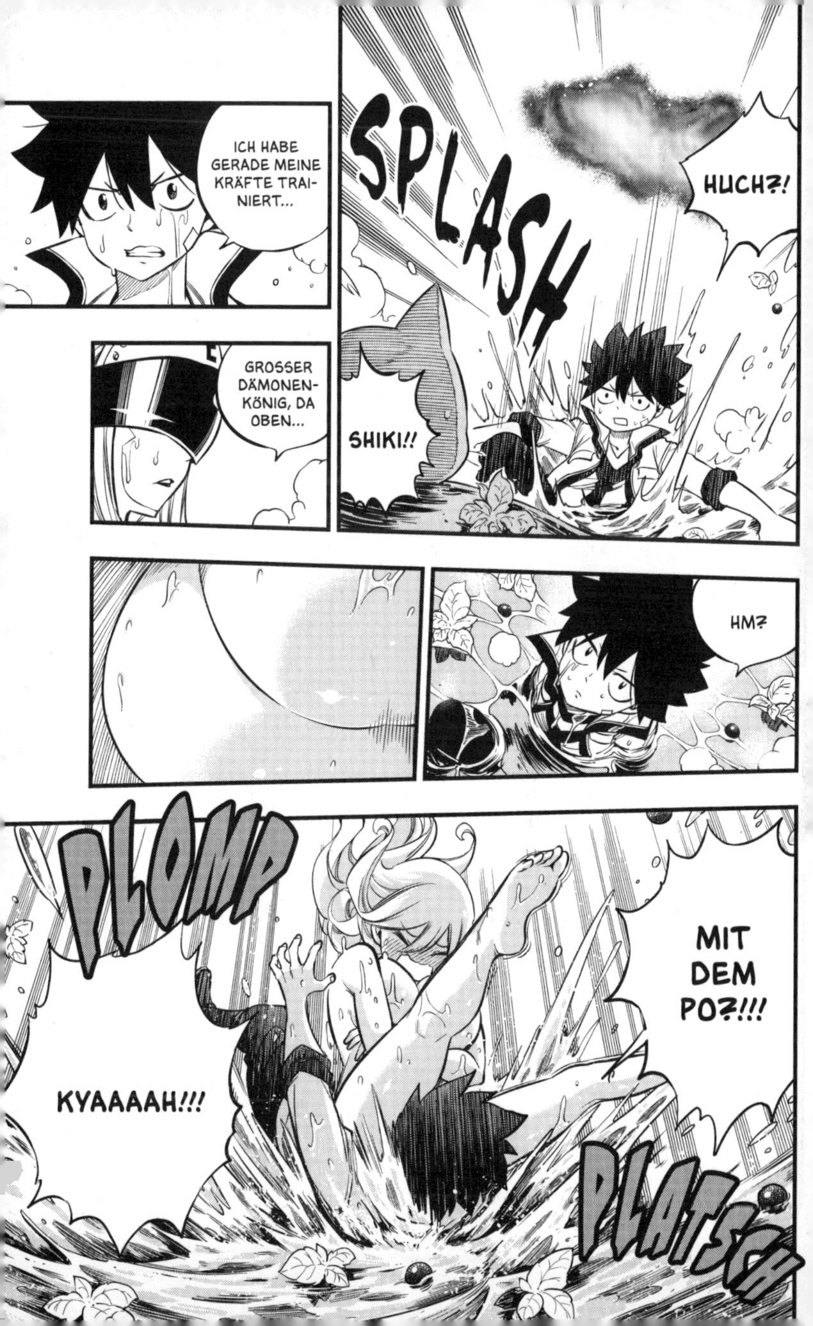
SPLASH
HUCH?!
SHIKI!!
ICH HABE GERADE MEINE KRÄFTE TRAINIERT...
GROSSER DÄMONENKÖNIG, DA OBEN...
HM?
PLOMP
MIT DEM PO?!!!
KYAAAAH!!!
PLATSCH

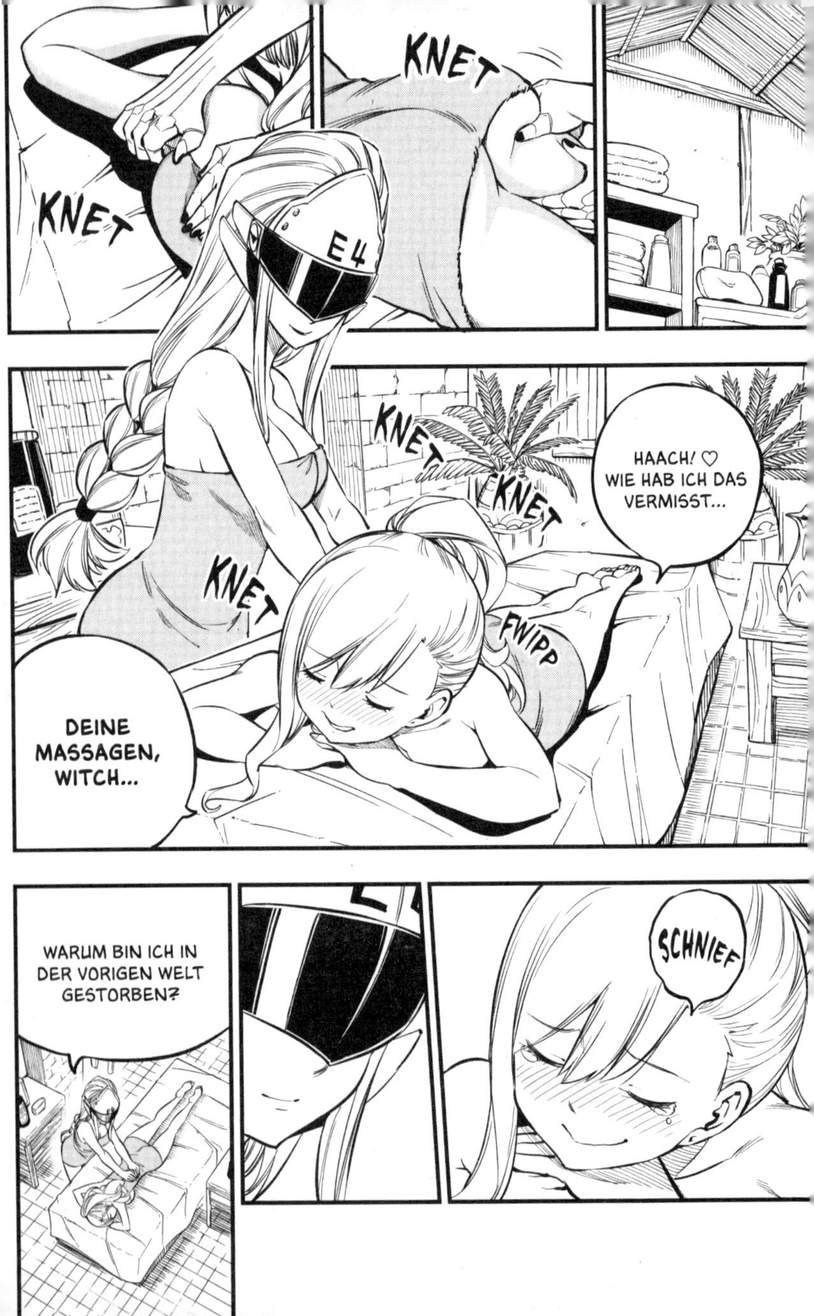
KNET
KNET
KNET
KNET
KNET
HAACH! ♡
WIE HAB ICH DAS
VERMISST...
FWIPP
DEINE
MASSAGEN,
WITCH...
WARUM BIN ICH IN
DER VORIGEN WELT
GESTORBEN?
SCHNIEF

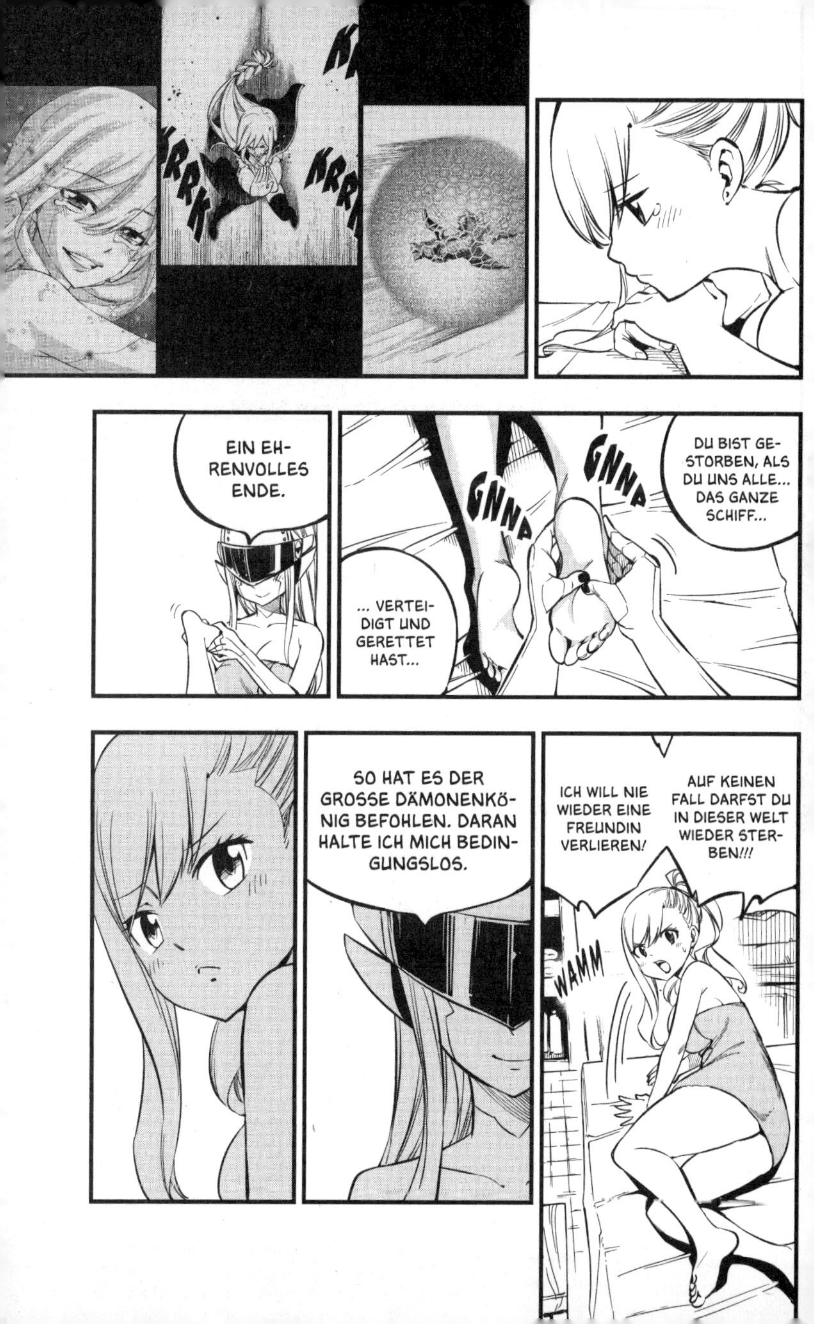
KRRK
KRRK
KRRK
DU BIST GE-STORBEN, ALS DU UNS ALLE... DAS GANZE SCHIFF...
GNNP
GNNP
... VERTEIDIGT UND GERETTET HAST...
EIN EH-RENVOLLES ENDE.
AUF KEINEN FALL DARFST DU IN DIESER WELT WIEDER STER-BEN!!!
ICH WILL NIE WIEDER EINE FREUNDIN VERLIEREN!
WAMM
SO HAT ES DER GROSSE DÄMONENKÖ-NIG BEFOHLEN. DARAN HALTE ICH MICH BEDIN-GUNGSLOS.

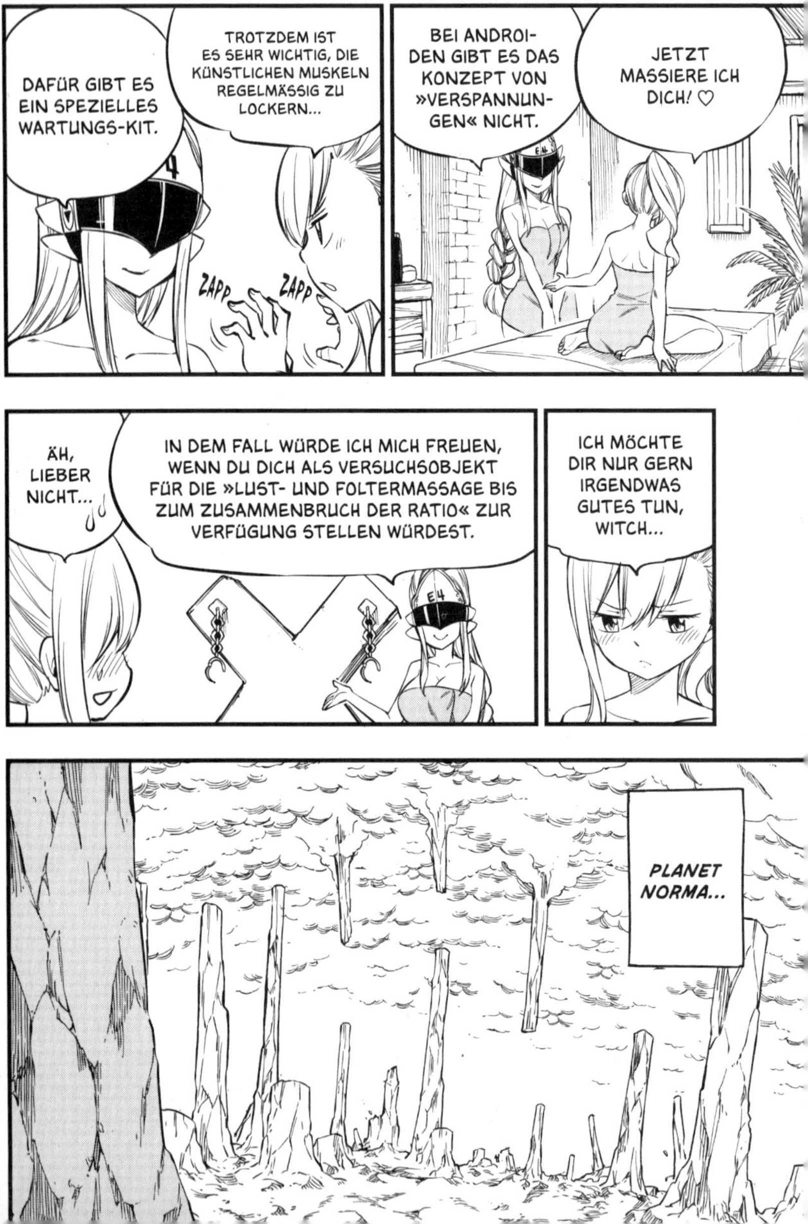

TROTZDEM IST ES SEHR WICHTIG, DIE KÜNSTLICHEN MUSKELN REGELMÄSSIG ZU LOCKERN...
DAFÜR GIBT ES EIN SPEZIELLES WARTUNGS-KIT.
ZAPP
ZAPP
JETZT MASSIERE ICH DICH! ♡
BEI ANDROIDEN GIBT ES DAS KONZEPT VON »VERSPANNUNGEN« NICHT.
IN DEM FALL WÜRDE ICH MICH FREUEN, WENN DU DICH ALS VERSUCHSOBJEKT FÜR DIE »LUST- UND FOLTERMASSAGE BIS ZUM ZUSAMMENBRUCH DER RATIO« ZUR VERFÜGUNG STELLEN WÜRDEST.
ÄH, LIEBER NICHT...
ICH MÖCHTE DIR NUR GERN IRGENDWAS GUTES TUN, WITCH...
PLANET NORMA...

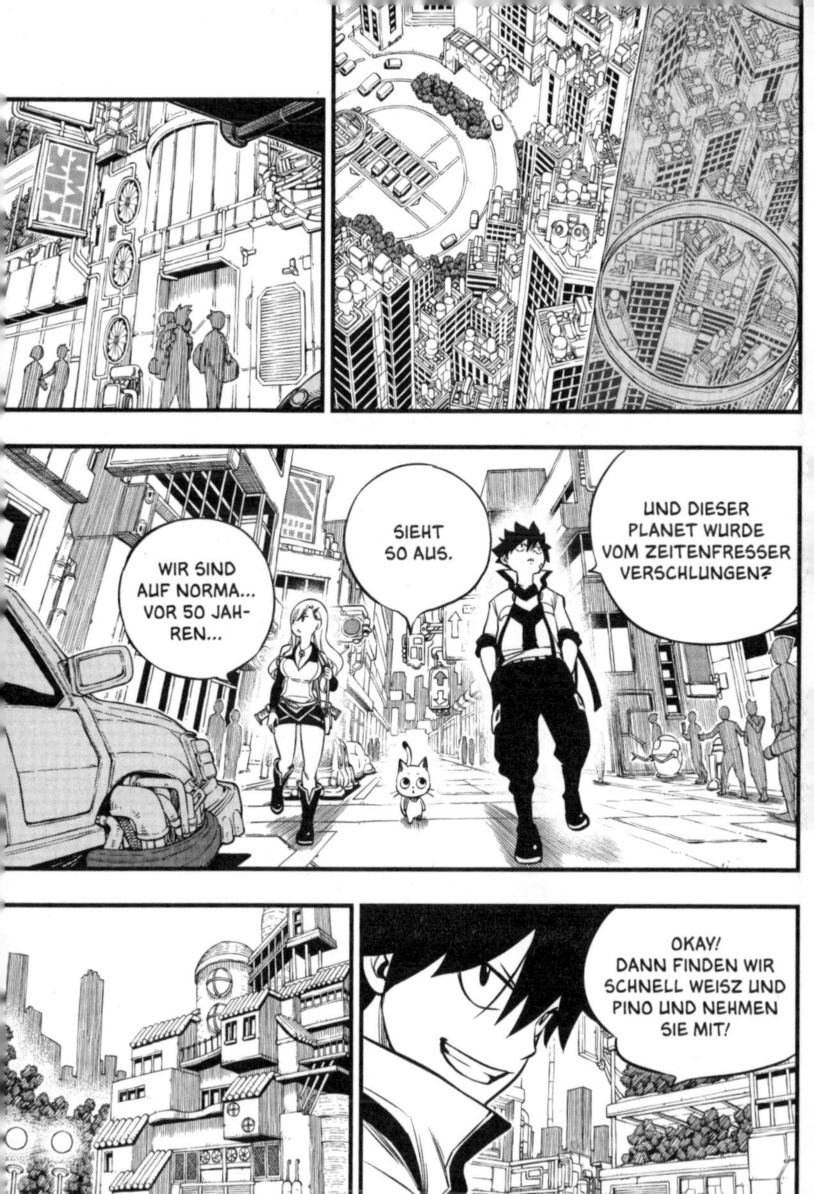
UND DIESER PLANET WURDE VOM ZEITENFRESSER VERSCHLUNGEN?
SIEHT SO AUS.
WIR SIND AUF NORMA... VOR 50 JAHREN...
OKAY! DANN FINDEN WIR SCHNELL WEISZ UND PINO UND NEHMEN SIE MIT!

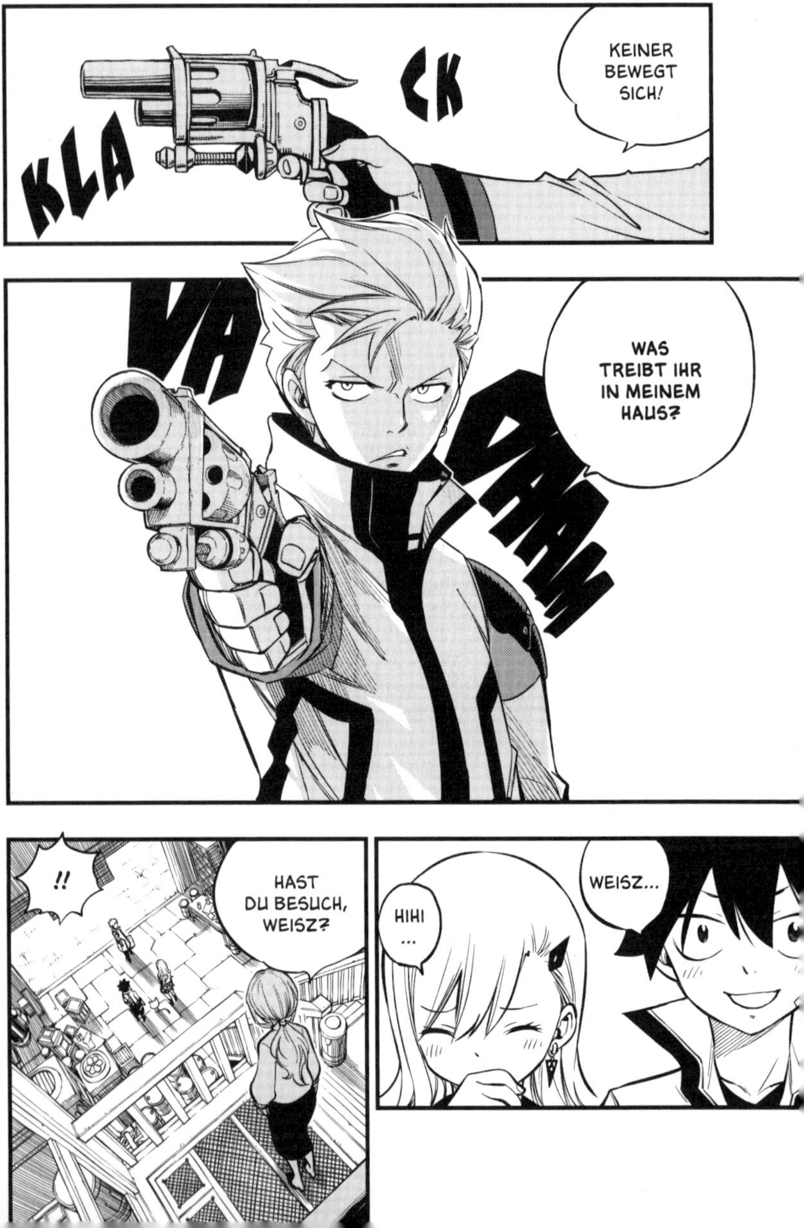
KEINER BEWEGT SICH!
KLA
CK
VA
DAMM
WAS TREIBT IHR IN MEINEM HAUS?
WEISZ…
HIHI …
!!
HAST DU BESUCH, WEISZ?

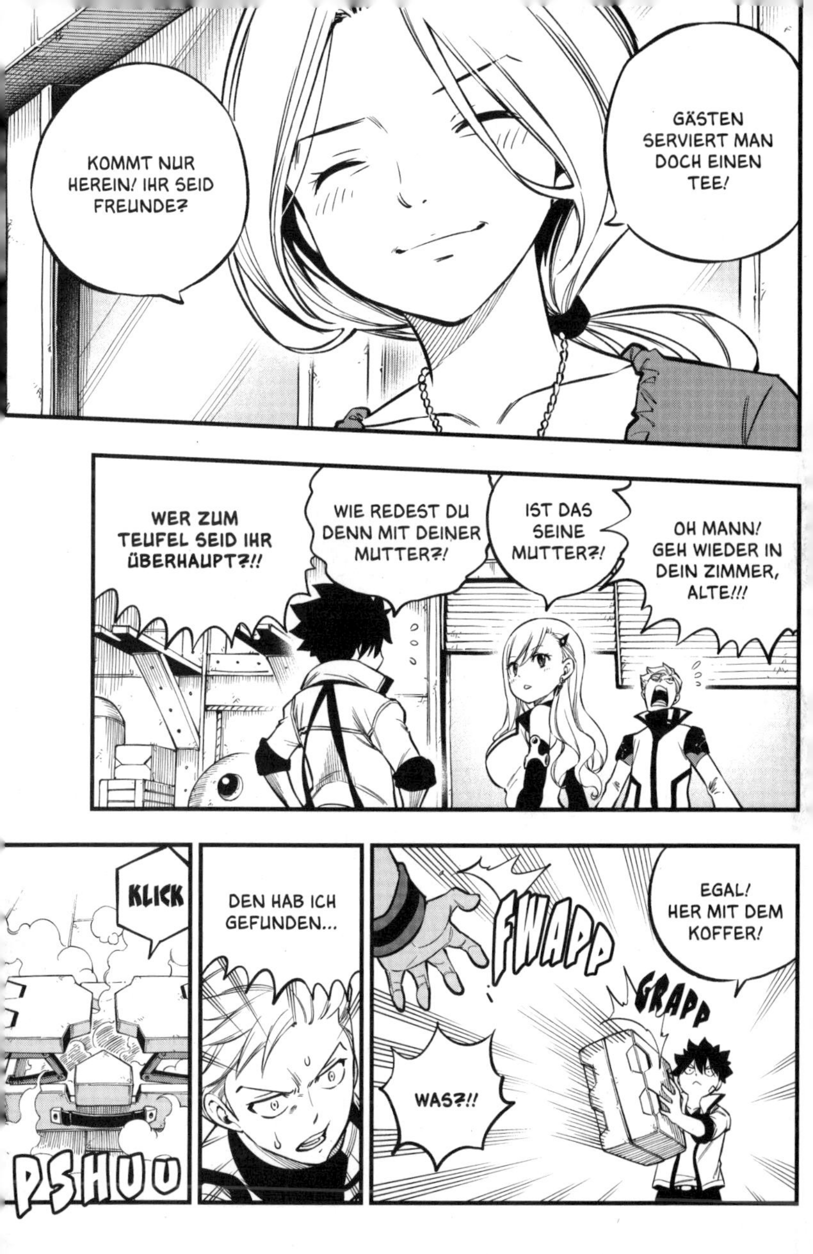
KOMMT NUR HEREIN! IHR SEID FREUNDE?
GÄSTEN SERVIERT MAN DOCH EINEN TEE!
WER ZUM TEUFEL SEID IHR ÜBERHAUPT?!!
WIE REDEST DU DENN MIT DEINER MUTTER?!
IST DAS SEINE MUTTER?!
OH MANN! GEH WIEDER IN DEIN ZIMMER, ALTE!!!
KLICK
PSHUU
DEN HAB ICH GEFUNDEN...
FWAPP
EGAL! HER MIT DEM KOFFER!
GRAPP
WAS?!!

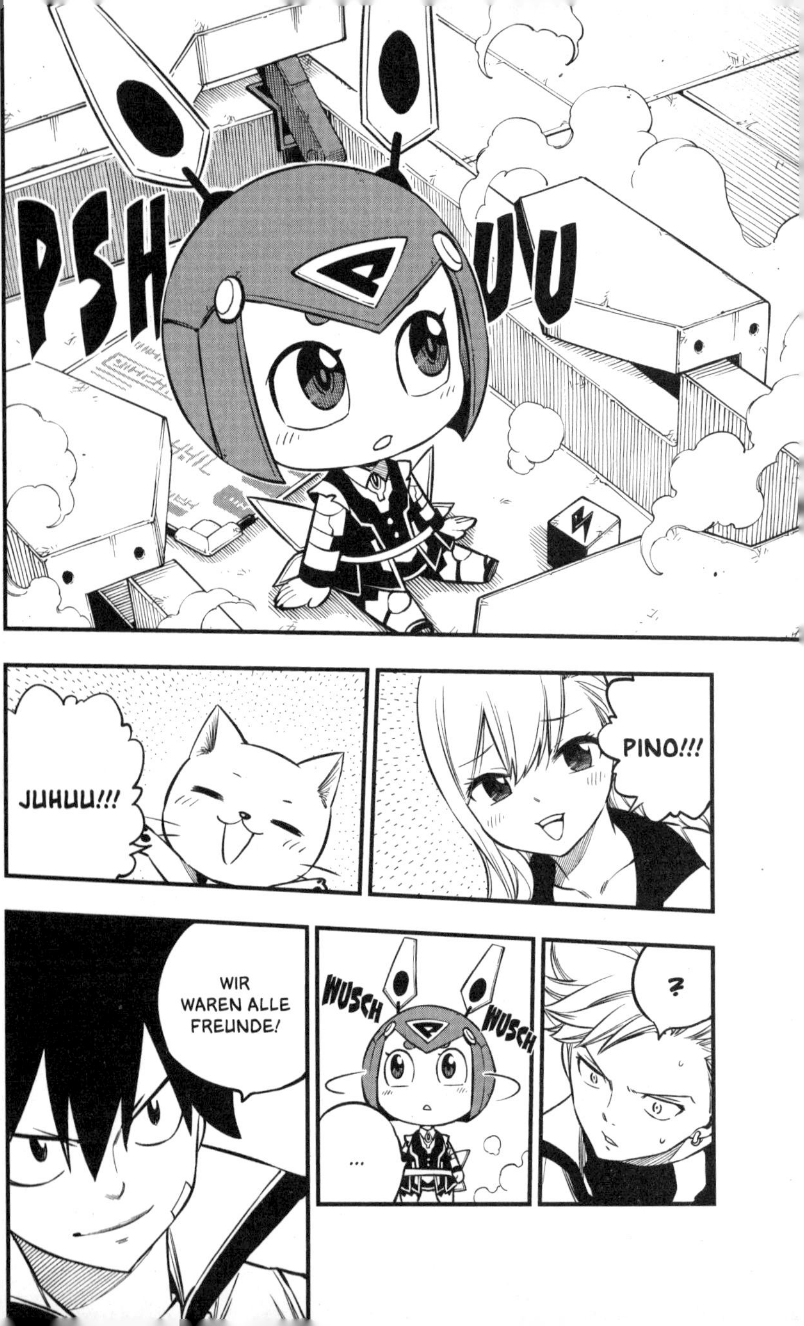
PSHUUU
PINO!!!
JUHUU!!!
?
WUSCH
WUSCH
...
WIR WAREN ALLE FREUNDE!

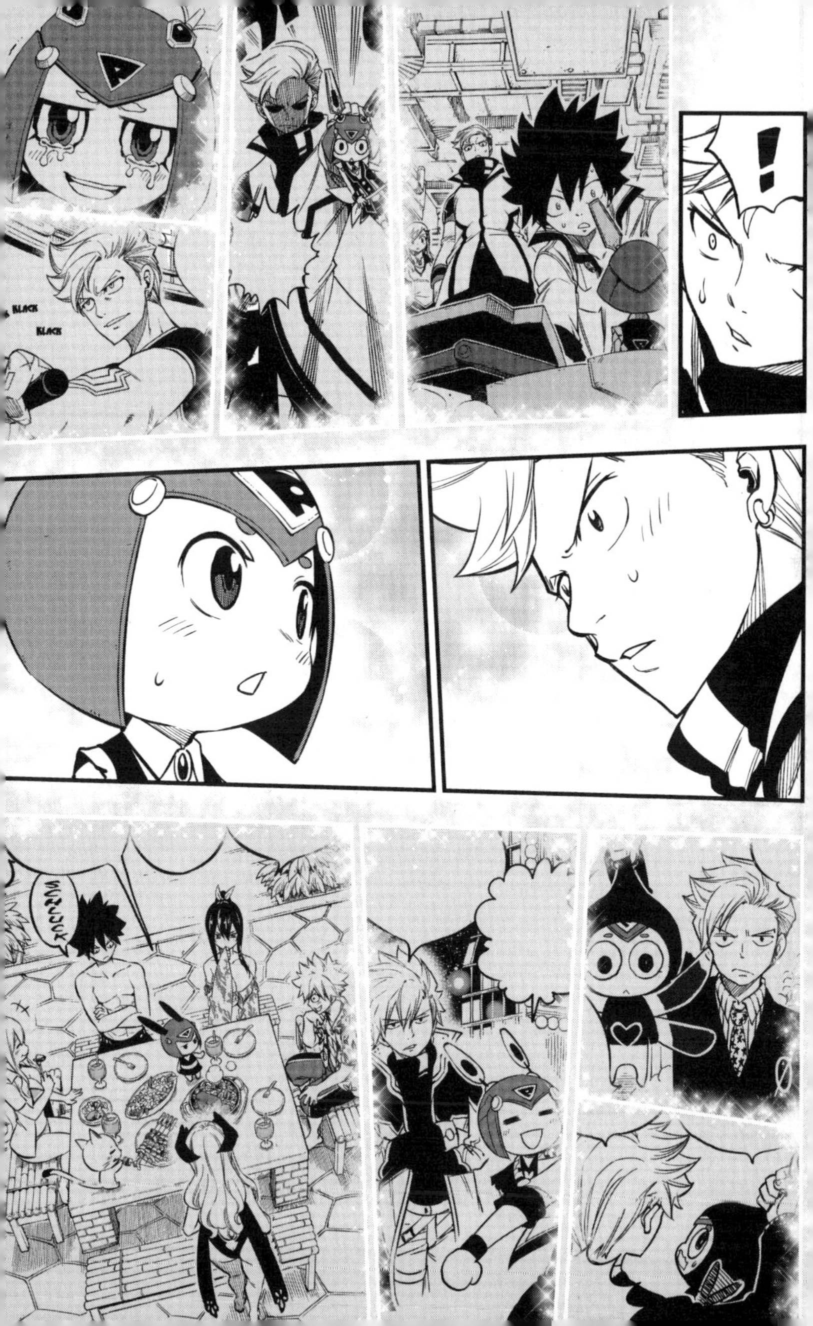

KLACK
KLACK
!
SCHLUCK

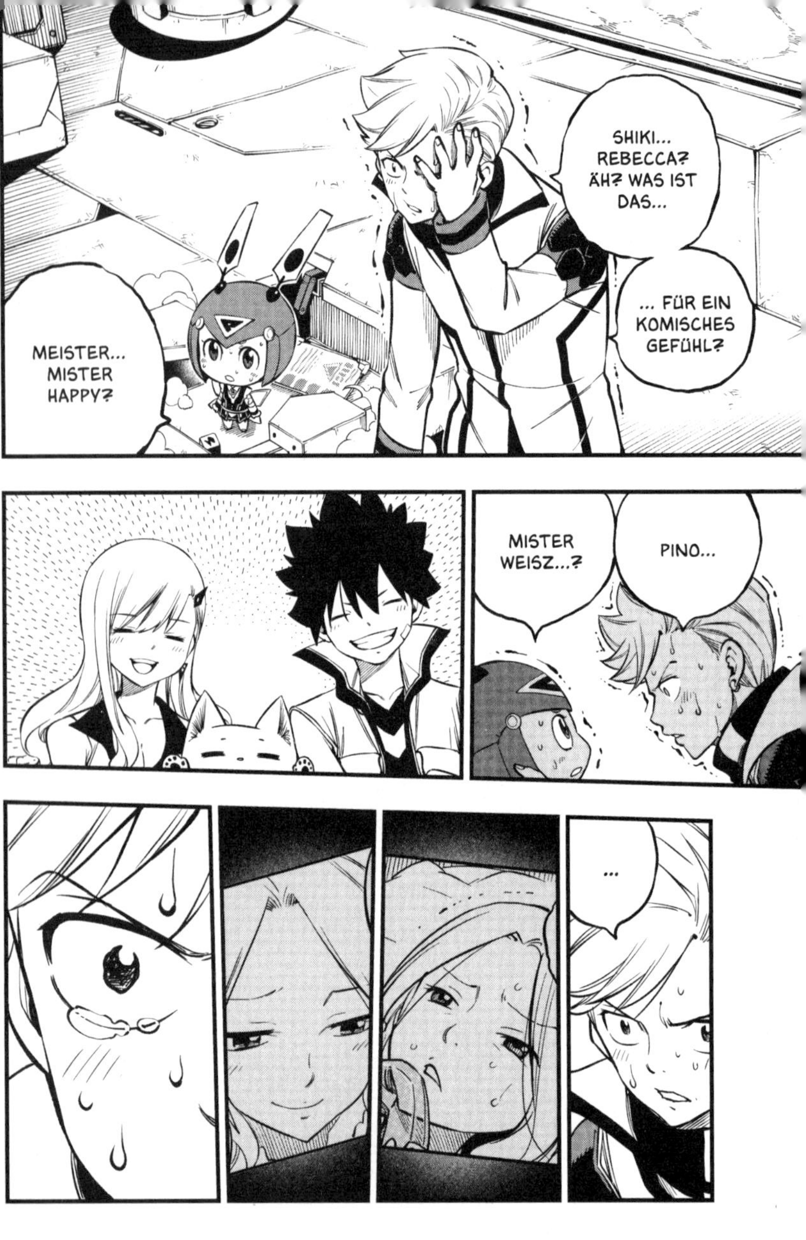
SHIKI... REBECCA? ÄH? WAS IST DAS...
... FÜR EIN KOMISCHES GEFÜHL?
MEISTER... MISTER HAPPY?
MISTER WEISZ...?
PINO...
...

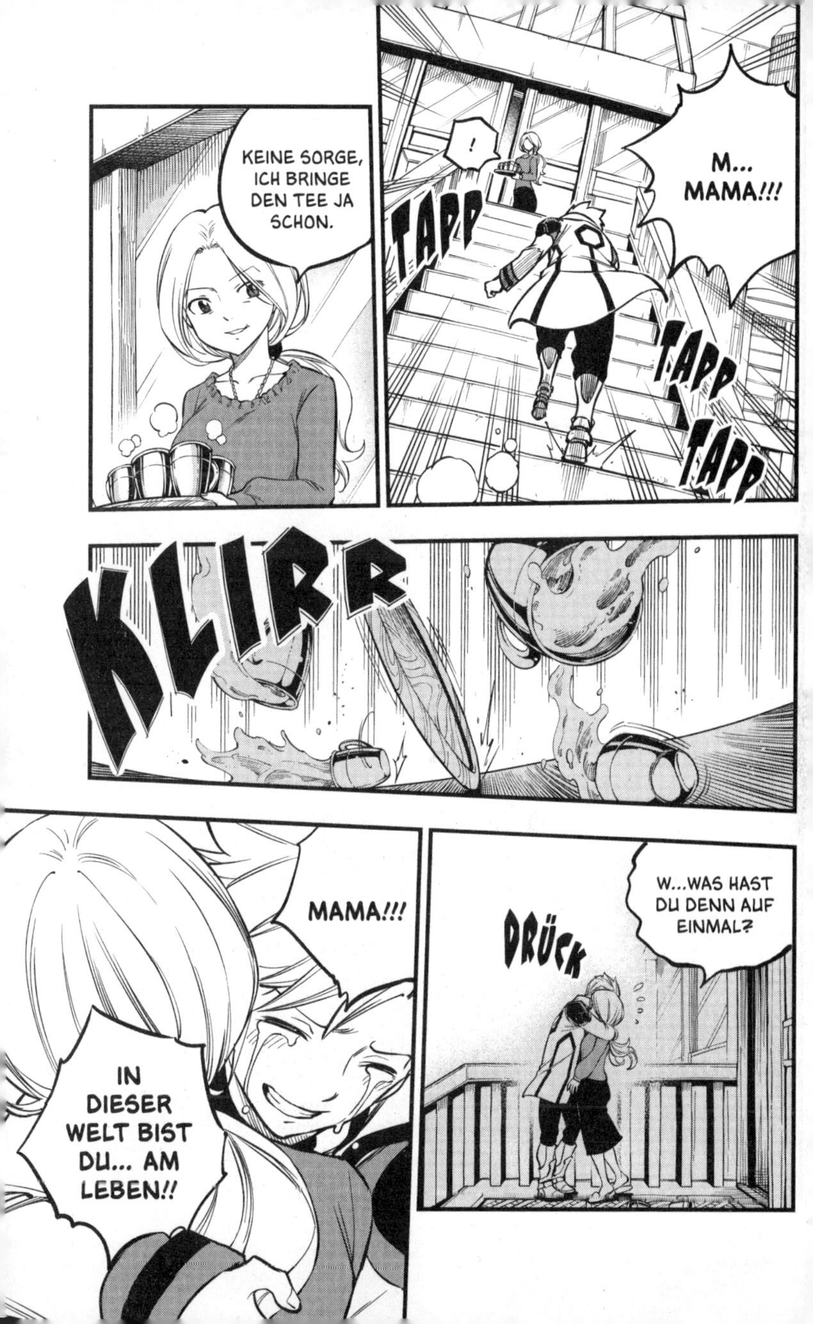
M... MAMA!!!
!
TAPP
TAPP
TAPP
KEINE SORGE, ICH BRINGE DEN TEE JA SCHON.
KLIRR
W...WAS HAST DU DENN AUF EINMAL?
DRÜCK
MAMA!!!
IN DIESER WELT BIST DU... AM LEBEN!!

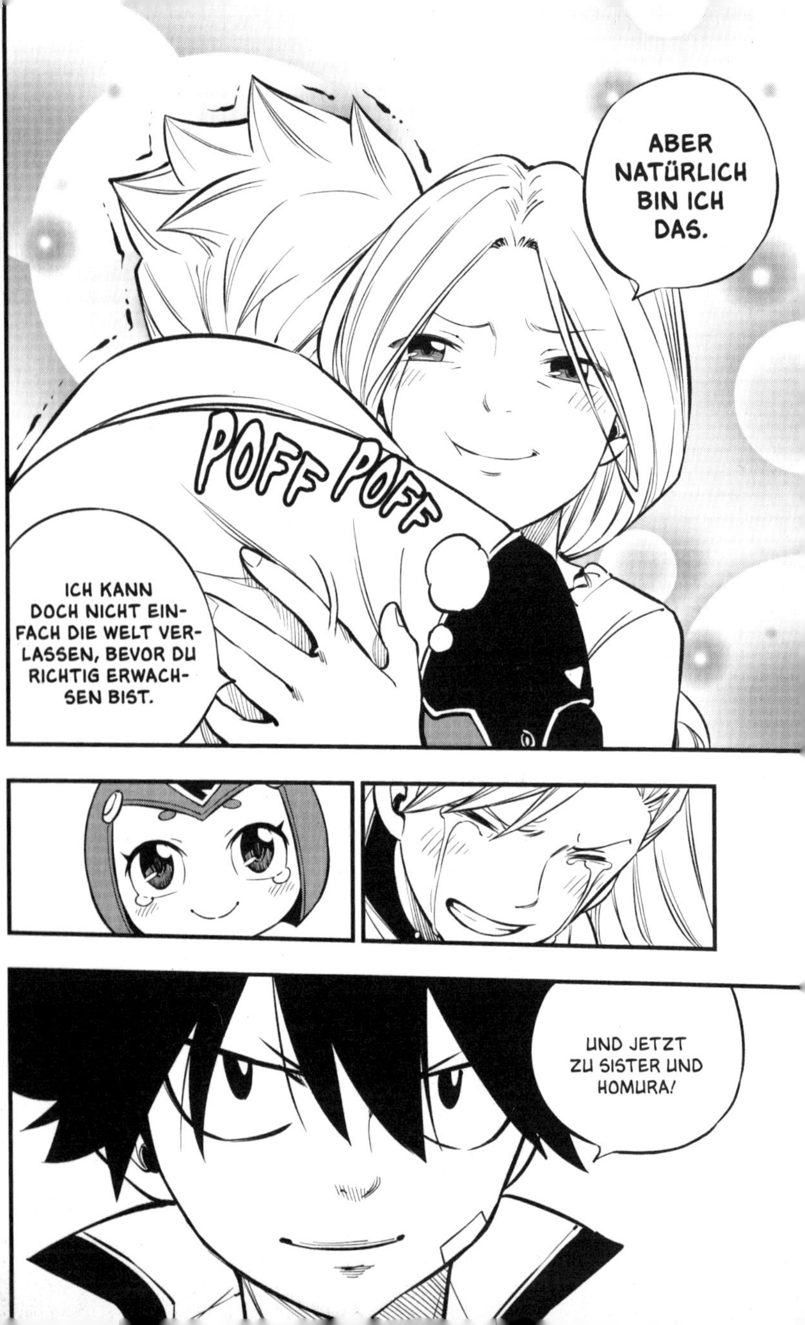
ABER NATÜRLICH BIN ICH DAS.
POFF POFF
ICH KANN DOCH NICHT EINFACH DIE WELT VERLASSEN, BEVOR DU RICHTIG ERWACHSEN BIST.
UND JETZT ZU SISTER UND HOMURA!

EDENS ZERO

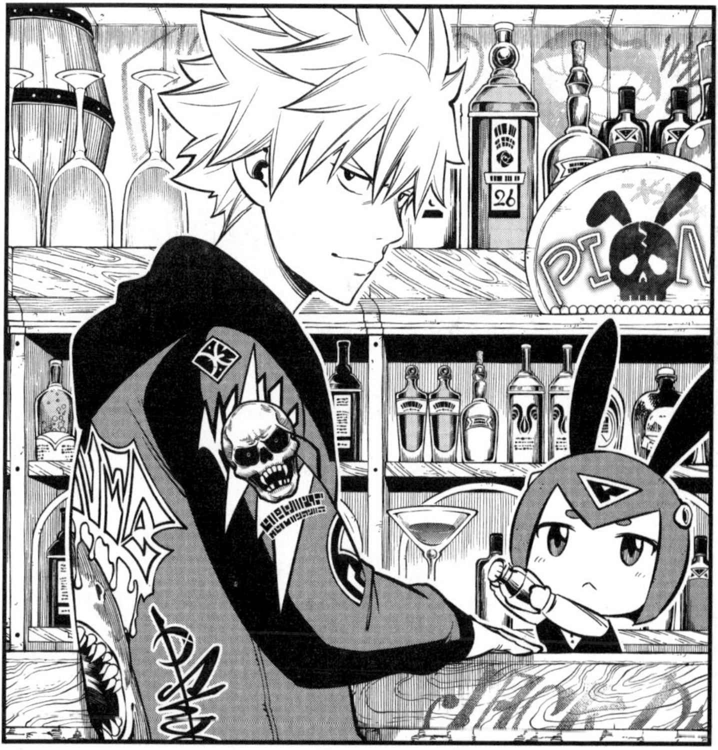

KAPITEL 224: DER PLANET GUILST

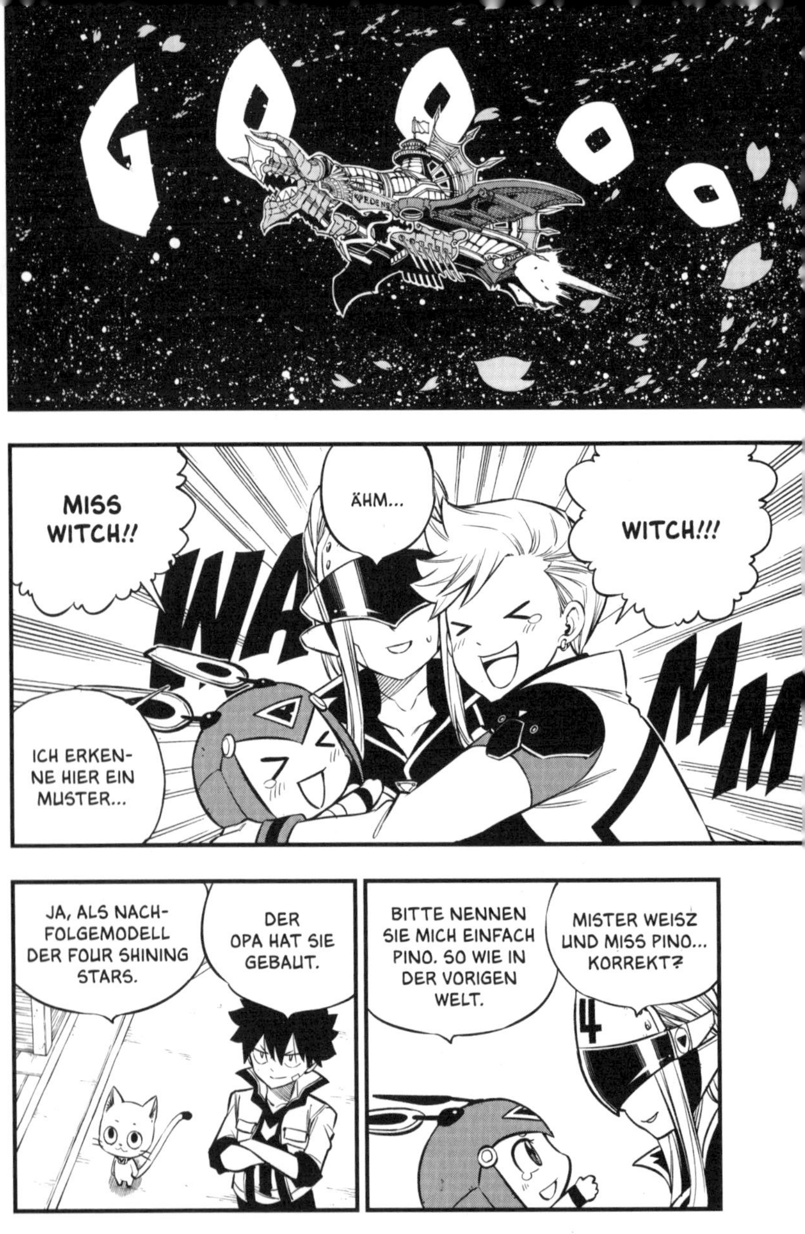
WITCH!!!
ÄHM...
MISS WITCH!!
ICH ERKENNE HIER EIN MUSTER...
MISTER WEISZ UND MISS PINO... KORREKT?
BITTE NENNEN SIE MICH EINFACH PINO. SO WIE IN DER VORIGEN WELT.
DER OPA HAT SIE GEBAUT.
JA, ALS NACHFOLGEMODELL DER FOUR SHINING STARS.

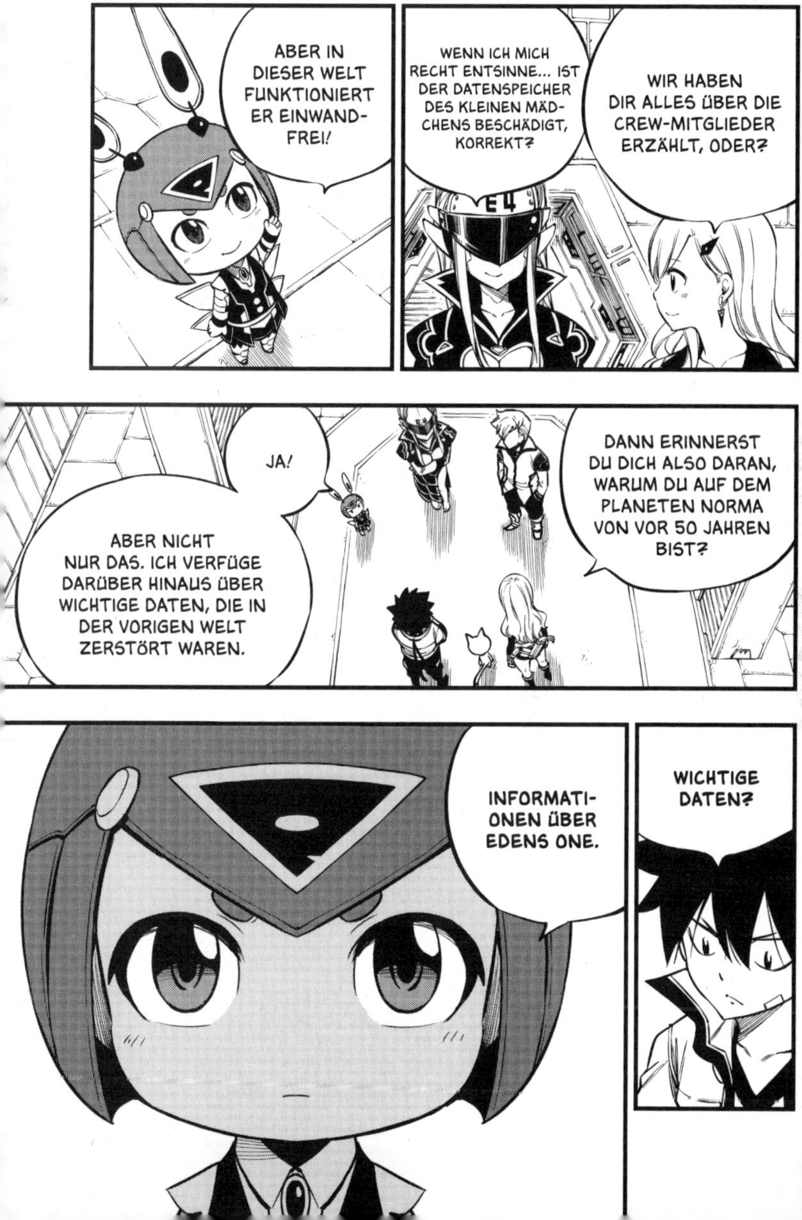
WIR HABEN DIR ALLES ÜBER DIE CREW-MITGLIEDER ERZÄHLT, ODER?
WENN ICH MICH RECHT ENTSINNE... IST DER DATENSPEICHER DES KLEINEN MÄD-CHENS BESCHÄDIGT, KORREKT?
ABER IN DIESER WELT FUNKTIONIERT ER EINWAND-FREI!
DANN ERINNERST DU DICH ALSO DARAN, WARUM DU AUF DEM PLANETEN NORMA VON VOR 50 JAHREN BIST?
JA!
ABER NICHT NUR DAS. ICH VERFÜGE DARÜBER HINAUS ÜBER WICHTIGE DATEN, DIE IN DER VORIGEN WELT ZERSTÖRT WAREN.
WICHTIGE DATEN?
INFORMATI-ONEN ÜBER EDENS ONE.

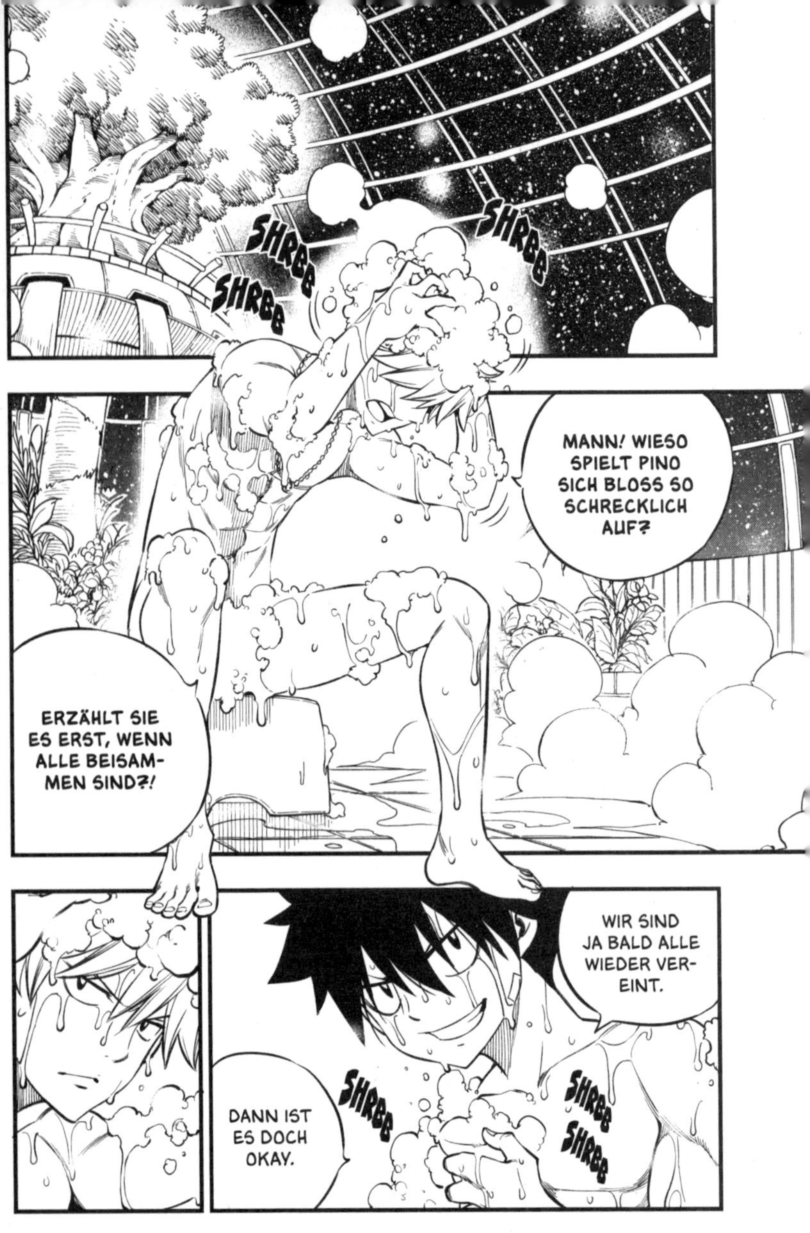
SHRBB
SHRBB
SHRBB
MANN! WIESO SPIELT PINO SICH BLOSS SO SCHRECKLICH AUF?
ERZÄHLT SIE ES ERST, WENN ALLE BEISAMMEN SIND?!
WIR SIND JA BALD ALLE WIEDER VEREINT.
DANN IST ES DOCH OKAY.
SHRBB
SHRBB
SHRBB

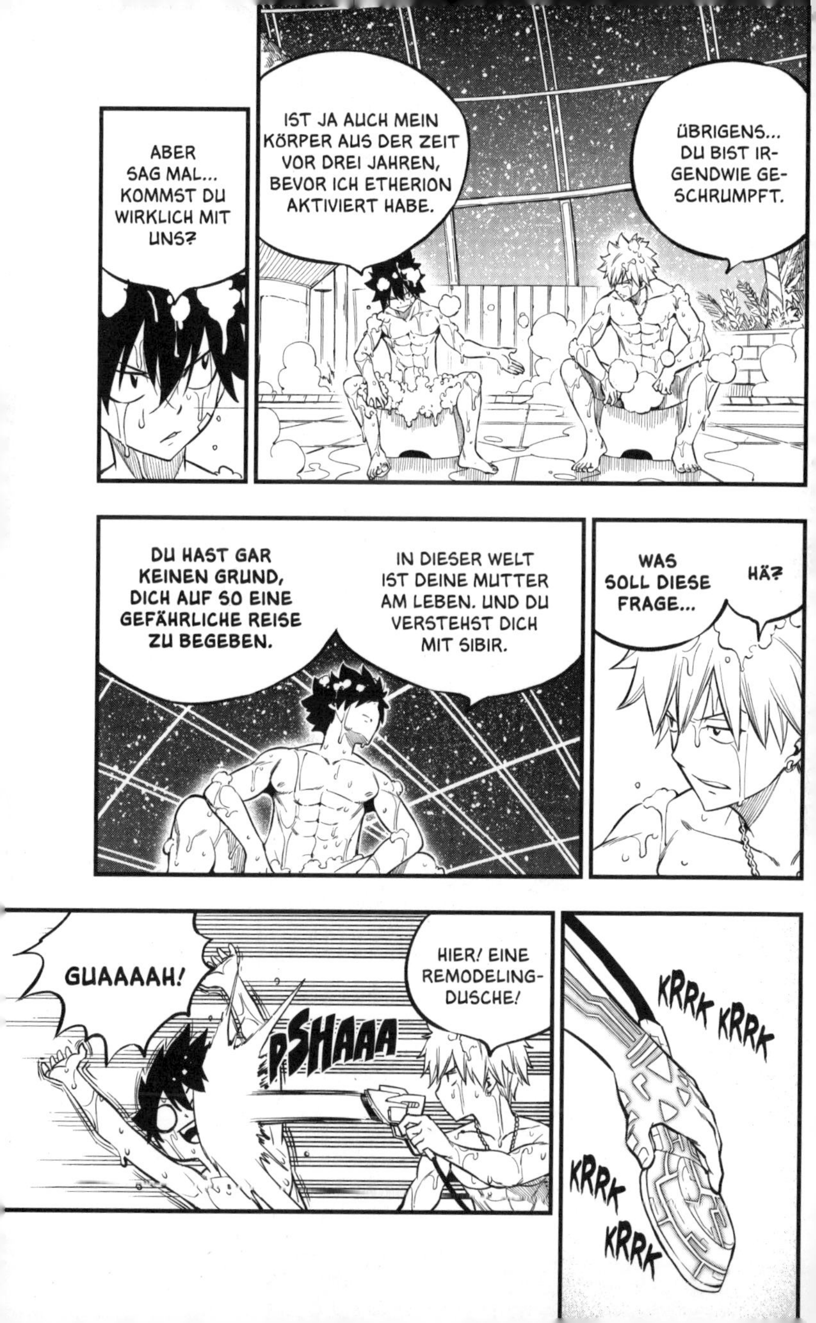
ÜBRIGENS... DU BIST IR-GENDWIE GE-SCHRUMPFT.
IST JA AUCH MEIN KÖRPER AUS DER ZEIT VOR DREI JAHREN, BEVOR ICH ETHERION AKTIVIERT HABE.
ABER SAG MAL... KOMMST DU WIRKLICH MIT UNS?
HÄ?
WAS SOLL DIESE FRAGE...
IN DIESER WELT IST DEINE MUTTER AM LEBEN. UND DU VERSTEHST DICH MIT SIBIR.
DU HAST GAR KEINEN GRUND, DICH AUF SO EINE GEFÄHRLICHE REISE ZU BEGEBEN.
KRRK KRRK
KRRK
KRRK
HIER! EINE REMODELING-DUSCHE!
PSHAAA
GUAAAAH!

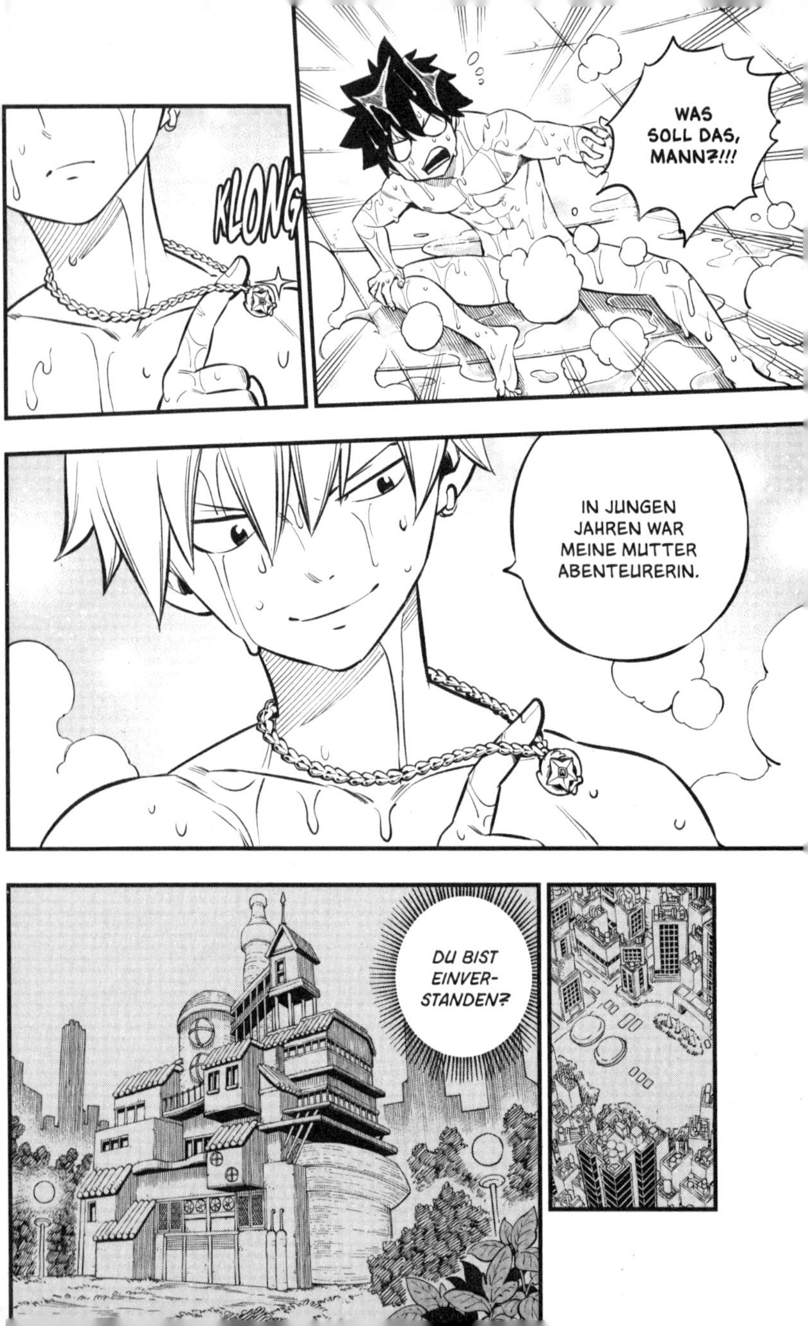
WAS SOLL DAS, MANN?!!!
KLONG
IN JUNGEN JAHREN WAR MEINE MUTTER ABENTEURERIN.
DU BIST EINVERSTANDEN?

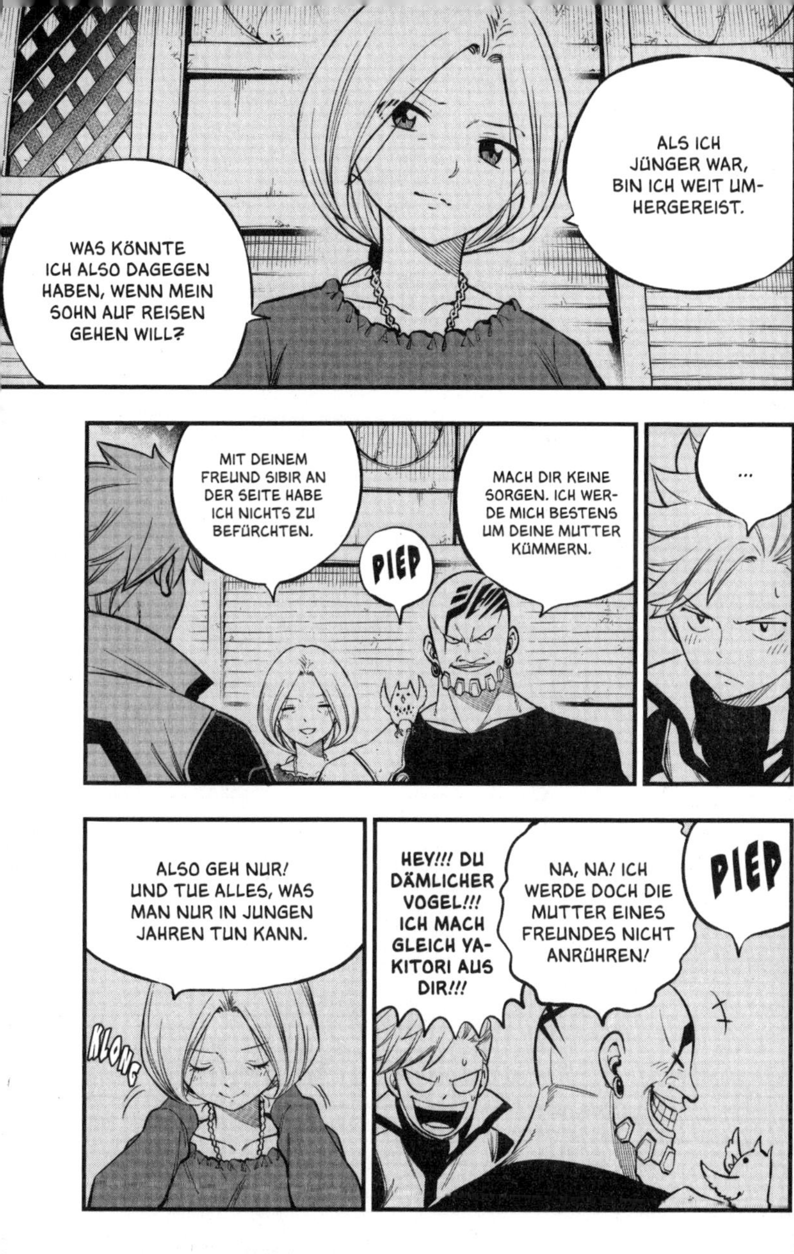
ALS ICH JÜNGER WAR, BIN ICH WEIT UMHERGEREIST.
WAS KÖNNTE ICH ALSO DAGEGEN HABEN, WENN MEIN SOHN AUF REISEN GEHEN WILL?
MIT DEINEM FREUND SIBIR AN DER SEITE HABE ICH NICHTS ZU BEFÜRCHTEN.
MACH DIR KEINE SORGEN. ICH WERDE MICH BESTENS UM DEINE MUTTER KÜMMERN.
PIEP
...
ALSO GEH NUR! UND TUE ALLES, WAS MAN NUR IN JUNGEN JAHREN TUN KANN.
KLONG
NA, NA! ICH WERDE DOCH DIE MUTTER EINES FREUNDES NICHT ANRÜHREN!
PIEP
HEY!!! DU DÄMLICHER VOGEL!!! ICH MACH GLEICH YAKITORI AUS DIR!!!

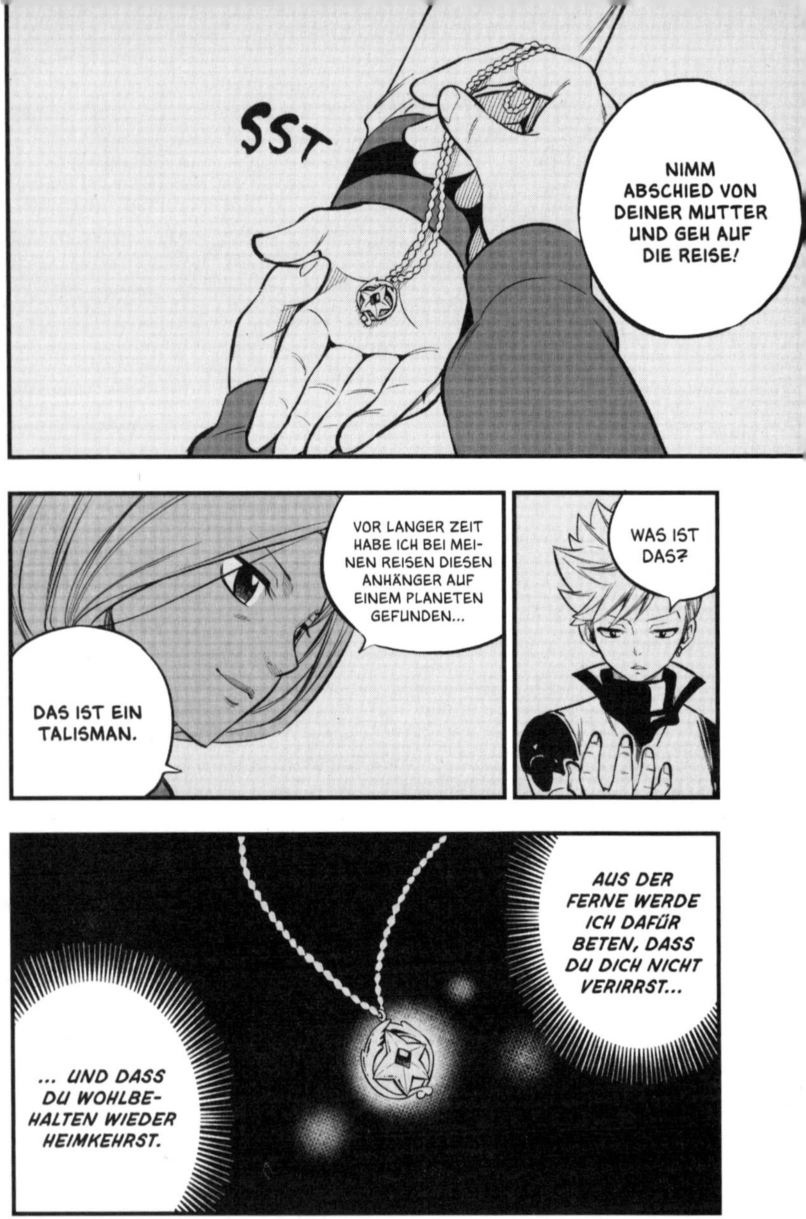
SST
NIMM ABSCHIED VON DEINER MUTTER UND GEH AUF DIE REISE!
WAS IST DAS?
DAS IST EIN TALISMAN.
VOR LANGER ZEIT HABE ICH BEI MEI-NEN REISEN DIESEN ANHÄNGER AUF EINEM PLANETEN GEFUNDEN...
AUS DER FERNE WERDE ICH DAFÜR BETEN, DASS DU DICH NICHT VERIRRST...
... UND DASS DU WOHLBE-HALTEN WIEDER HEIMKEHRST.

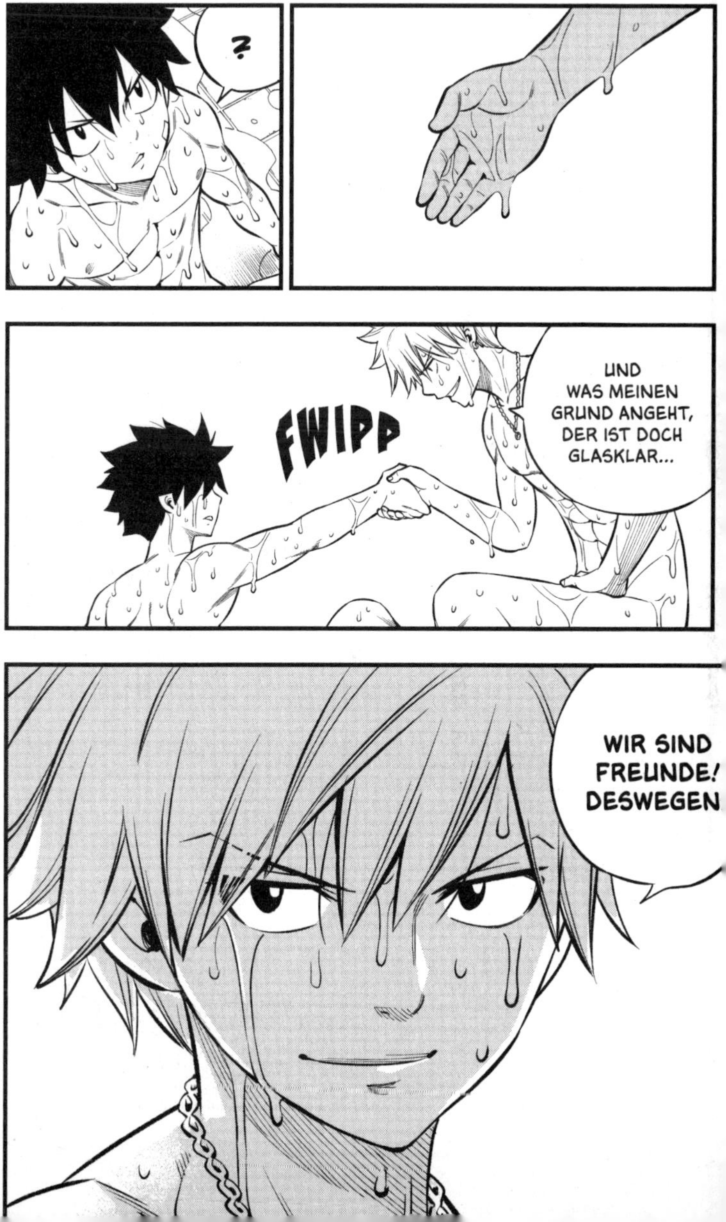
?
UND
WAS MEINEN
GRUND ANGEHT,
DER IST DOCH
GLASKLAR...
FWIPP
WIR SIND
FREUNDE!
DESWEGEN

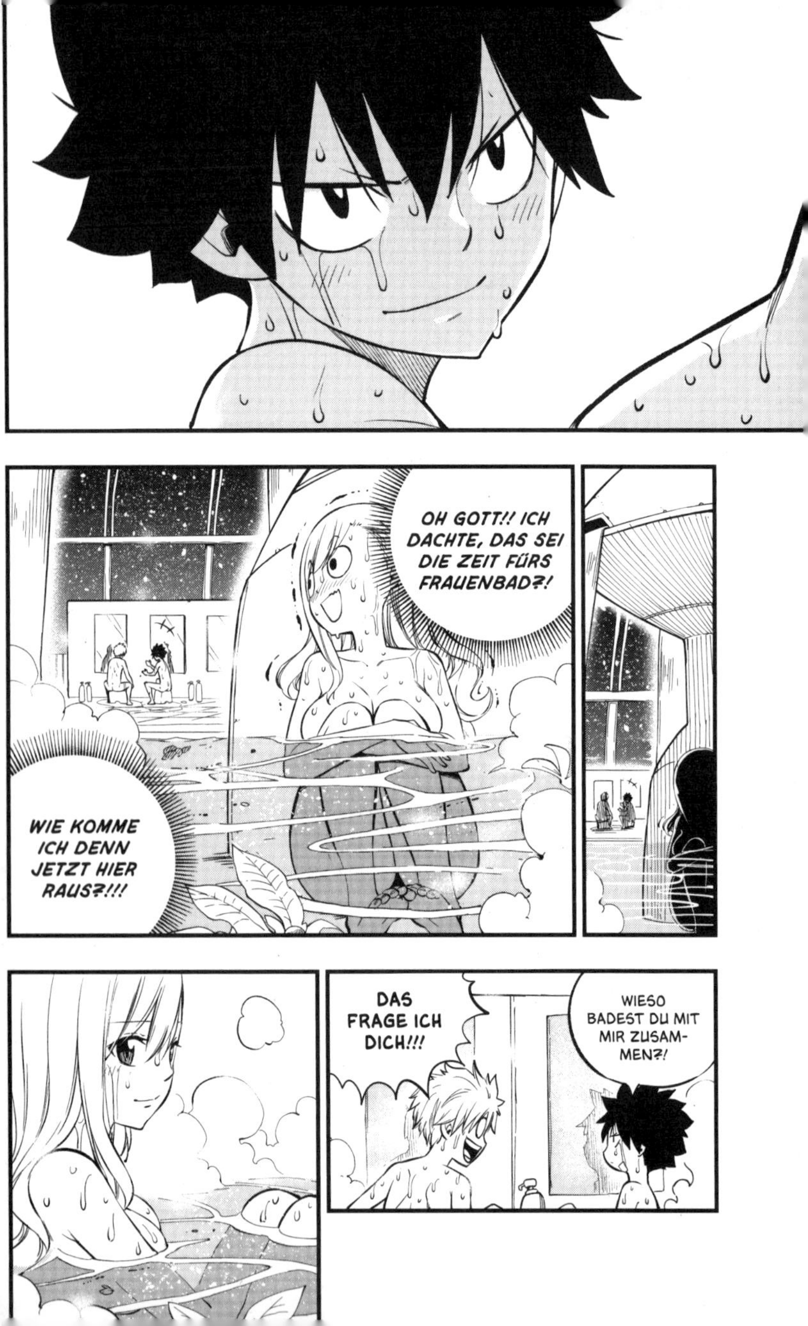
OH GOTT!! ICH DACHTE, DAS SEI DIE ZEIT FÜRS FRAUENBAD?!
WIE KOMME ICH DENN JETZT HIER RAUS?!!!
WIESO BADEST DU MIT MIR ZUSAMMEN?!
DAS FRAGE ICH DICH!!!

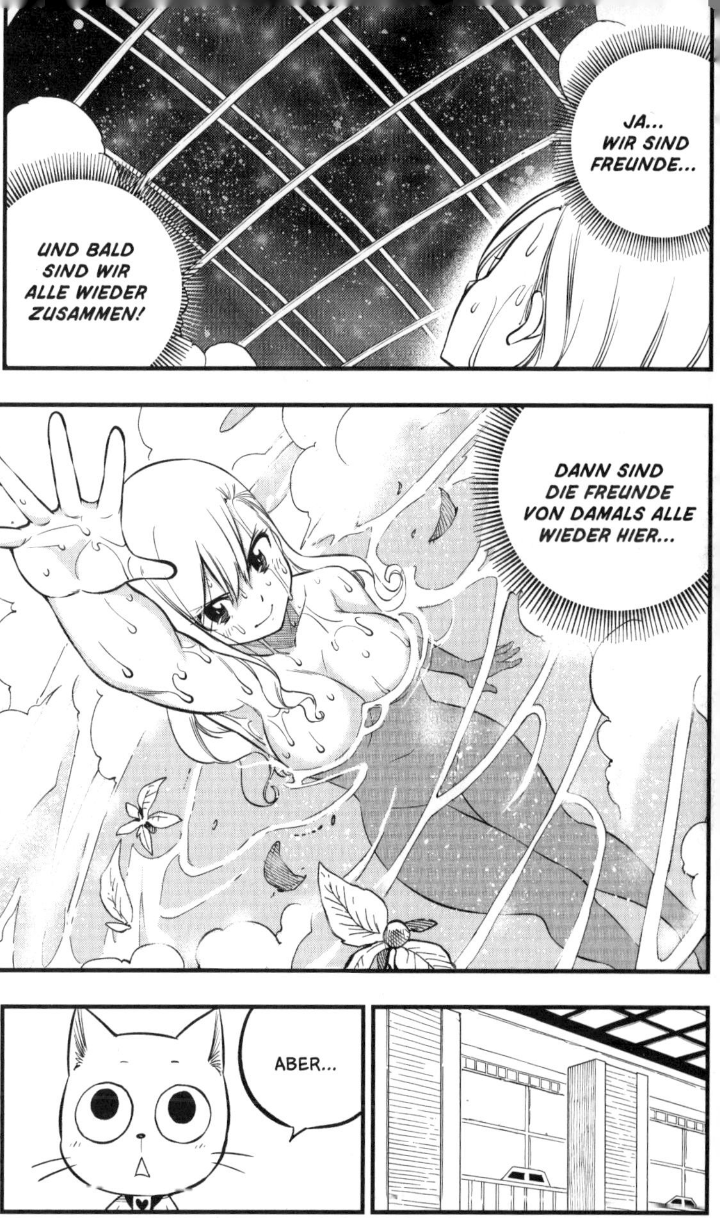
JA... WIR SIND FREUNDE...
UND BALD SIND WIR ALLE WIEDER ZUSAMMEN!
DANN SIND DIE FREUNDE VON DAMALS ALLE WIEDER HIER...
ABER...

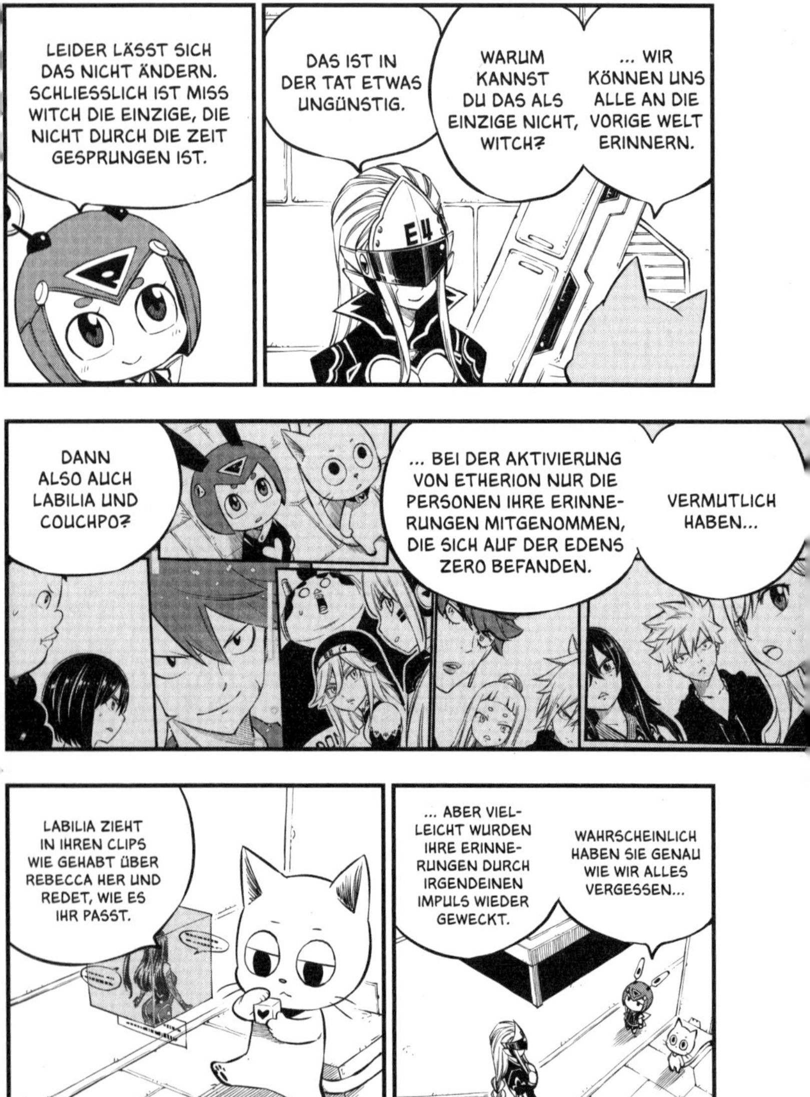
... WIR KÖNNEN UNS ALLE AN DIE VORIGE WELT ERINNERN.
WARUM KANNST DU DAS ALS EINZIGE NICHT, WITCH?
DAS IST IN DER TAT ETWAS UNGÜNSTIG.
LEIDER LÄSST SICH DAS NICHT ÄNDERN. SCHLIESSLICH IST MISS WITCH DIE EINZIGE, DIE NICHT DURCH DIE ZEIT GESPRUNGEN IST.
E4
VERMUTLICH HABEN...
... BEI DER AKTIVIERUNG VON ETHERION NUR DIE PERSONEN IHRE ERINNE-RUNGEN MITGENOMMEN, DIE SICH AUF DER EDENS ZERO BEFANDEN.
DANN ALSO AUCH LABILIA UND COUCHPO?
WAHRSCHEINLICH HABEN SIE GENAU WIE WIR ALLES VERGESSEN...
... ABER VIEL-LEICHT WURDEN IHRE ERINNE-RUNGEN DURCH IRGENDEINEN IMPULS WIEDER GEWECKT.
LABILIA ZIEHT IN IHREN CLIPS WIE GEHABT ÜBER REBECCA HER UND REDET, WIE ES IHR PASST.

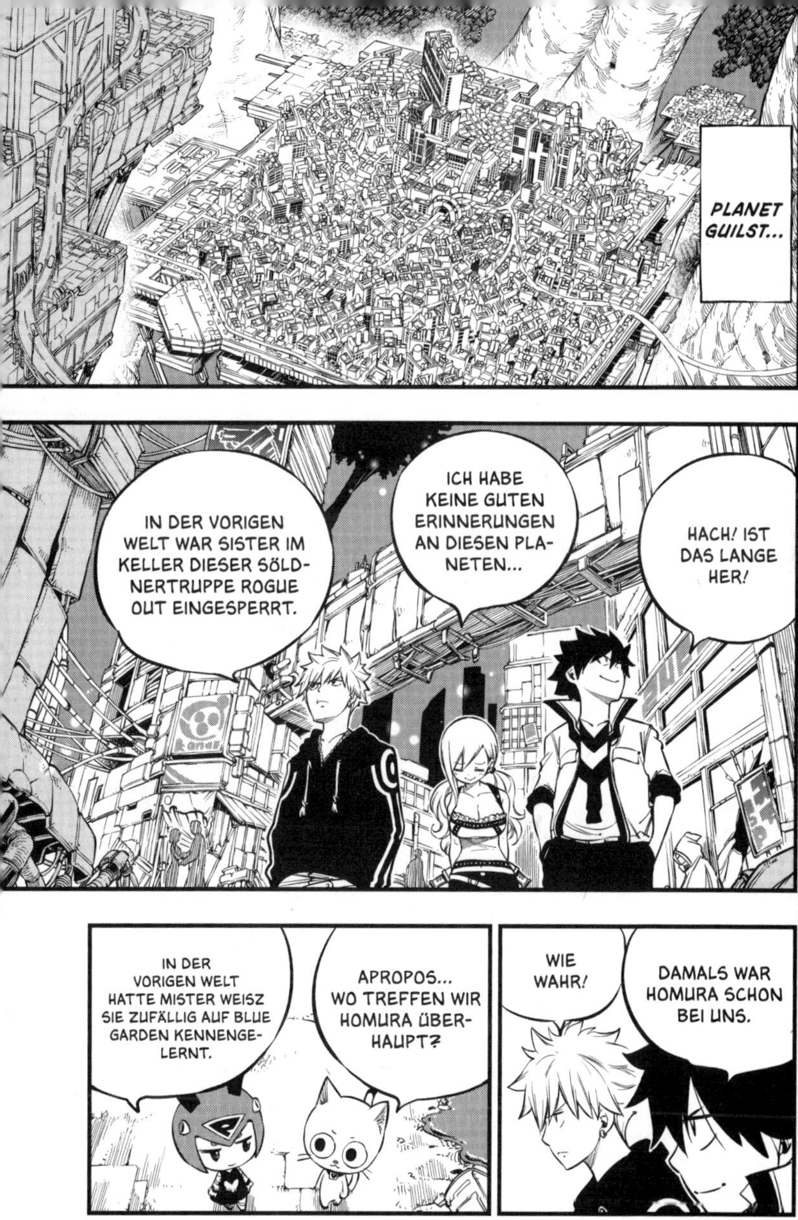
PLANET GUILST...
HACH! IST DAS LANGE HER!
ICH HABE KEINE GUTEN ERINNERUNGEN AN DIESEN PLANETEN...
IN DER VORIGEN WELT WAR SISTER IM KELLER DIESER SÖLDNERTRUPPE ROGUE OUT EINGESPERRT.
DAMALS WAR HOMURA SCHON BEI UNS.
WIE WAHR!
APROPOS... WO TREFFEN WIR HOMURA ÜBERHAUPT?
IN DER VORIGEN WELT HATTE MISTER WEISZ SIE ZUFÄLLIG AUF BLUE GARDEN KENNENGELERNT.

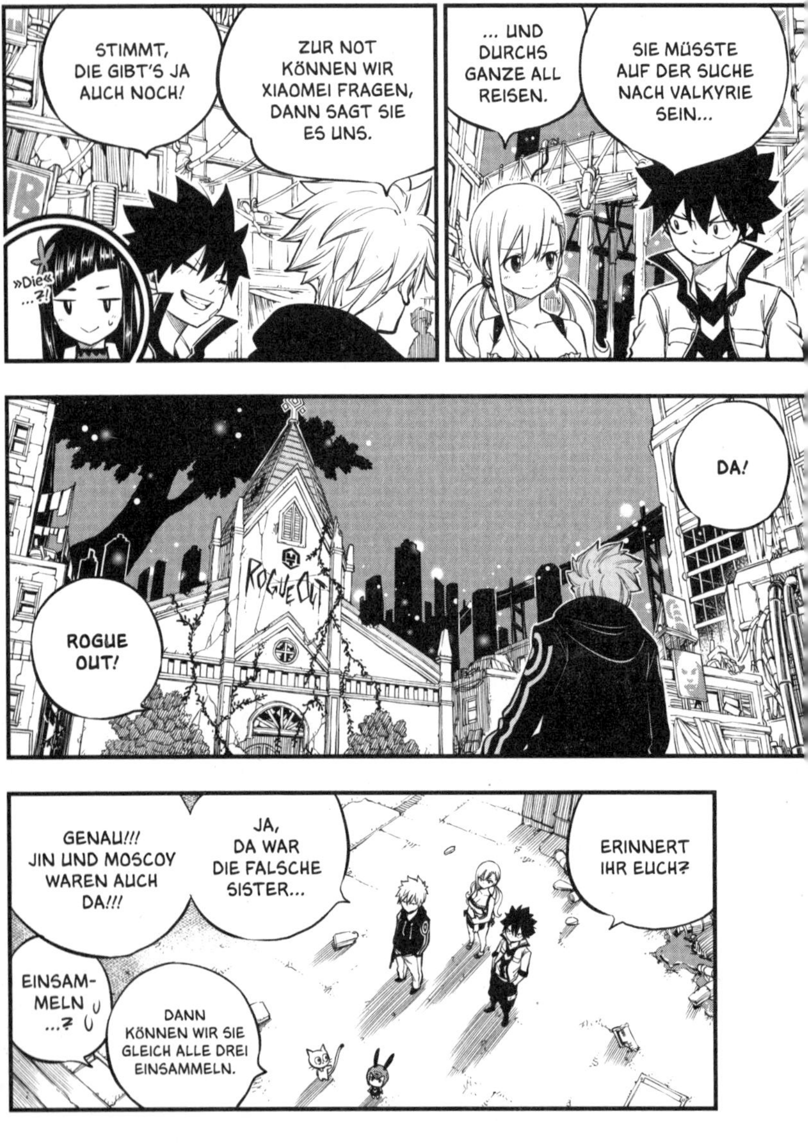
ZUR NOT KÖNNEN WIR XIAOMEI FRAGEN, DANN SAGT SIE ES UNS.
STIMMT, DIE GIBT'S JA AUCH NOCH!
»Die« ...?!
SIE MÜSSTE AUF DER SUCHE NACH VALKYRIE SEIN...
... UND DURCHS GANZE ALL REISEN.
DA!
ROGUE OUT!
ERINNERT IHR EUCH?
JA, DA WAR DIE FALSCHE SISTER...
GENAU!!! JIN UND MOSCOY WAREN AUCH DA!!!
DANN KÖNNEN WIR SIE GLEICH ALLE DREI EINSAMMELN.
EINSAMMELN ...?

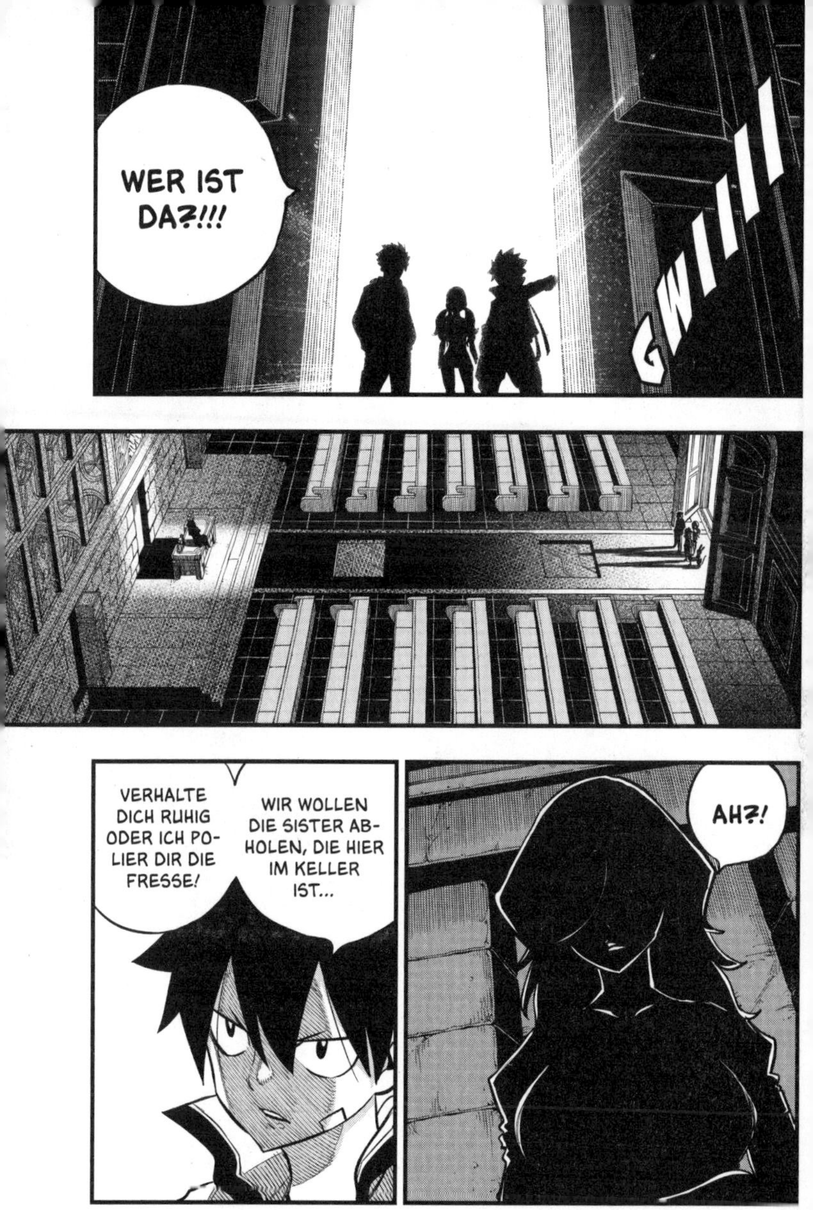

WER IST DA?!!!
GWIIII
VERHALTE DICH RUHIG ODER ICH POLIER DIR DIE FRESSE!
WIR WOLLEN DIE SISTER ABHOLEN, DIE HIER IM KELLER IST...
AH?!

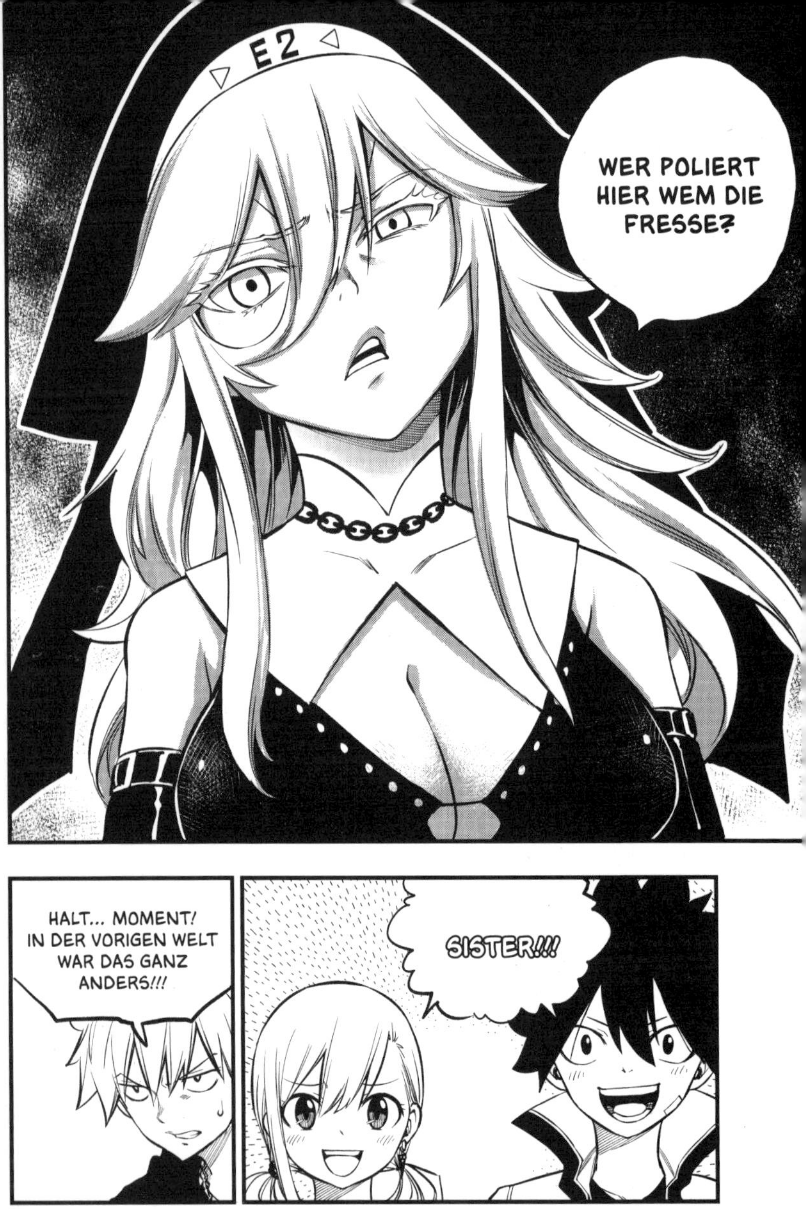
WER POLIERT HIER WEM DIE FRESSE?
SISTER!!!
HALT... MOMENT! IN DER VORIGEN WELT WAR DAS GANZ ANDERS!!!

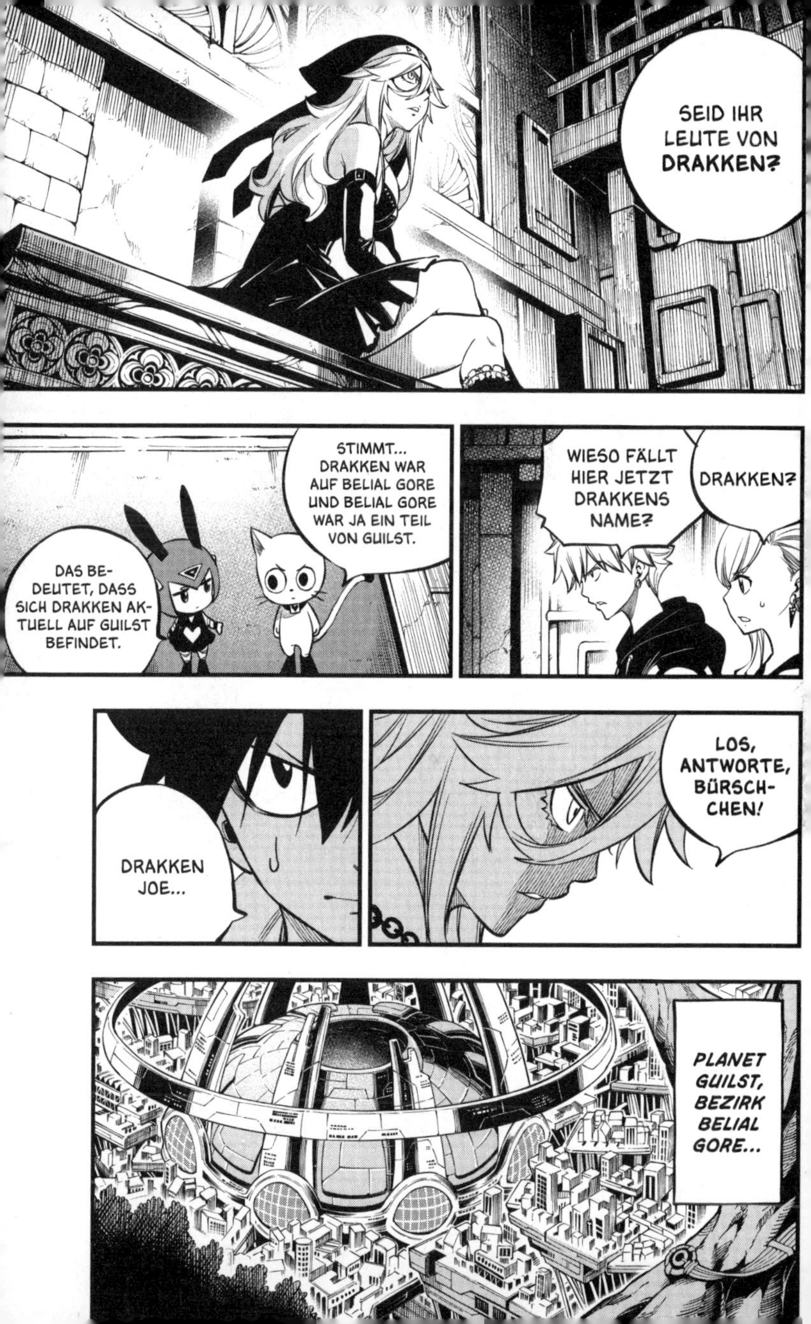
SEID IHR LEUTE VON DRAKKEN?
DRAKKEN?
WIESO FÄLLT HIER JETZT DRAKKENS NAME?
STIMMT... DRAKKEN WAR AUF BELIAL GORE UND BELIAL GORE WAR JA EIN TEIL VON GUILST.
DAS BE-DEUTET, DASS SICH DRAKKEN AK-TUELL AUF GUILST BEFINDET.
LOS, ANTWORTE, BÜRSCH-CHEN!
DRAKKEN JOE...
PLANET GUILST, BEZIRK BELIAL GORE...

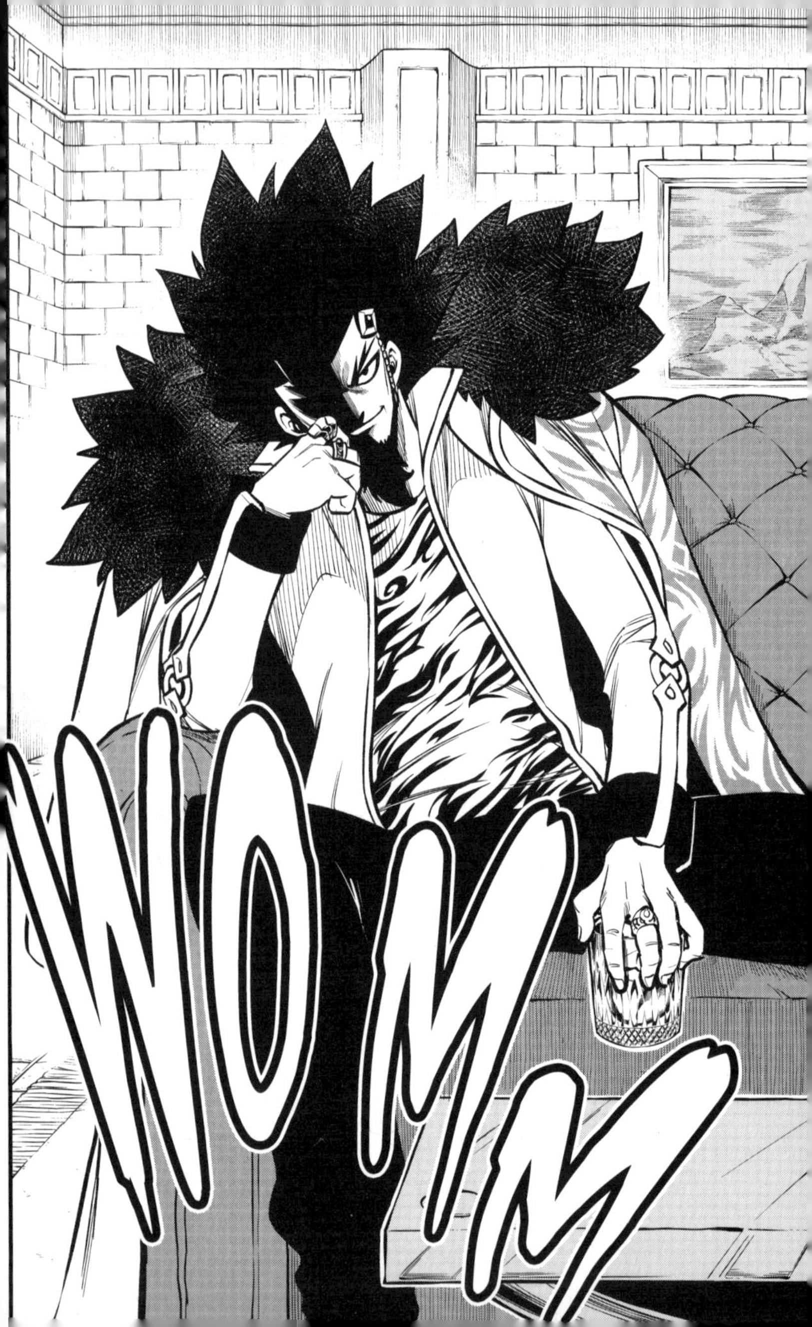
WOMMM

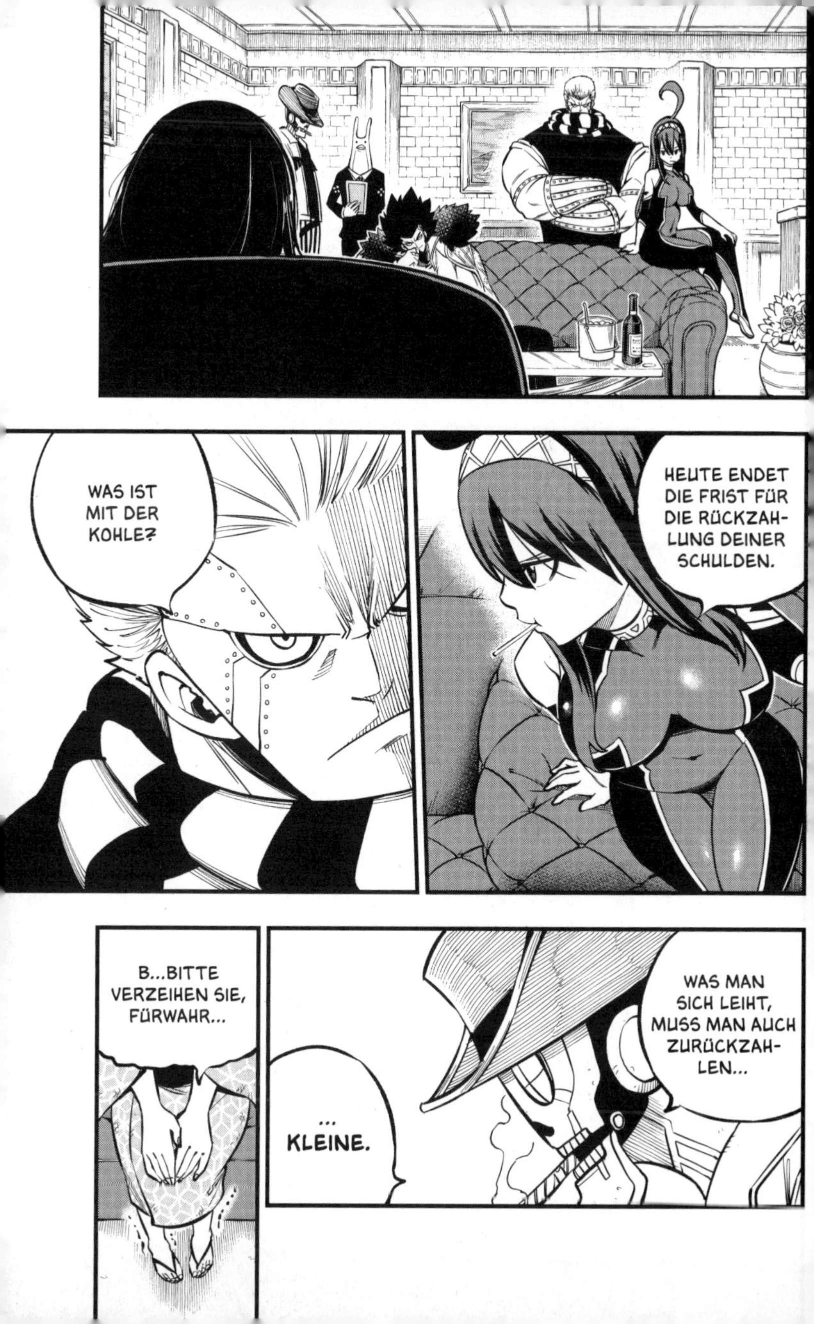
HEUTE ENDET DIE FRIST FÜR DIE RÜCKZAHLUNG DEINER SCHULDEN.
WAS IST MIT DER KOHLE?
WAS MAN SICH LEIHT, MUSS MAN AUCH ZURÜCKZAHLEN...
... KLEINE.
B...BITTE VERZEIHEN SIE, FÜRWAHR...

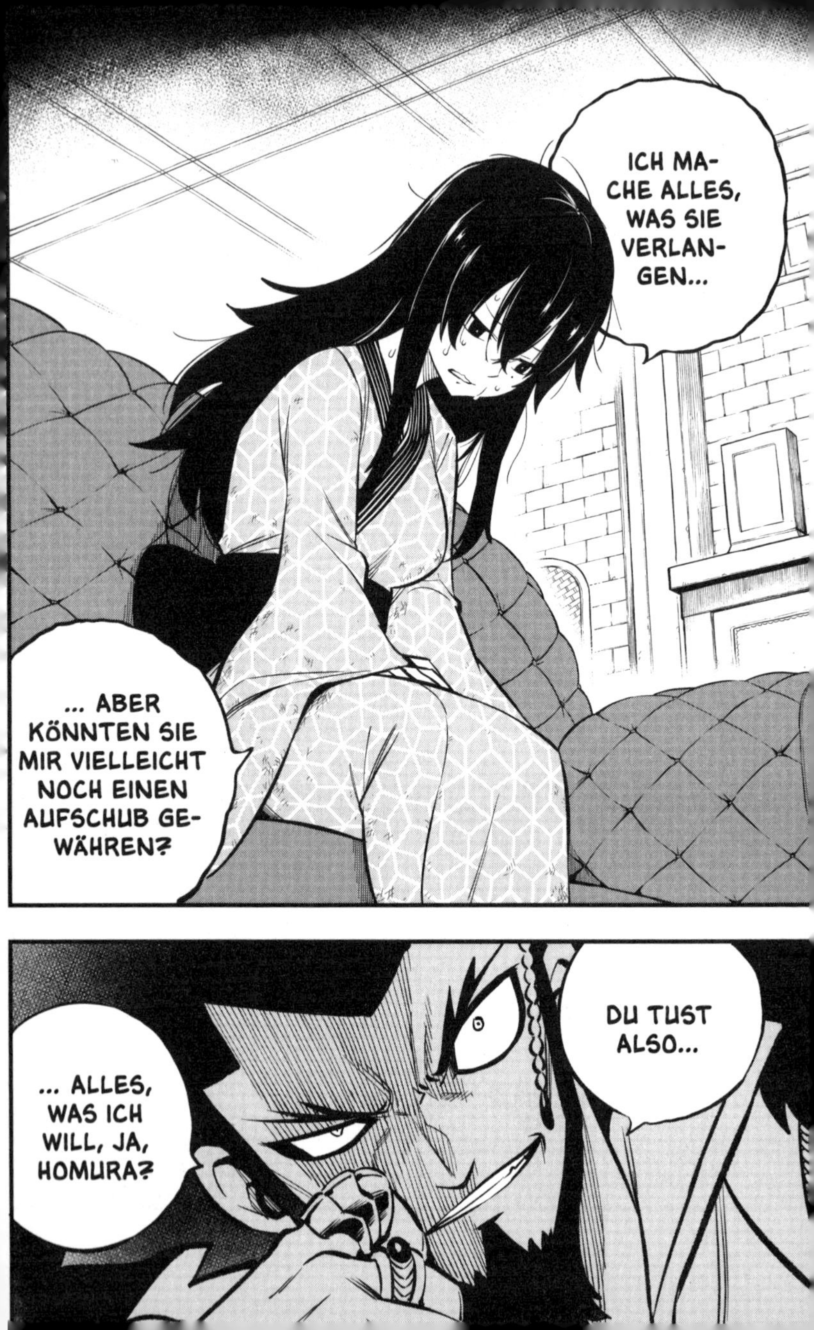
ICH MACHE ALLES, WAS SIE VERLANGEN...
... ABER KÖNNTEN SIE MIR VIELLEICHT NOCH EINEN AUFSCHUB GEWÄHREN?
DU TUST ALSO...
... ALLES, WAS ICH WILL, JA, HOMURA?

EDENS ZERO

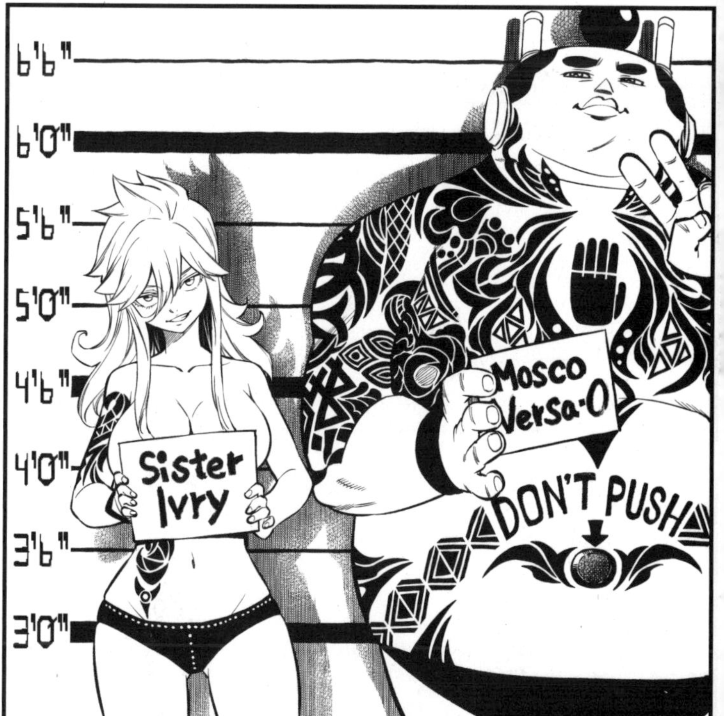

KAPITEL 225: MOSCOY HEAVEN

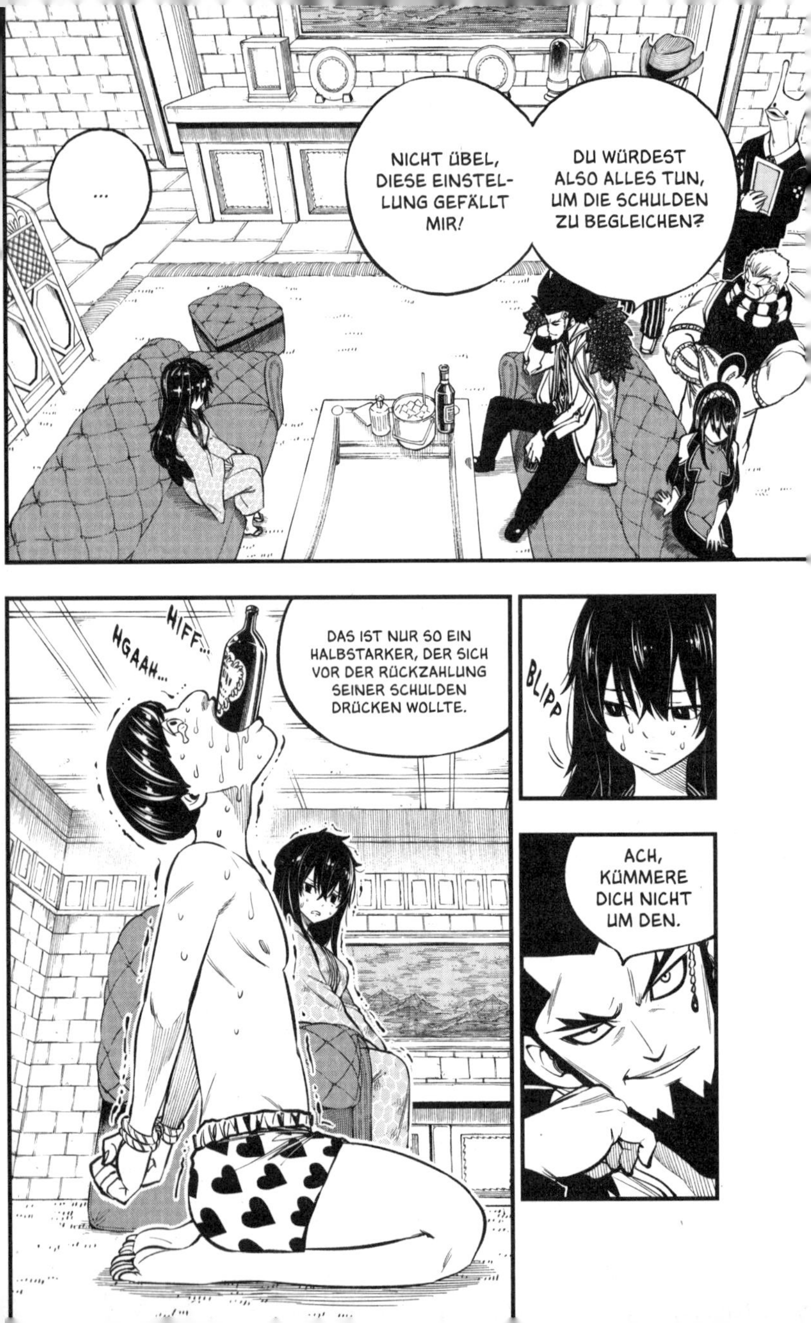
DU WÜRDEST ALSO ALLES TUN, UM DIE SCHULDEN ZU BEGLEICHEN?
NICHT ÜBEL, DIESE EINSTELLUNG GEFÄLLT MIR!
…
BLIPP
ACH, KÜMMERE DICH NICHT UM DEN.
DAS IST NUR SO EIN HALBSTARKER, DER SICH VOR DER RÜCKZAHLUNG SEINER SCHULDEN DRÜCKEN WOLLTE.
HIFF…
HGAAH…

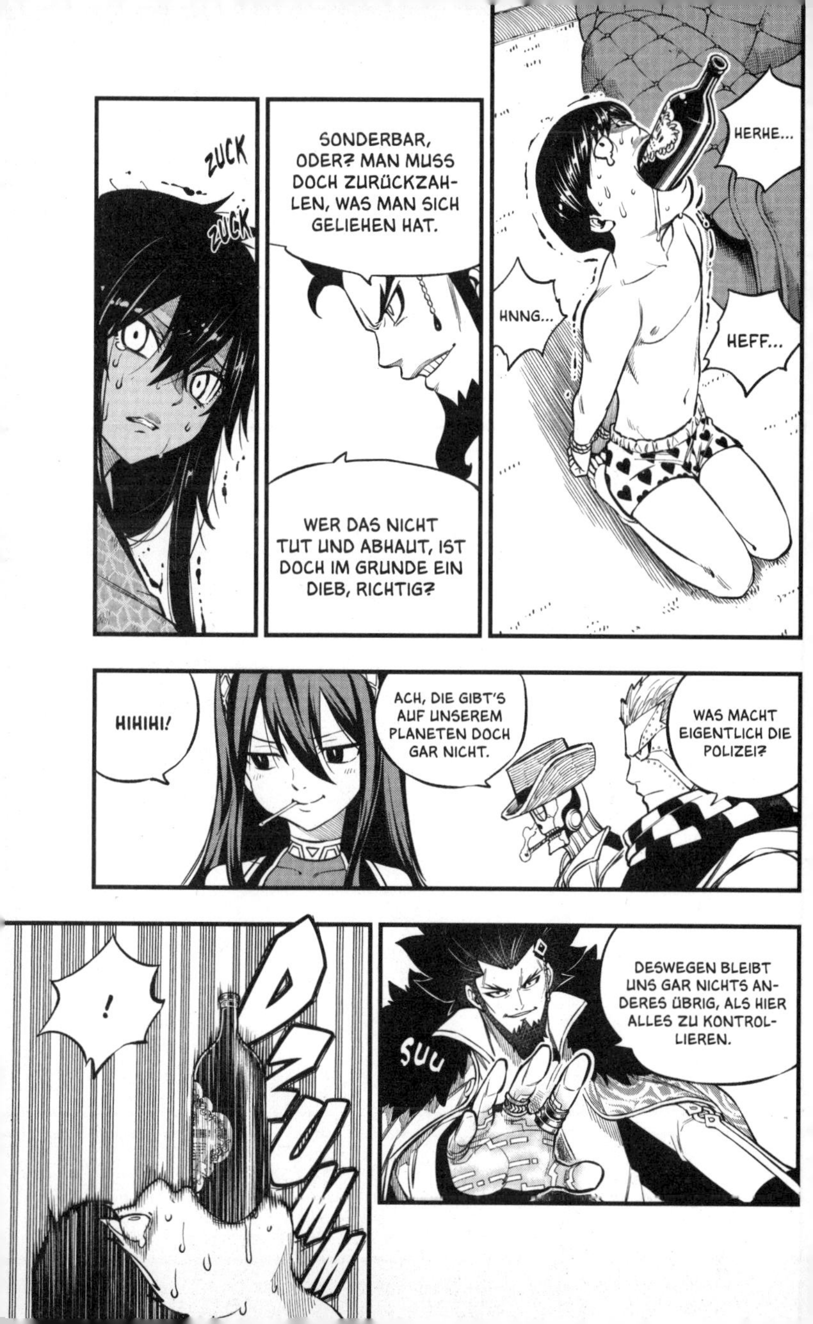
HERHE...
HNNG...
HEFF...
SONDERBAR, ODER? MAN MUSS DOCH ZURÜCKZAHLEN, WAS MAN SICH GELIEHEN HAT.
WER DAS NICHT TUT UND ABHAUT, IST DOCH IM GRUNDE EIN DIEB, RICHTIG?
ZUCK
ZUCK
WAS MACHT EIGENTLICH DIE POLIZEI?
ACH, DIE GIBT'S AUF UNSEREM PLANETEN DOCH GAR NICHT.
HIHIHI!
DESWEGEN BLEIBT UNS GAR NICHTS ANDERES ÜBRIG, ALS HIER ALLES ZU KONTROLLIEREN.
SUU
!

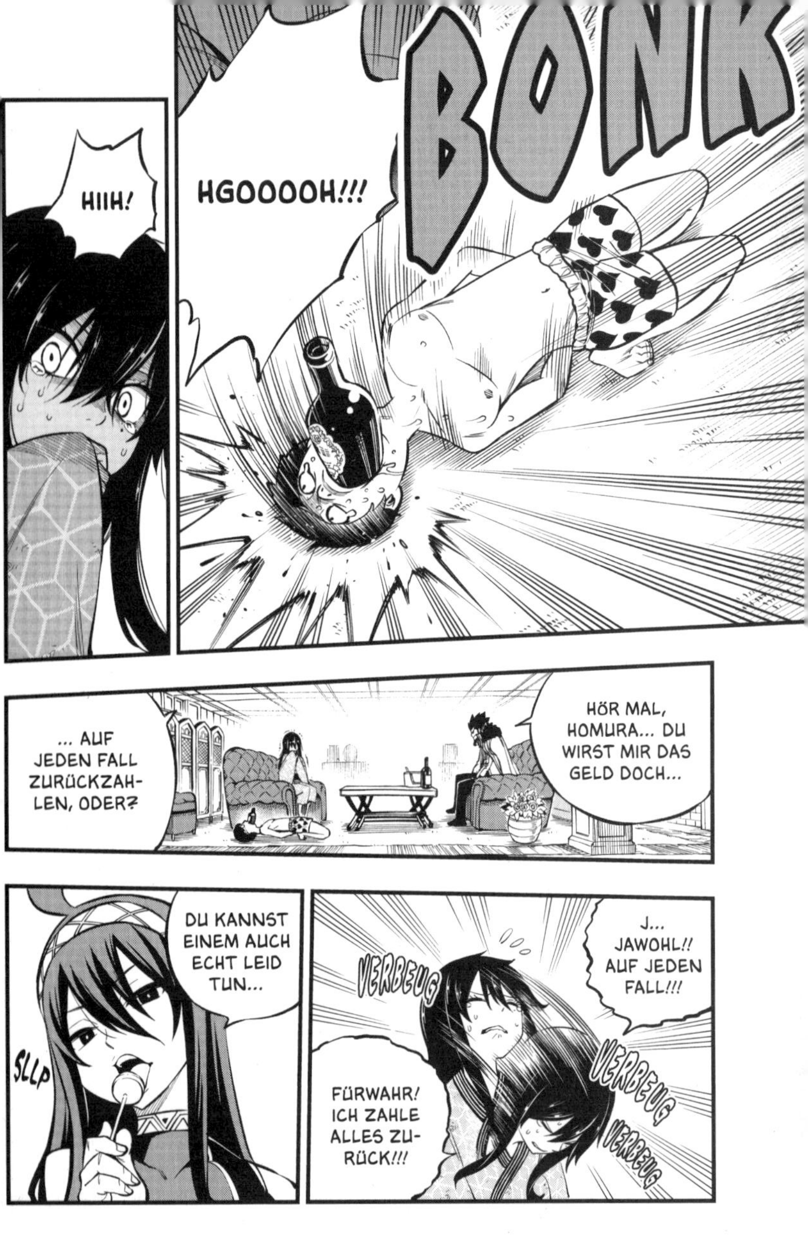
BONK
HGOOOOH!!!
HIIH!
HÖR MAL, HOMURA... DU WIRST MIR DAS GELD DOCH...
... AUF JEDEN FALL ZURÜCKZAHLEN, ODER?
J... JAWOHL!! AUF JEDEN FALL!!!
VERBEUG
VERBEUG
VERBEUG
FÜRWAHR! ICH ZAHLE ALLES ZURÜCK!!!
DU KANNST EINEM AUCH ECHT LEID TUN...
SLLP

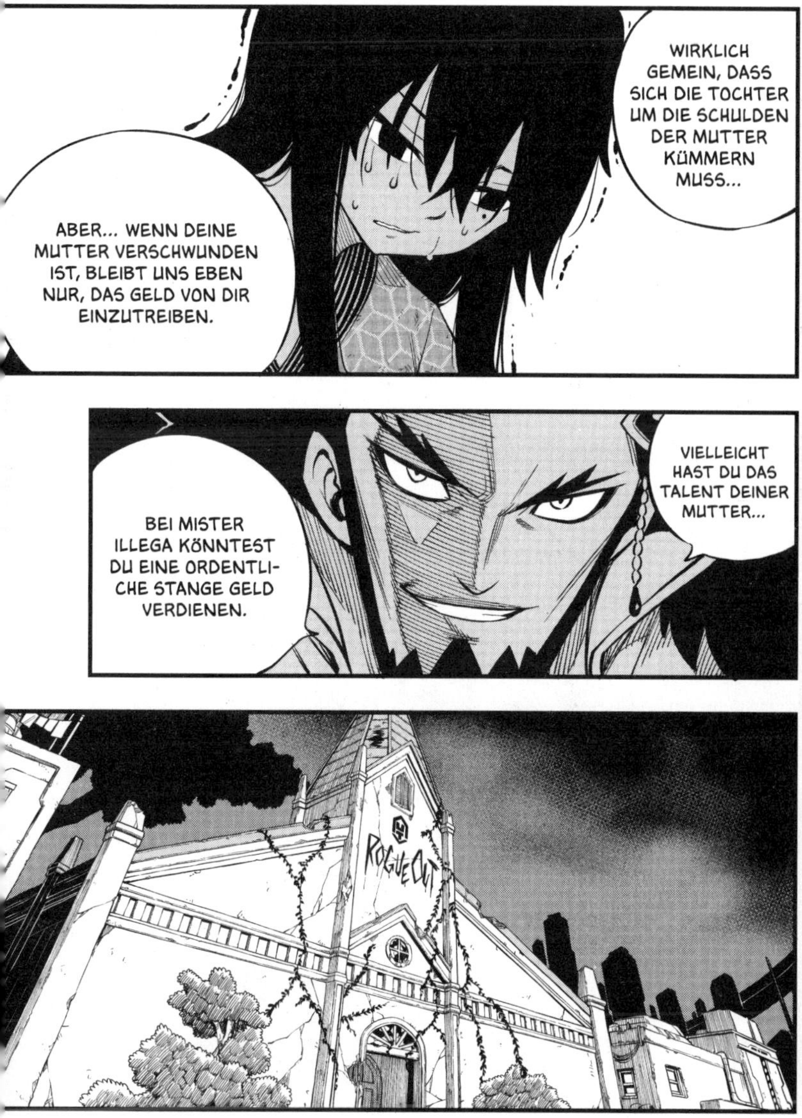
WIRKLICH GEMEIN, DASS SICH DIE TOCHTER UM DIE SCHULDEN DER MUTTER KÜMMERN MUSS...
ABER... WENN DEINE MUTTER VERSCHWUNDEN IST, BLEIBT UNS EBEN NUR, DAS GELD VON DIR EINZUTREIBEN.
VIELLEICHT HAST DU DAS TALENT DEINER MUTTER...
BEI MISTER ILLEGA KÖNNTEST DU EINE ORDENTLICHE STANGE GELD VERDIENEN.
ROGUE OUT

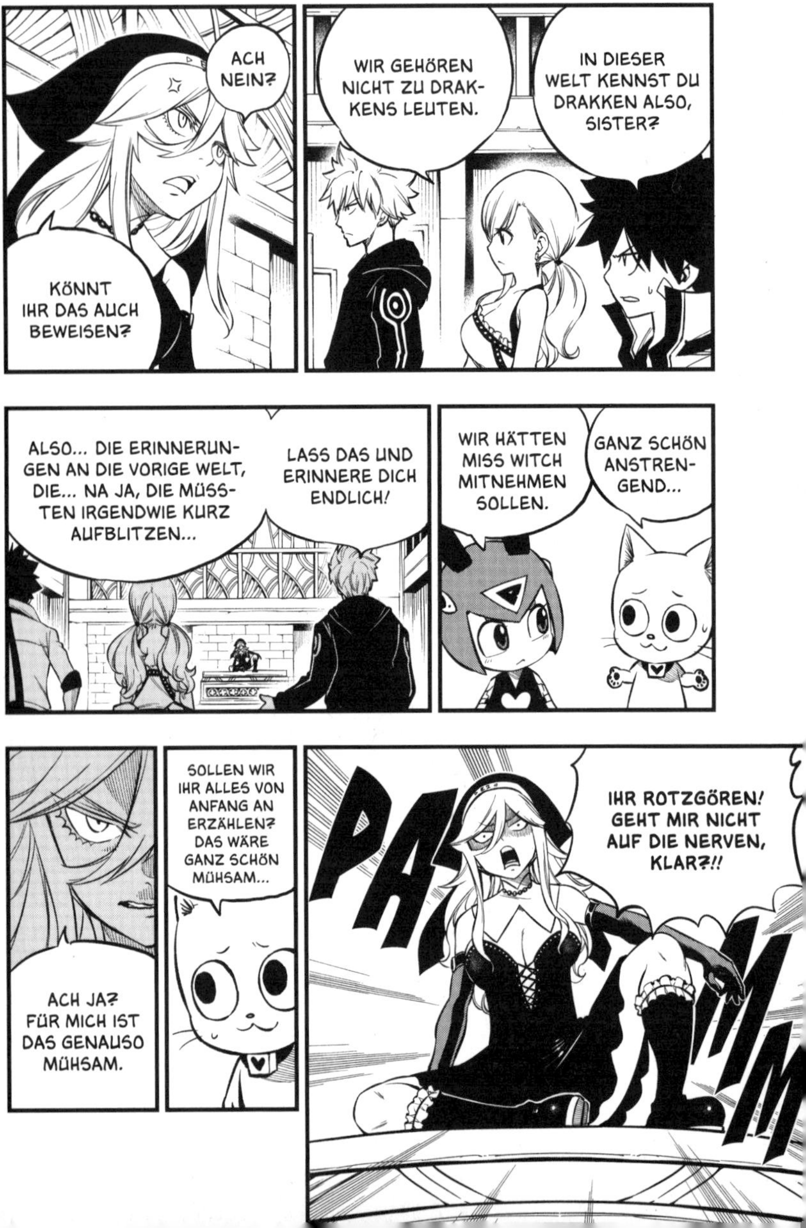
IN DIESER WELT KENNST DU DRAKKEN ALSO, SISTER?
WIR GEHÖREN NICHT ZU DRAKKENS LEUTEN.
ACH NEIN?
KÖNNT IHR DAS AUCH BEWEISEN?
GANZ SCHÖN ANSTRENGEND...
WIR HÄTTEN MISS WITCH MITNEHMEN SOLLEN.
LASS DAS UND ERINNERE DICH ENDLICH!
ALSO... DIE ERINNERUNGEN AN DIE VORIGE WELT, DIE... NA JA, DIE MÜSSTEN IRGENDWIE KURZ AUFBLITZEN...
IHR ROTZGÖREN! GEHT MIR NICHT AUF DIE NERVEN, KLAR?!!
SOLLEN WIR IHR ALLES VON ANFANG AN ERZÄHLEN? DAS WÄRE GANZ SCHÖN MÜHSAM...
ACH JA? FÜR MICH IST DAS GENAUSO MÜHSAM.

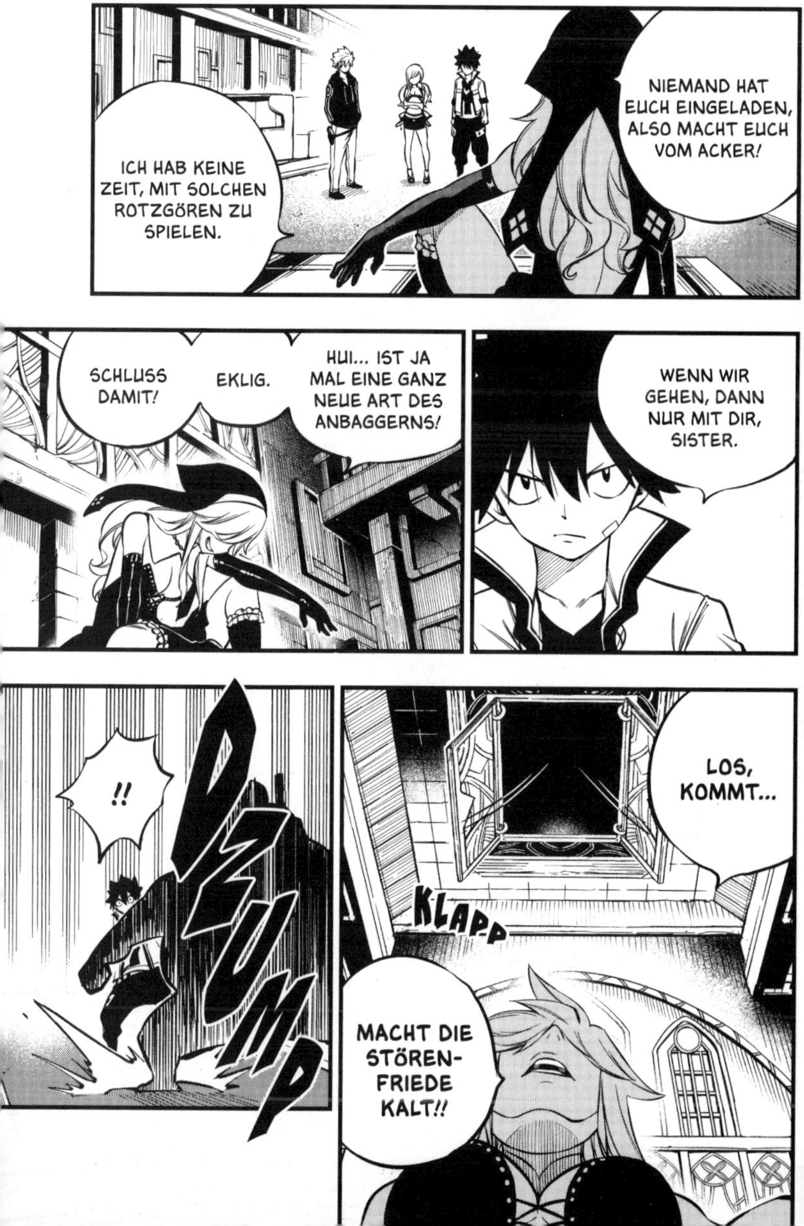
NIEMAND HAT EUCH EINGELADEN, ALSO MACHT EUCH VOM ACKER!
ICH HAB KEINE ZEIT, MIT SOLCHEN ROTZGÖREN ZU SPIELEN.
WENN WIR GEHEN, DANN NUR MIT DIR, SISTER.
HUI... IST JA MAL EINE GANZ NEUE ART DES ANBAGGERNS!
EKLIG.
SCHLUSS DAMIT!
LOS, KOMMT...
KLAPP
MACHT DIE STÖREN-FRIEDE KALT!!
!!
DZUMP

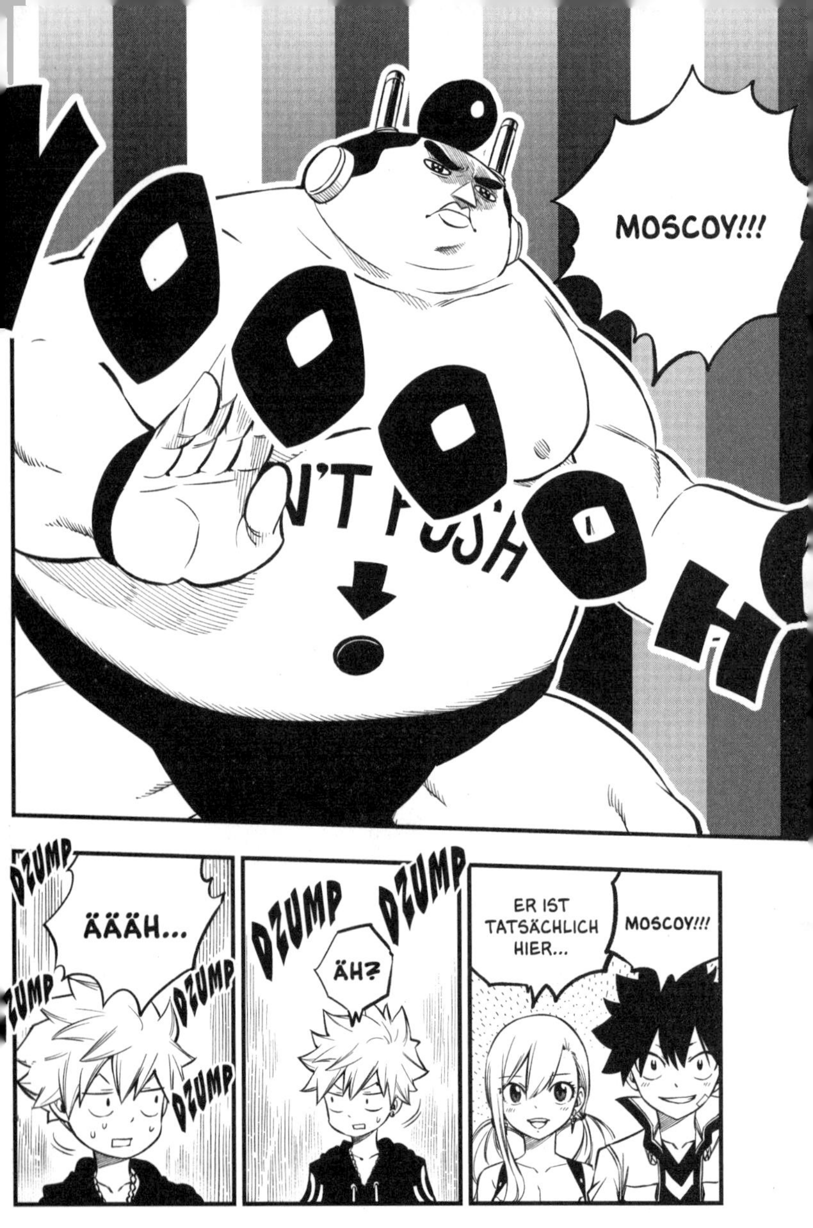
MOSCOY!!!
MOSCOY!!!
ER IST TATSÄCHLICH HIER...
DZUMP
DZUMP
ÄH?
DZUMP
DZUMP
DZUMP
ÄÄÄH...

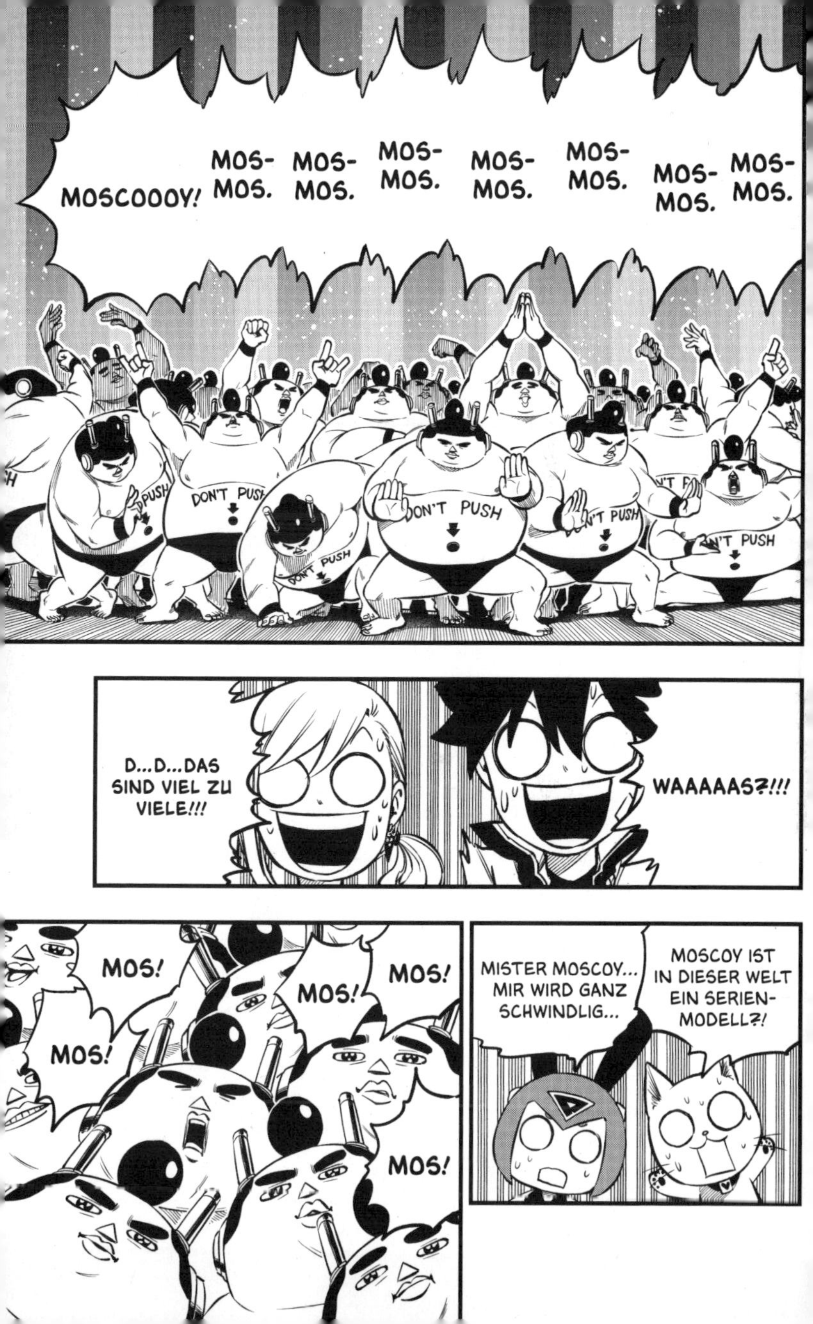

MOSCOOOY!
MOS-MOS.
MOS-MOS.
MOS-MOS.
MOS-MOS.
MOS-MOS.
MOS-MOS.
MOS-MOS.
DON'T PUSH
D...D...DAS SIND VIEL ZU VIELE!!!
WAAAAAS?!!!
MOS!
MOS!
MOS!
MOS!
MOS!
MOSCOY IST IN DIESER WELT EIN SERIEN-MODELL?!
MISTER MOSCOY... MIR WIRD GANZ SCHWINDLIG...

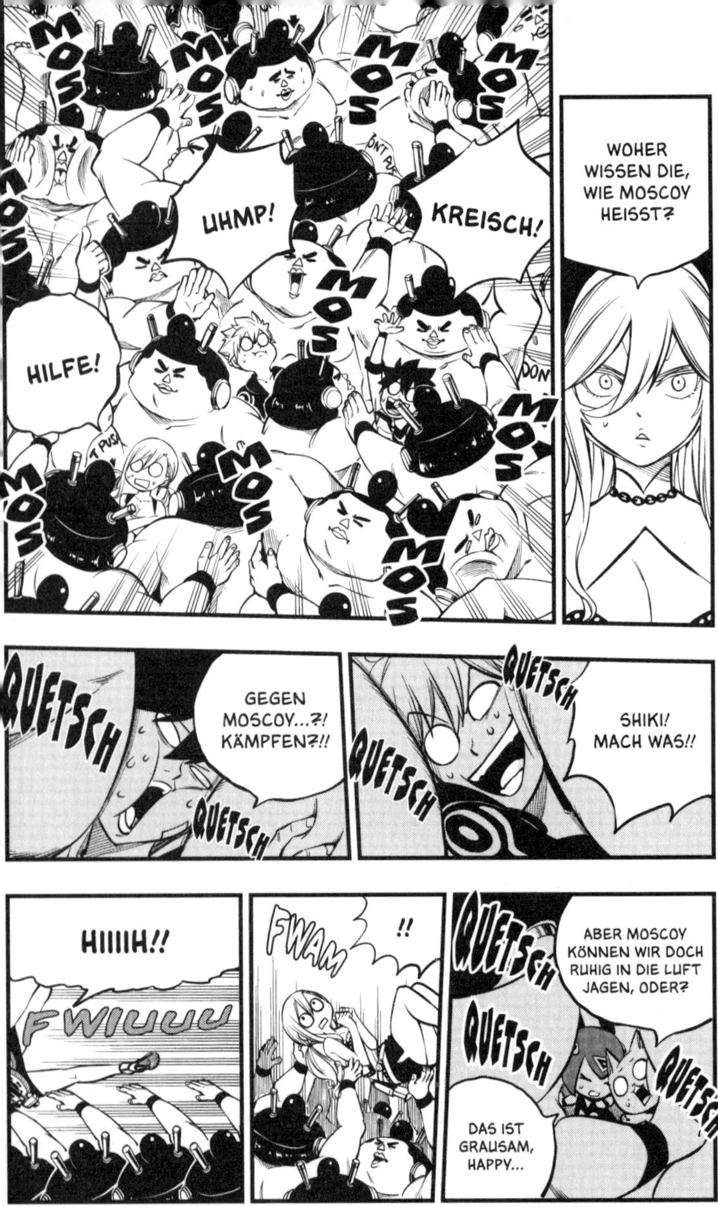

WOHER WISSEN DIE, WIE MOSCOY HEISST?
MOS MOS MOS MOS
KREISCH!
UHMP!
HILFE!
QUETSCH
SHIKI! MACH WAS!!
QUETSCH
GEGEN MOSCOY...?! KÄMPFEN?!!
QUETSCH
ABER MOSCOY KÖNNEN WIR DOCH RUHIG IN DIE LUFT JAGEN, ODER?
DAS IST GRAUSAM, HAPPY...
!!
FWAM
HIIIIH!!
FWIUUU

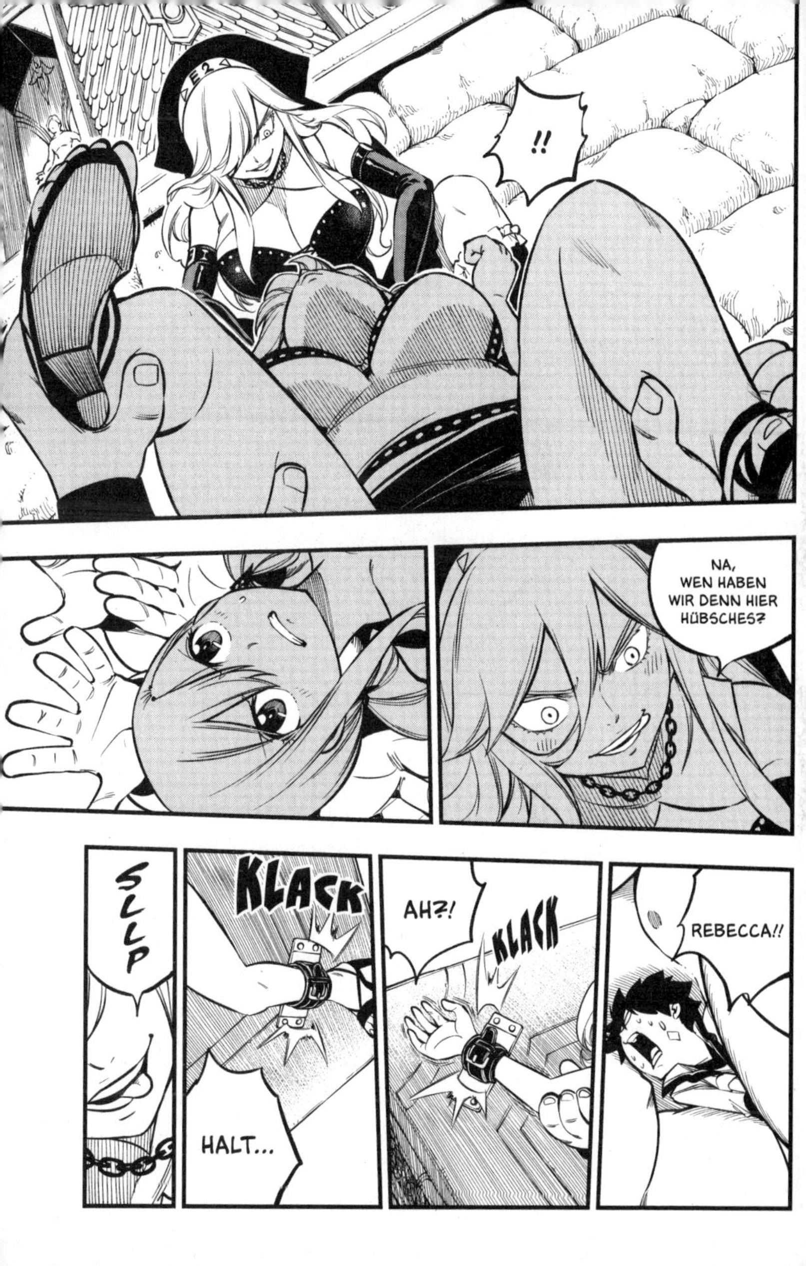

!!
NA, WEN HABEN WIR DENN HIER HÜBSCHES?
SLLP
KLACK
HALT...
AH?!
KLACK
REBECCA!!

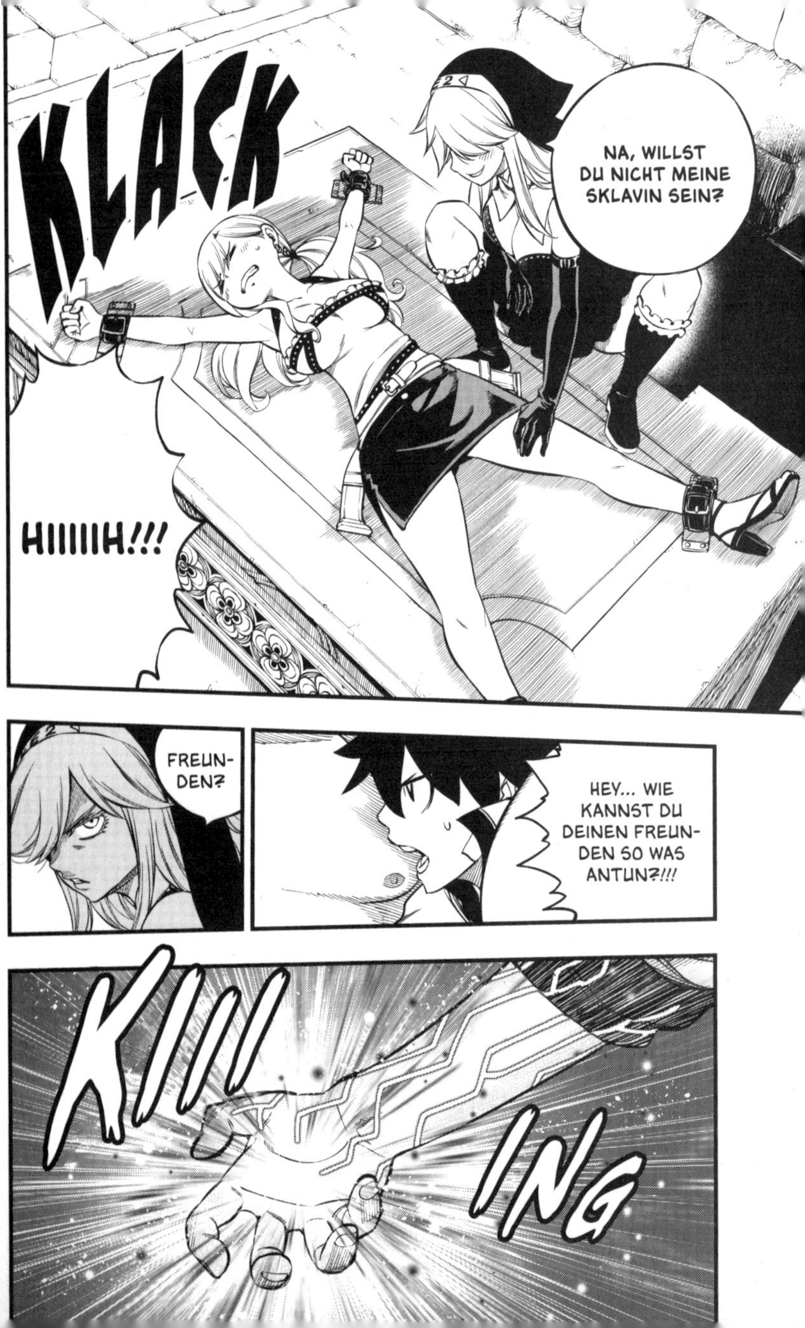
KLACK
NA, WILLST DU NICHT MEINE SKLAVIN SEIN?
HIIIIIH!!!
HEY... WIE KANNST DU DEINEN FREUN-DEN SO WAS ANTUN?!!!
FREUN-DEN?
KIIIING

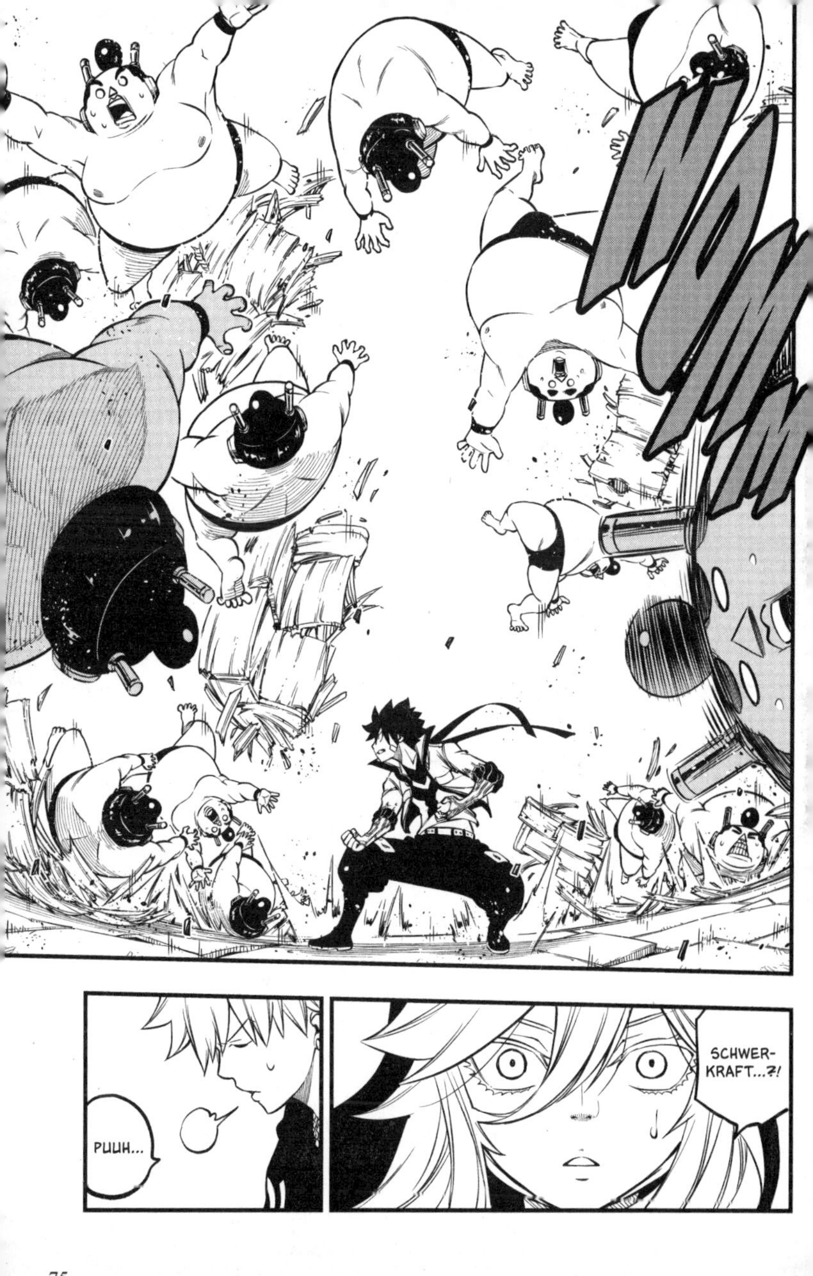
SCHWER-
KRAFT...?!
PUUH...

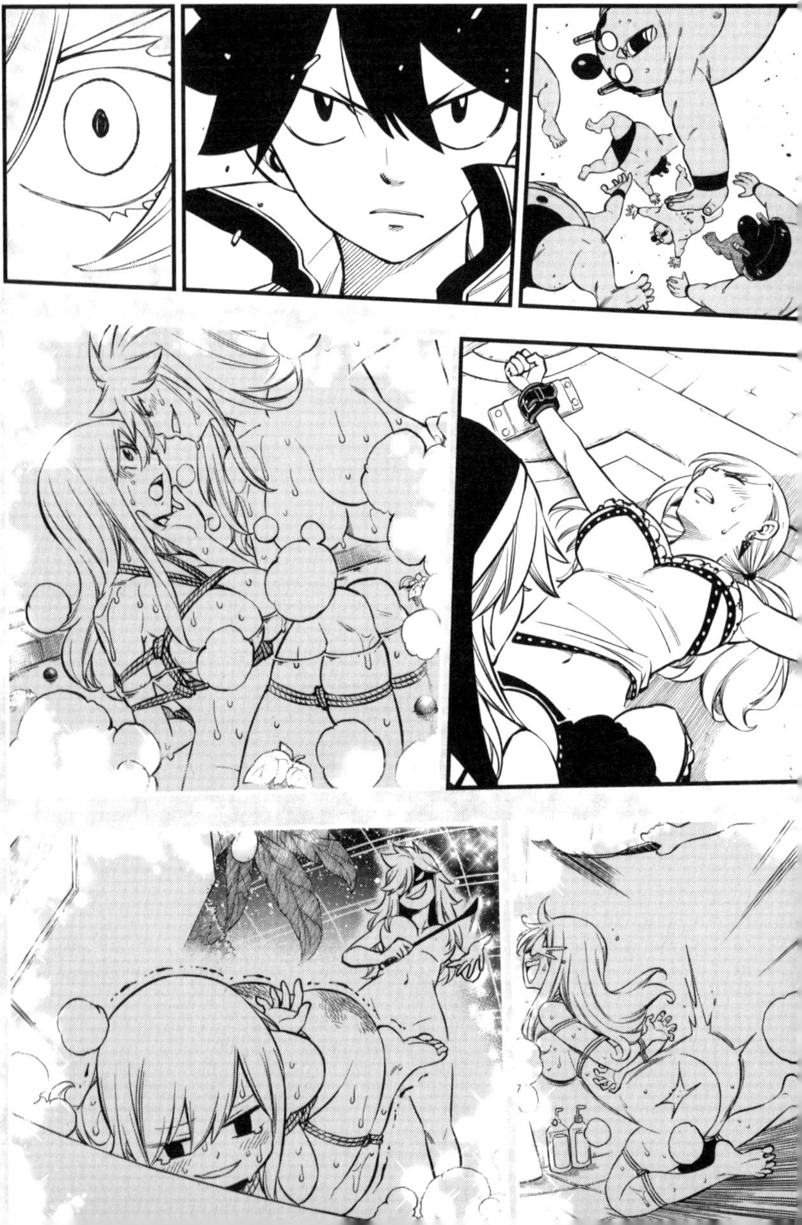

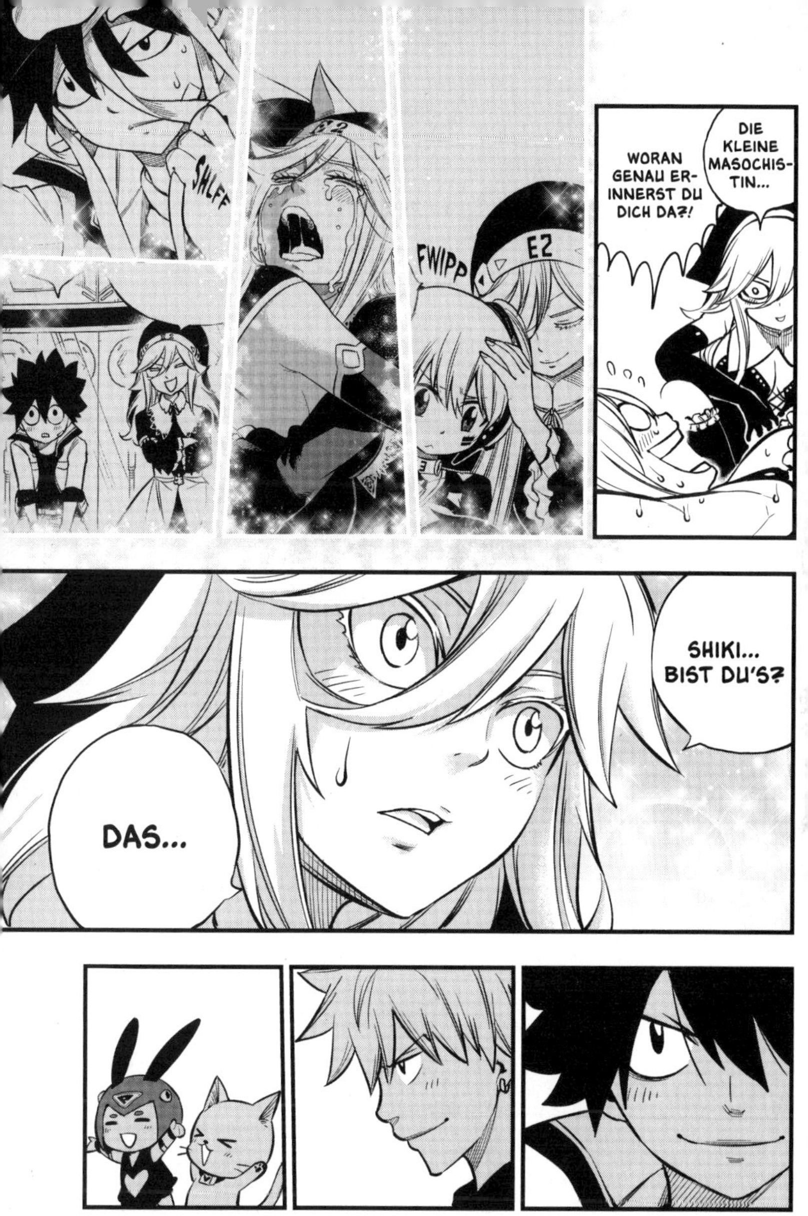
DIE KLEINE MASOCHIS-TIN...
WORAN GENAU ER-INNERST DU DICH DA?!
FWIPP
SHLFF
SHIKI... BIST DU'S?
DAS...

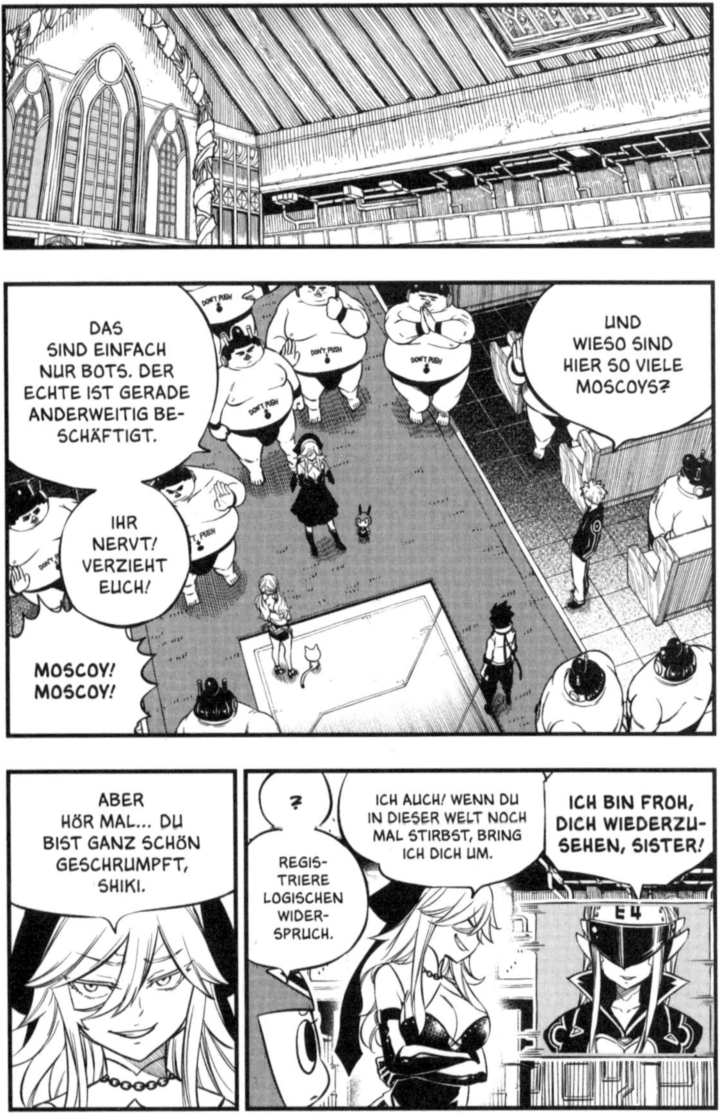
UND WIESO SIND HIER SO VIELE MOSCOYS?
DAS SIND EINFACH NUR BOTS. DER ECHTE IST GERADE ANDERWEITIG BE-SCHÄFTIGT.
IHR NERVT! VERZIEHT EUCH!
MOSCOY! MOSCOY!
ICH BIN FROH, DICH WIEDERZU-SEHEN, SISTER!
ICH AUCH! WENN DU IN DIESER WELT NOCH MAL STIRBST, BRING ICH DICH UM.
?
REGIS-TRIERE LOGISCHEN WIDER-SPRUCH.
ABER HÖR MAL... DU BIST GANZ SCHÖN GESCHRUMPFT, SHIKI.

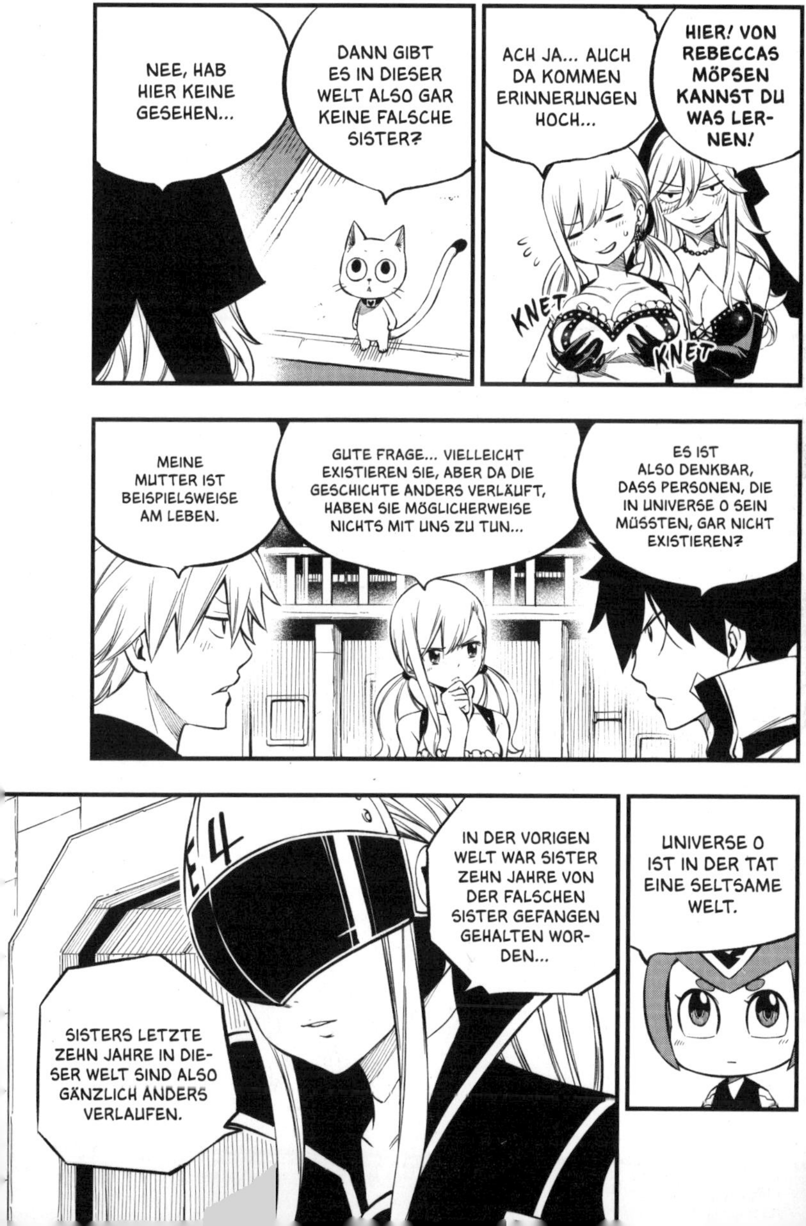
HIER! VON REBECCAS MÖPSEN KANNST DU WAS LERNEN!
ACH JA... AUCH DA KOMMEN ERINNERUNGEN HOCH...
KNET
KNET
DANN GIBT ES IN DIESER WELT ALSO GAR KEINE FALSCHE SISTER?
NEE, HAB HIER KEINE GESEHEN...
ES IST ALSO DENKBAR, DASS PERSONEN, DIE IN UNIVERSE 0 SEIN MÜSSTEN, GAR NICHT EXISTIEREN?
GUTE FRAGE... VIELLEICHT EXISTIEREN SIE, ABER DA DIE GESCHICHTE ANDERS VERLÄUFT, HABEN SIE MÖGLICHERWEISE NICHTS MIT UNS ZU TUN...
MEINE MUTTER IST BEISPIELSWEISE AM LEBEN.
UNIVERSE 0 IST IN DER TAT EINE SELTSAME WELT.
IN DER VORIGEN WELT WAR SISTER ZEHN JAHRE VON DER FALSCHEN SISTER GEFANGEN GEHALTEN WORDEN...
SISTERS LETZTE ZEHN JAHRE IN DIESER WELT SIND ALSO GÄNZLICH ANDERS VERLAUFEN.

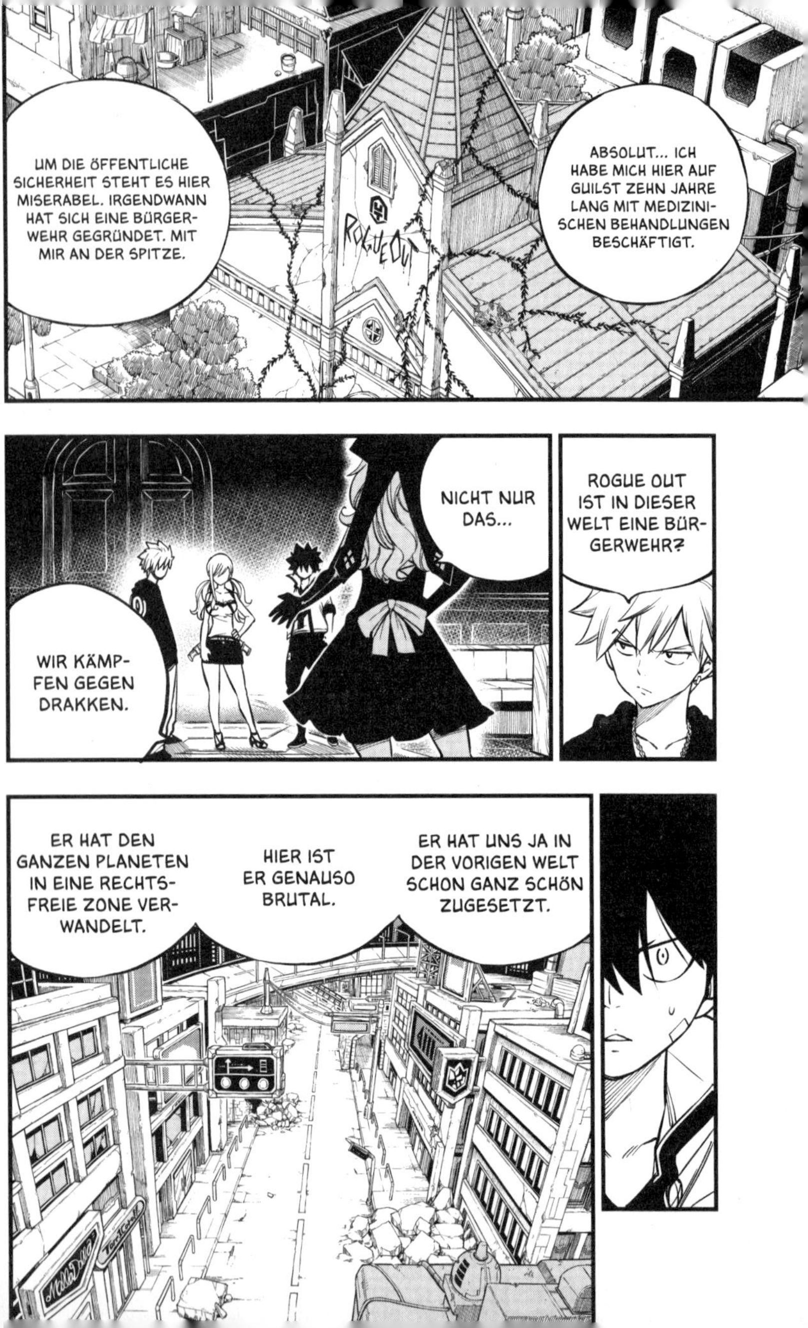
ABSOLUT... ICH HABE MICH HIER AUF GUILST ZEHN JAHRE LANG MIT MEDIZINISCHEN BEHANDLUNGEN BESCHÄFTIGT.
ROGUE OUT
UM DIE ÖFFENTLICHE SICHERHEIT STEHT ES HIER MISERABEL. IRGENDWANN HAT SICH EINE BÜRGERWEHR GEGRÜNDET. MIT MIR AN DER SPITZE.
ROGUE OUT IST IN DIESER WELT EINE BÜRGERWEHR?
NICHT NUR DAS...
WIR KÄMPFEN GEGEN DRAKKEN.
ER HAT UNS JA IN DER VORIGEN WELT SCHON GANZ SCHÖN ZUGESETZT.
HIER IST ER GENAUSO BRUTAL.
ER HAT DEN GANZEN PLANETEN IN EINE RECHTSFREIE ZONE VERWANDELT.

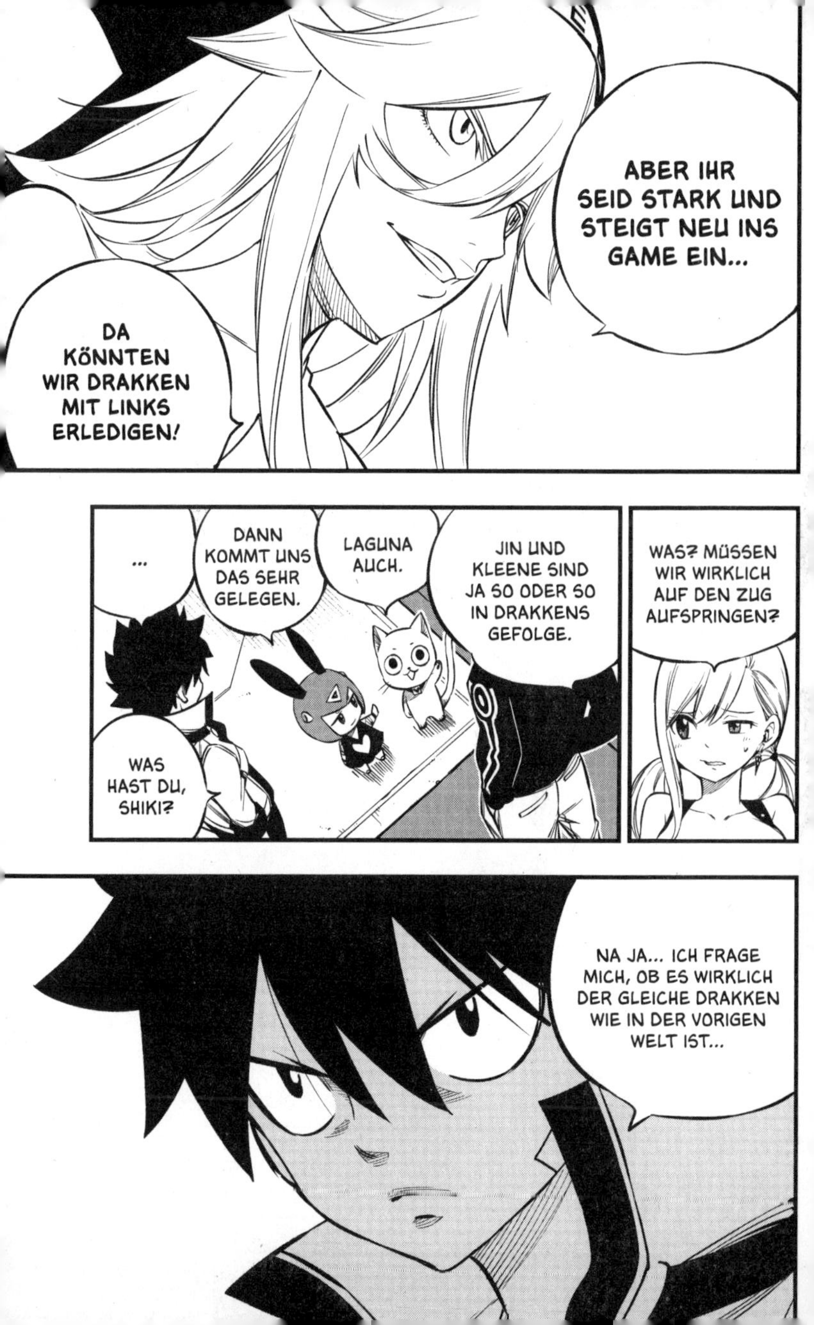
ABER IHR SEID STARK UND STEIGT NEU INS GAME EIN...
DA KÖNNTEN WIR DRAKKEN MIT LINKS ERLEDIGEN!
WAS? MÜSSEN WIR WIRKLICH AUF DEN ZUG AUFSPRINGEN?
JIN UND KLEENE SIND JA SO ODER SO IN DRAKKENS GEFOLGE.
LAGUNA AUCH.
DANN KOMMT UNS DAS SEHR GELEGEN.
...
WAS HAST DU, SHIKI?
NA JA... ICH FRAGE MICH, OB ES WIRKLICH DER GLEICHE DRAKKEN WIE IN DER VORIGEN WELT IST...

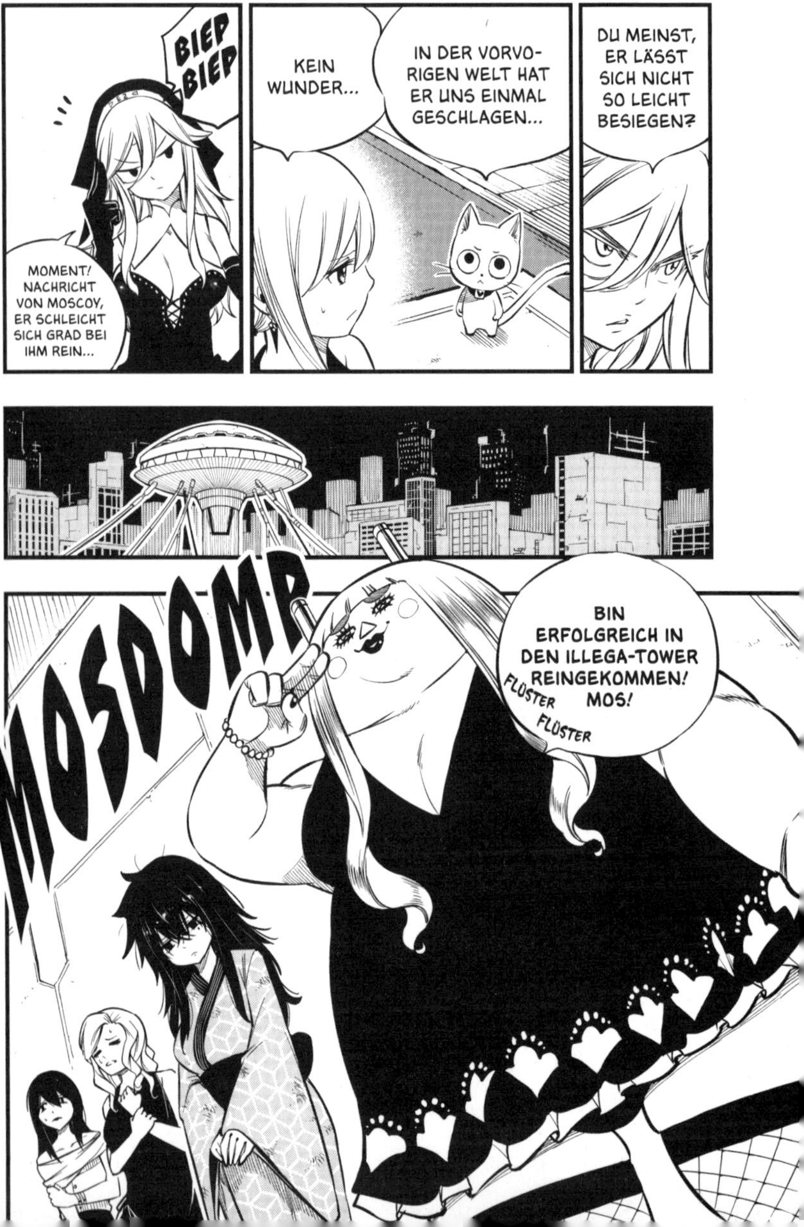

BIEP BIEP
MOMENT! NACHRICHT VON MOSCOY, ER SCHLEICHT SICH GRAD BEI IHM REIN...
KEIN WUNDER...
IN DER VORVORIGEN WELT HAT ER UNS EINMAL GESCHLAGEN...
DU MEINST, ER LÄSST SICH NICHT SO LEICHT BESIEGEN?
MOSDOMP
BIN ERFOLGREICH IN DEN ILLEGA-TOWER REINGEKOMMEN! MOS!
FLÜSTER FLÜSTER

EDENS ZERO

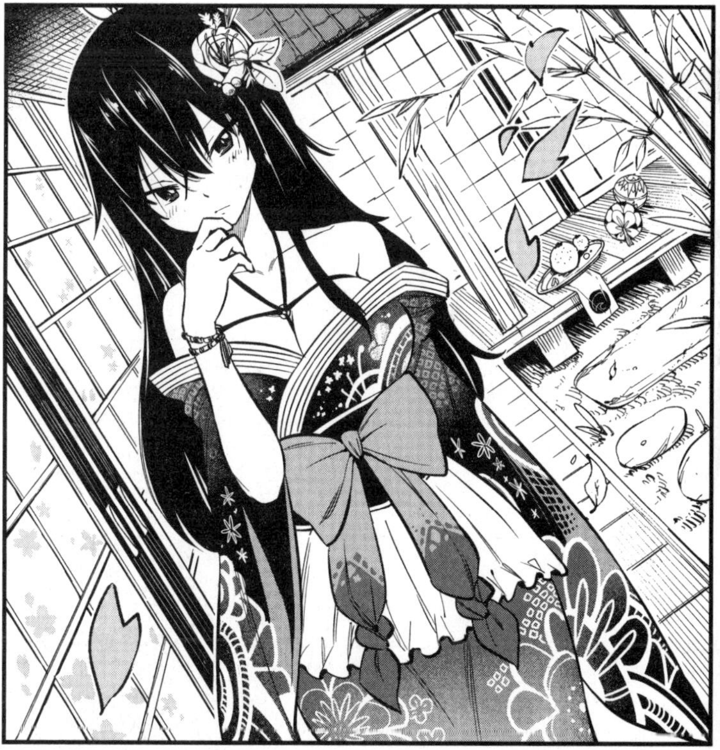

KAPITEL 226: DER GOTT DES MEERES

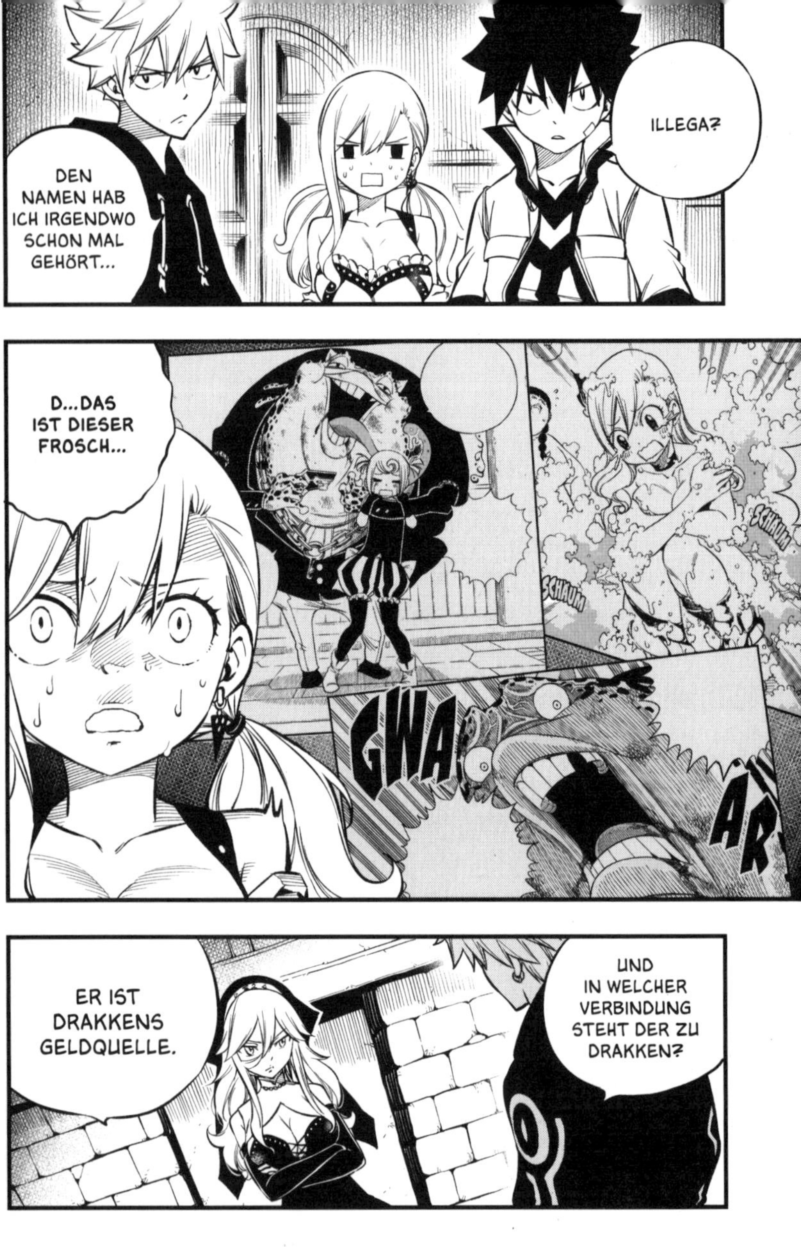
ILLEGA?
DEN NAMEN HAB ICH IRGENDWO SCHON MAL GEHÖRT...
D...DAS IST DIESER FROSCH...
SCHAUM
SCHAUM
GWA
AR
UND IN WELCHER VERBINDUNG STEHT DER ZU DRAKKEN?
ER IST DRAKKENS GELDQUELLE.

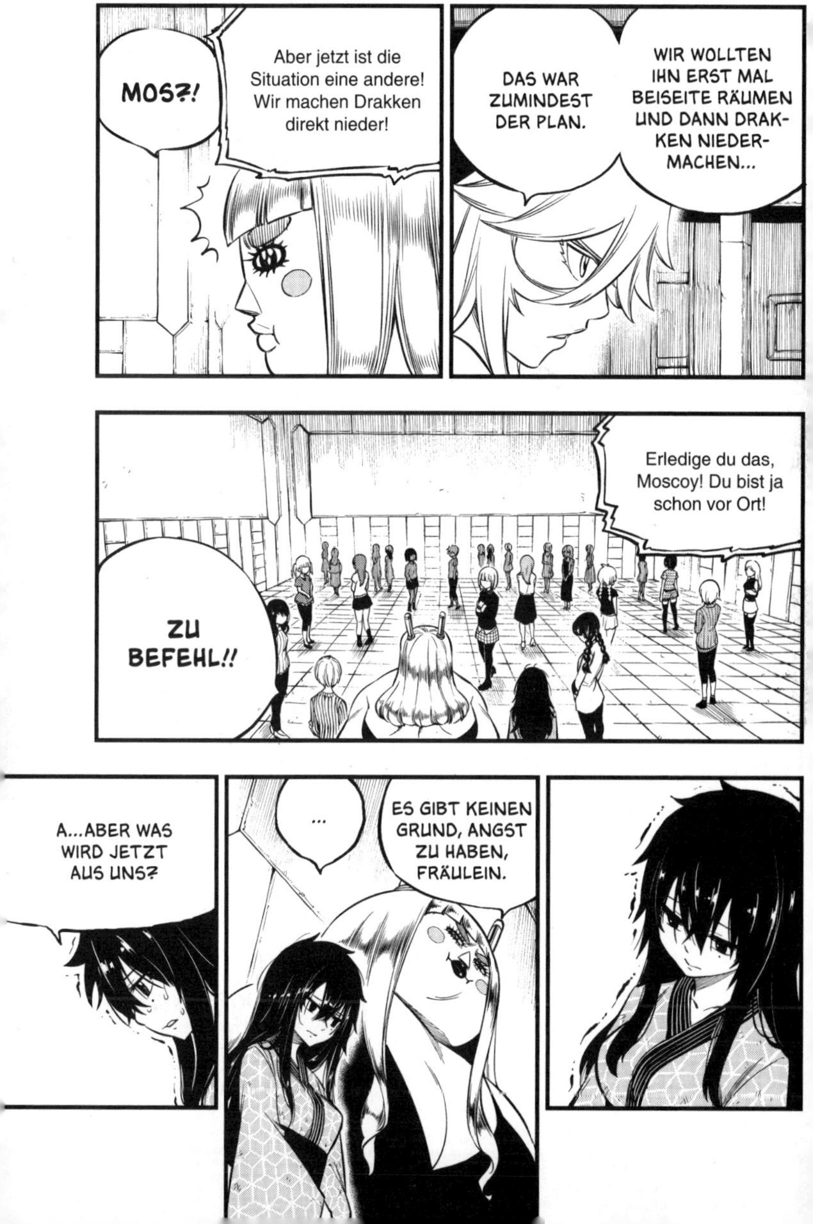
MOS?!
Aber jetzt ist die Situation eine andere! Wir machen Drakken direkt nieder!
DAS WAR ZUMINDEST DER PLAN.
WIR WOLLTEN IHN ERST MAL BEISEITE RÄUMEN UND DANN DRAKKEN NIEDERMACHEN...
Erledige du das, Moscoy! Du bist ja schon vor Ort!
ZU BEFEHL!!
A...ABER WAS WIRD JETZT AUS UNS?
...
ES GIBT KEINEN GRUND, ANGST ZU HABEN, FRÄULEIN.

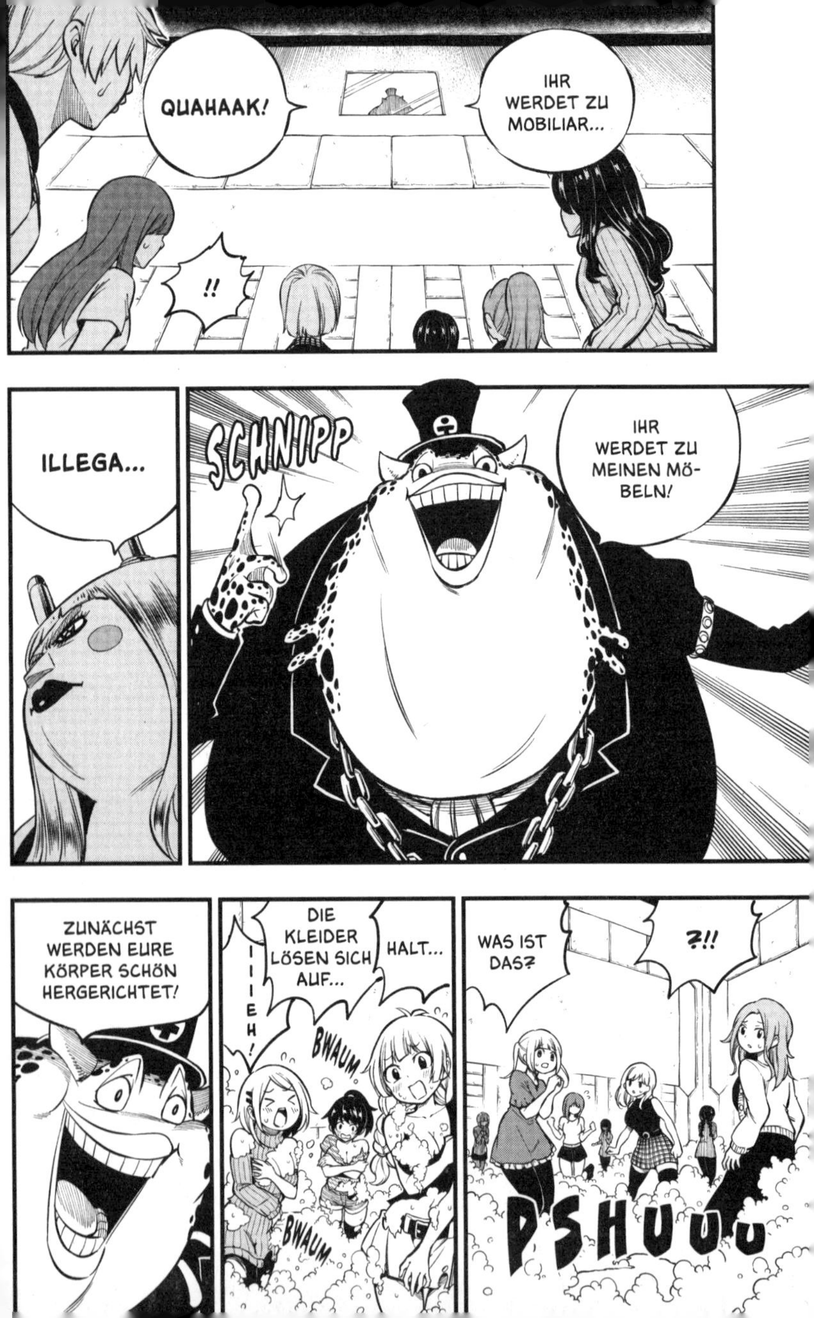
IHR WERDET ZU MOBILIAR...
QUAHAAK!
!!
SCHNIPP
IHR WERDET ZU MEINEN MÖ-BELN!
ILLEGA...
?!!
WAS IST DAS?
PSHUUU
HALT...
DIE KLEIDER LÖSEN SICH AUF...
IIIIEH!
BWAUM
BWAUM
ZUNÄCHST WERDEN EURE KÖRPER SCHÖN HERGERICHTET!

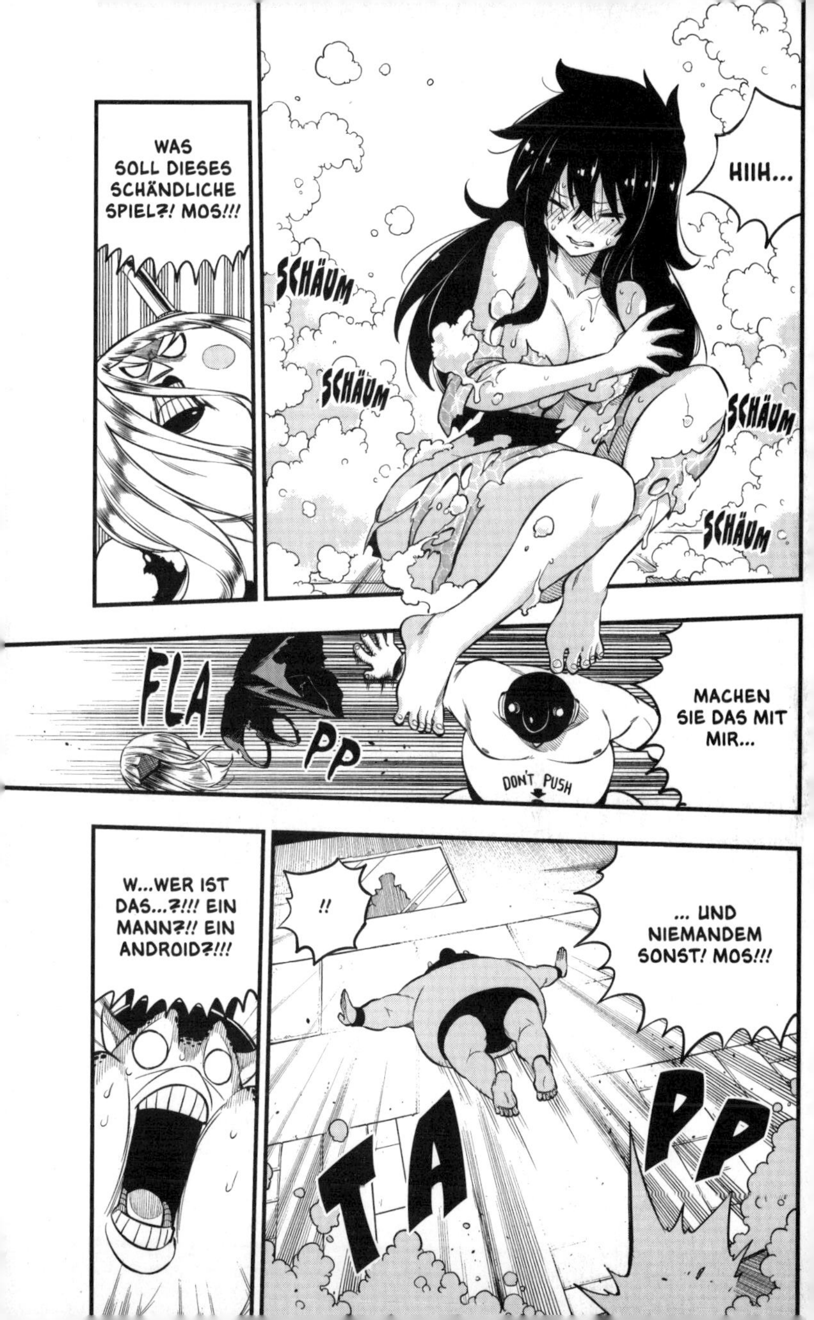
HIIH...
SCHÄUM
SCHÄUM
SCHÄUM
SCHÄUM
WAS SOLL DIESES SCHÄNDLICHE SPIEL?! MOS!!!
MACHEN SIE DAS MIT MIR...
DON'T PUSH
FLA PP
... UND NIEMANDEM SONST! MOS!!!
!!
TA PP
W...WER IST DAS...?!!! EIN MANN?!! EIN ANDROID?!!!

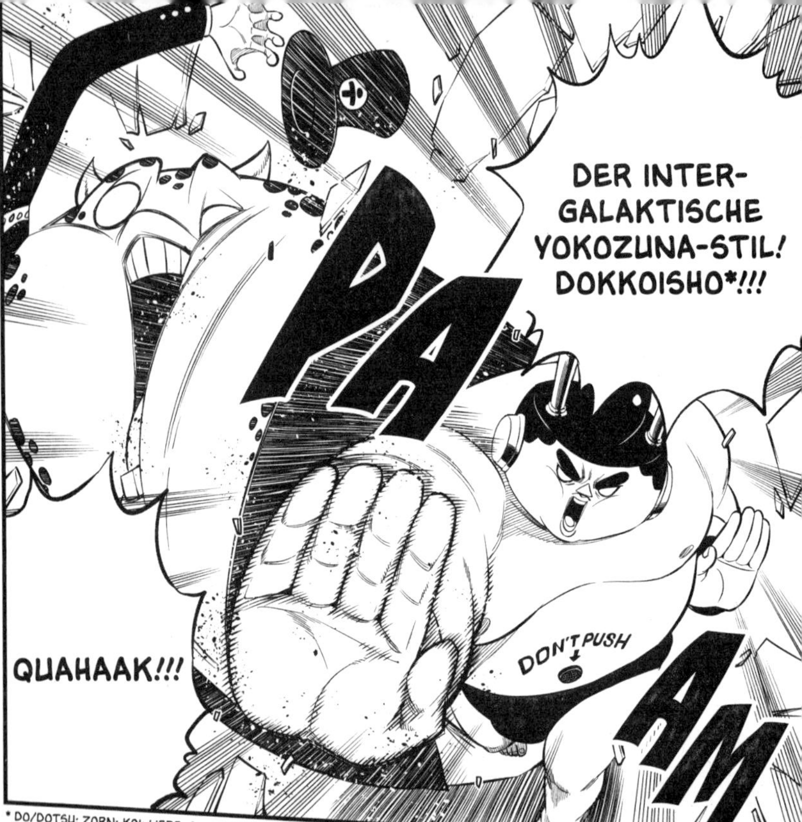

* DO/DOTSU: ZORN; KOI: LIEBE; SHO: HAND, FAUSTSCHLAG

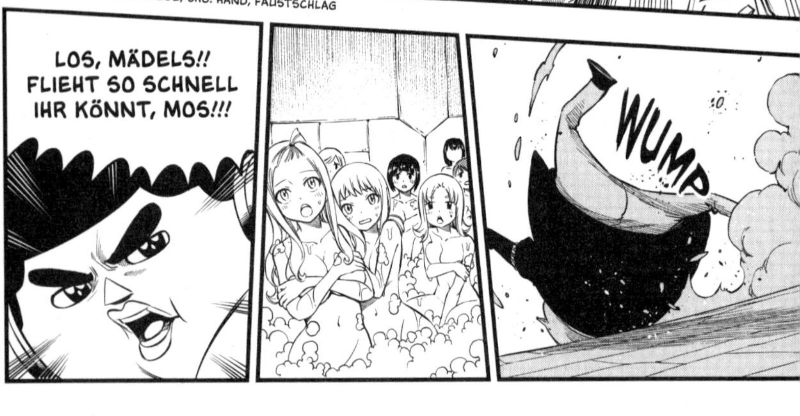

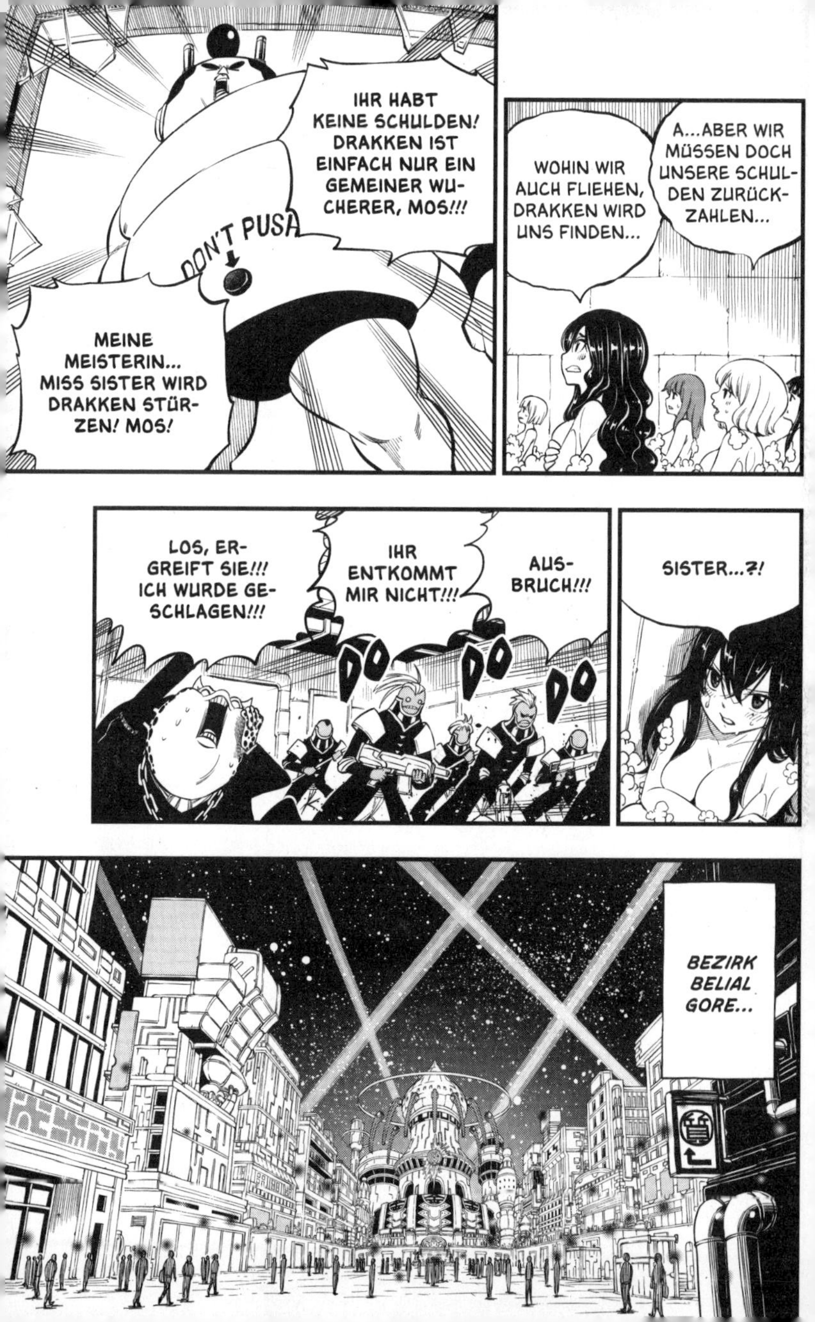
IHR HABT KEINE SCHULDEN! DRAKKEN IST EINFACH NUR EIN GEMEINER WUCHERER, MOS!!!
DON'T PUSH
MEINE MEISTERIN... MISS SISTER WIRD DRAKKEN STÜRZEN! MOS!
A...ABER WIR MÜSSEN DOCH UNSERE SCHULDEN ZURÜCKZAHLEN...
WOHIN WIR AUCH FLIEHEN, DRAKKEN WIRD UNS FINDEN...
SISTER...?!
AUSBRUCH!!!
IHR ENTKOMMT MIR NICHT!!!
LOS, ERGREIFT SIE!!! ICH WURDE GESCHLAGEN!!!
BEZIRK BELIAL GORE...

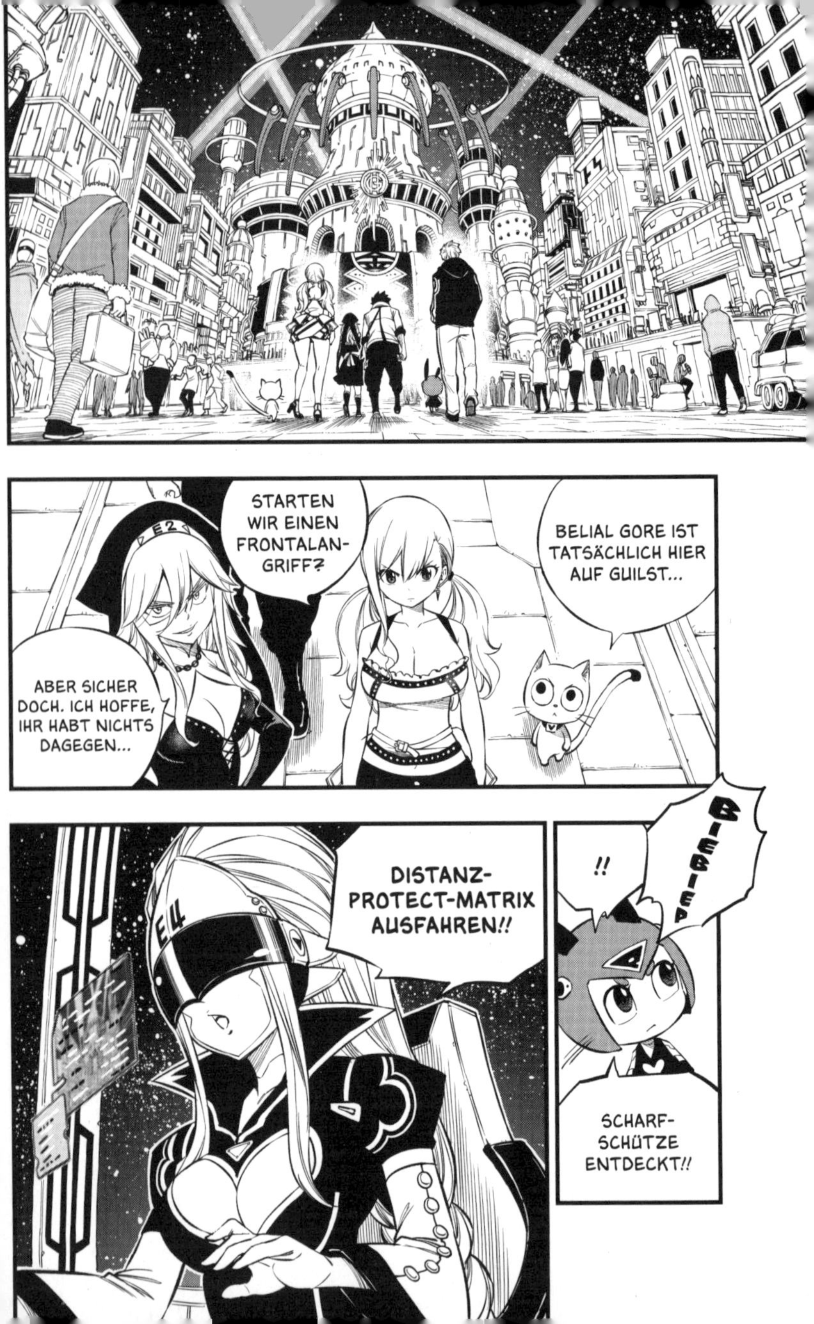
STARTEN WIR EINEN FRONTALANGRIFF?
BELIAL GORE IST TATSÄCHLICH HIER AUF GUILST...
ABER SICHER DOCH. ICH HOFFE, IHR HABT NICHTS DAGEGEN...
DISTANZ-PROTECT-MATRIX AUSFAHREN!!
BIEBIEP
!!
SCHARFSCHÜTZE ENTDECKT!!

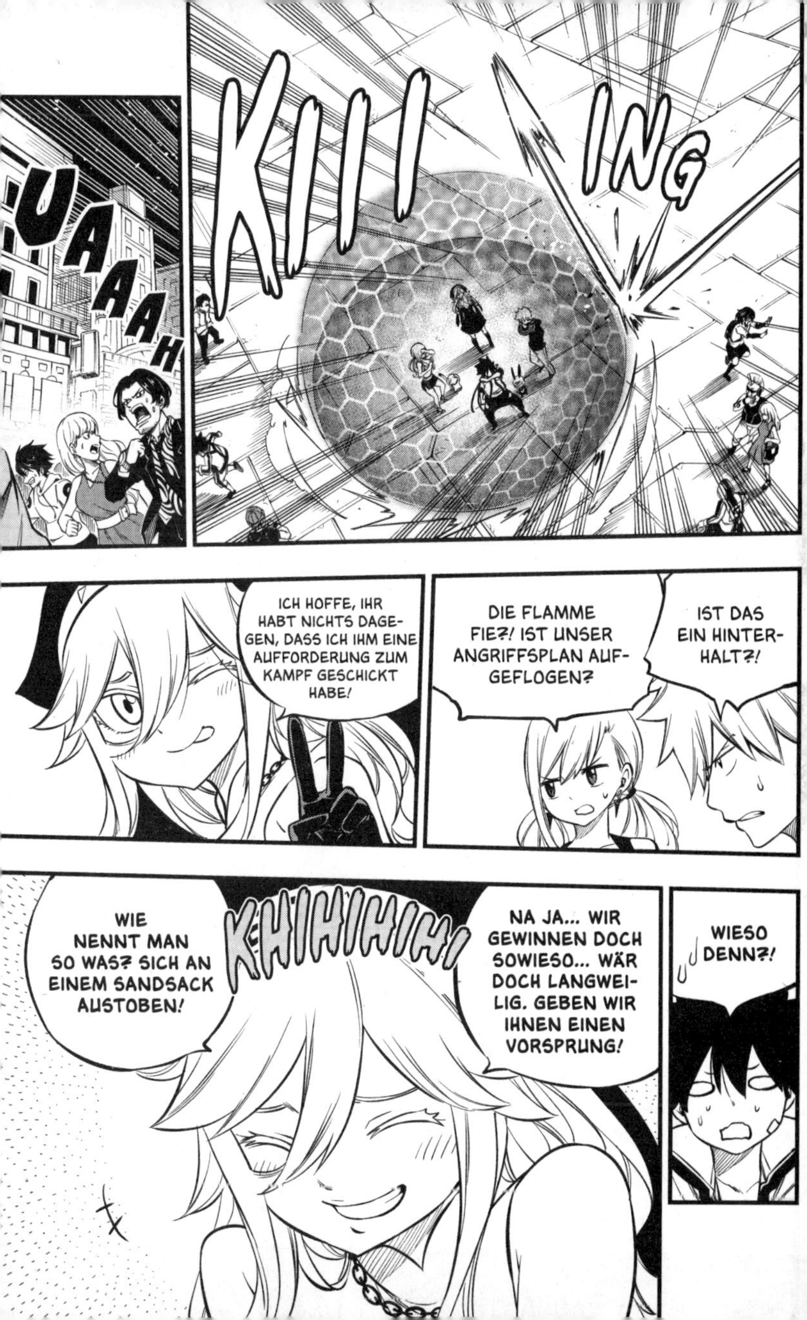
UAAAAH
KIII
ING
ICH HOFFE, IHR HABT NICHTS DAGEGEN, DASS ICH IHM EINE AUFFORDERUNG ZUM KAMPF GESCHICKT HABE!
DIE FLAMME FIE?! IST UNSER ANGRIFFSPLAN AUFGEFLOGEN?
IST DAS EIN HINTERHALT?!
WIE NENNT MAN SO WAS? SICH AN EINEM SANDSACK AUSTOBEN!
KHIHIHIHI
NA JA... WIR GEWINNEN DOCH SOWIESO... WÄR DOCH LANGWEILIG. GEBEN WIR IHNEN EINEN VORSPRUNG!
WIESO DENN?!

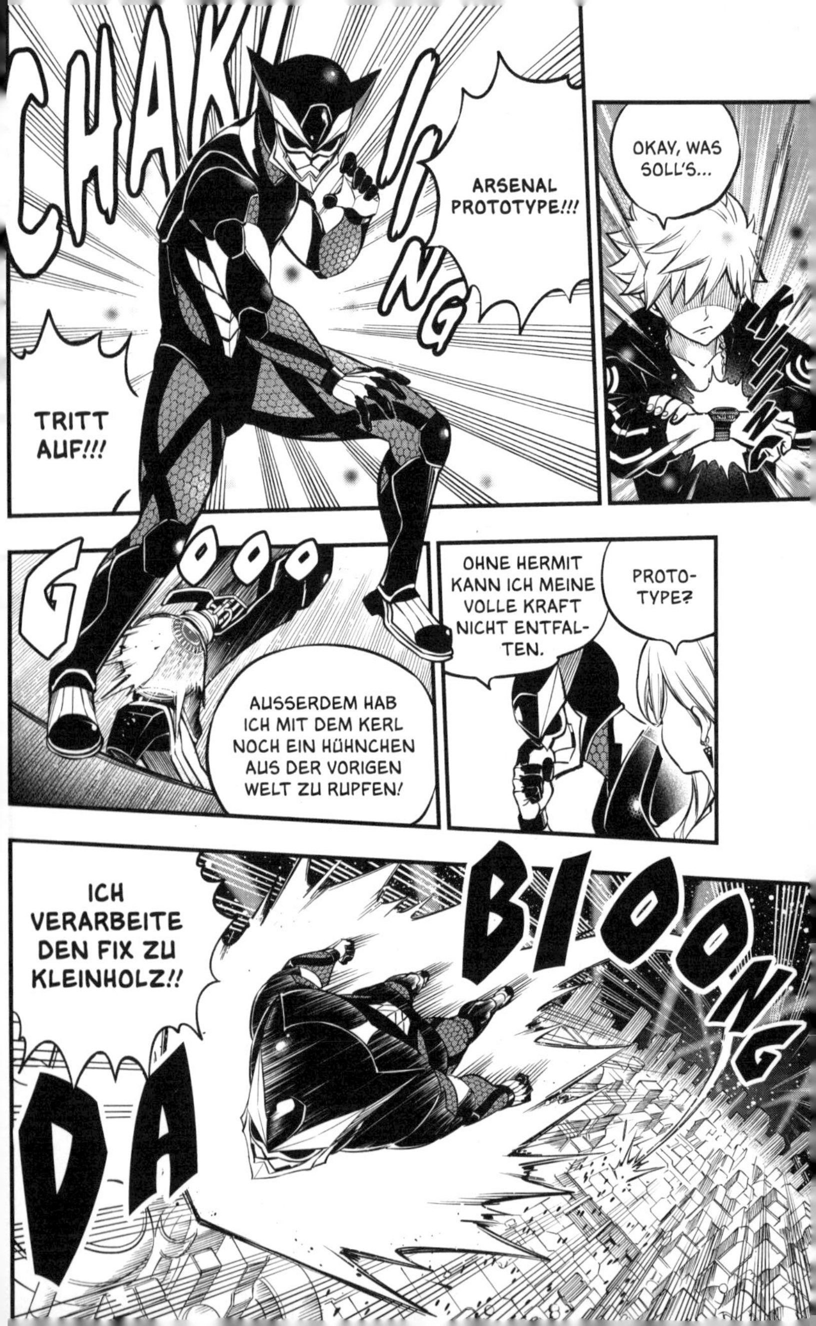
OKAY, WAS SOLL'S...
ARSENAL PROTOTYPE!!!
TRITT AUF!!!
PROTO-TYPE?
OHNE HERMIT KANN ICH MEINE VOLLE KRAFT NICHT ENTFAL-TEN.
AUSSERDEM HAB ICH MIT DEM KERL NOCH EIN HÜHNCHEN AUS DER VORIGEN WELT ZU RUPFEN!
BIOONG
ICH VERARBEITE DEN FIX ZU KLEINHOLZ!!
DA

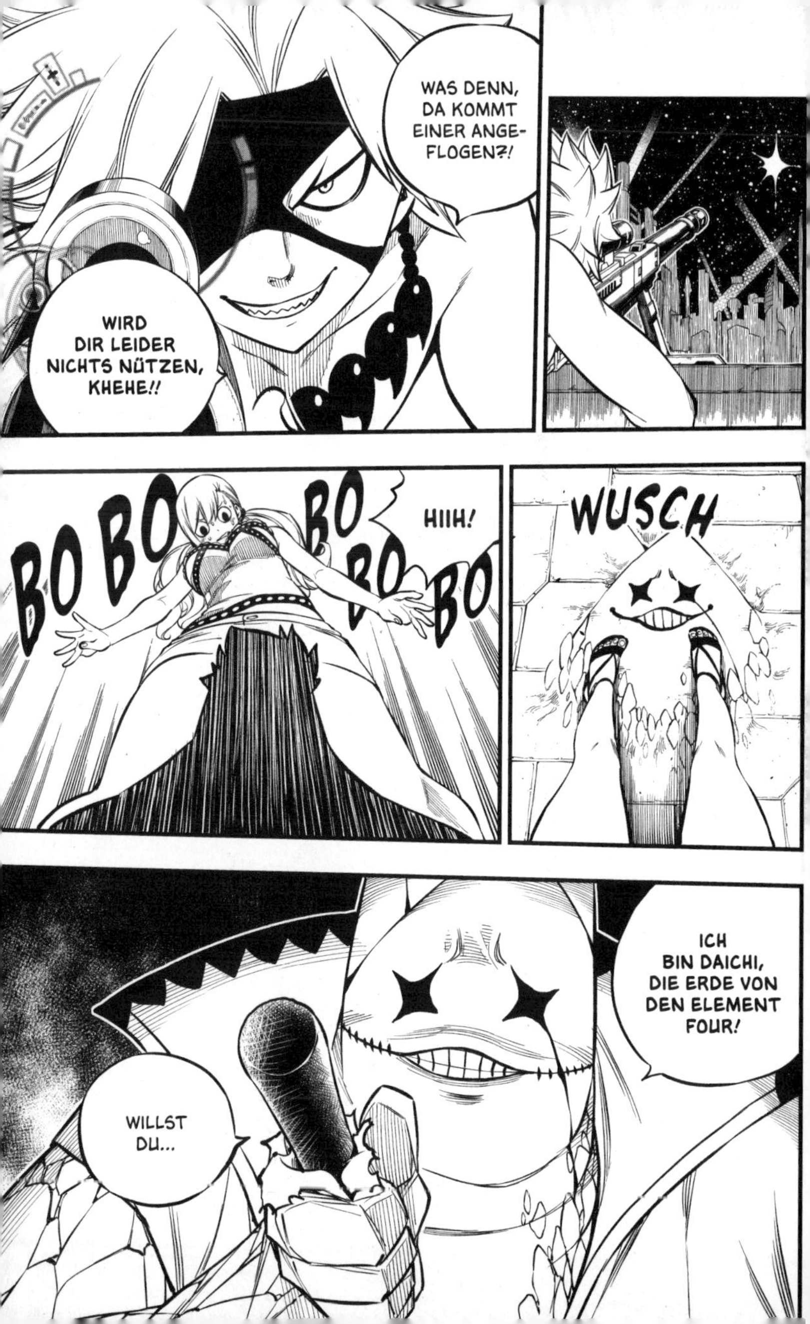
WAS DENN, DA KOMMT EINER ANGE- FLOGEN?!
WIRD DIR LEIDER NICHTS NÜTZEN, KHEHE!!
BO BO BO BO BO
HIIH!
WUSCH
ICH BIN DAICHI, DIE ERDE VON DEN ELEMENT FOUR!
WILLST DU...

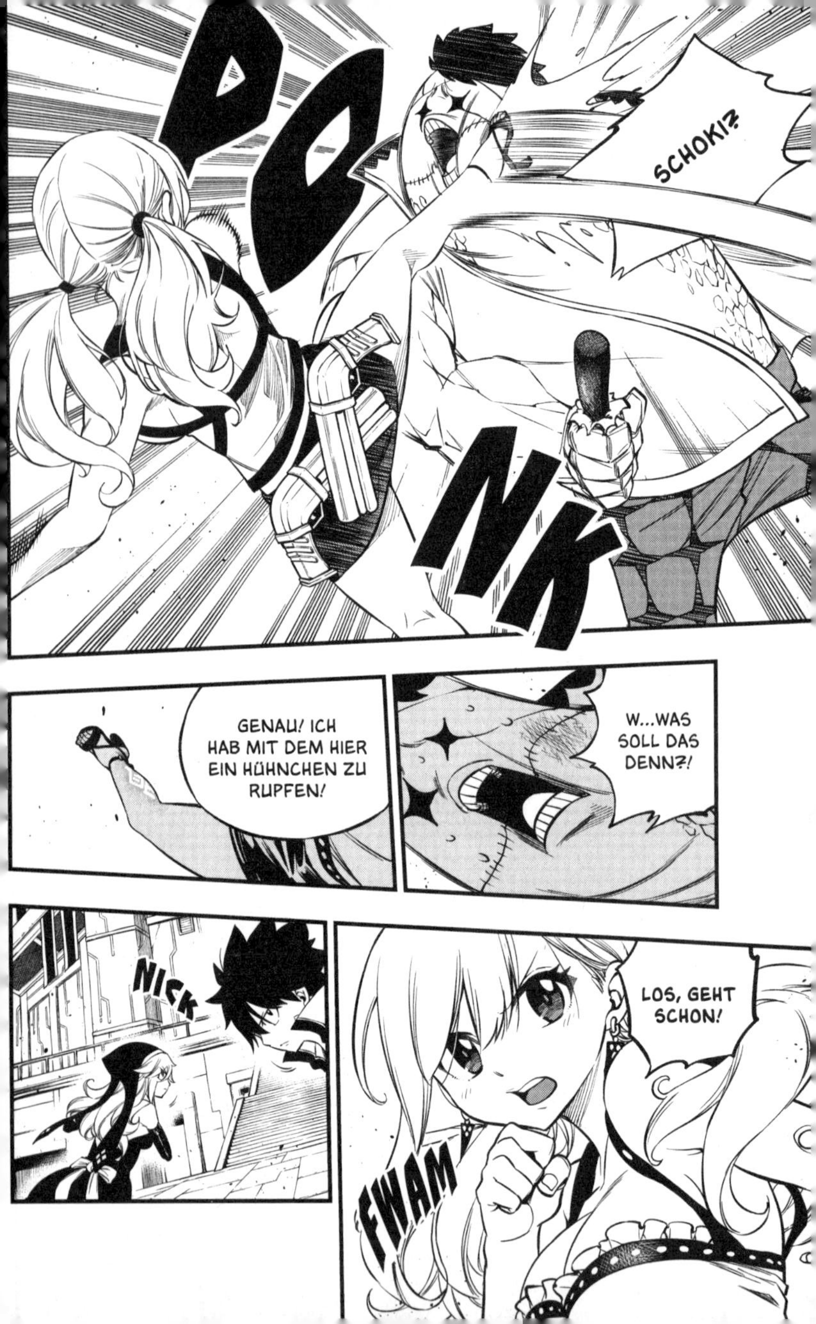
PO
NK
SCHOKI!?
W...WAS SOLL DAS DENN?!
GENAU! ICH HAB MIT DEM HIER EIN HÜHNCHEN ZU RUPFEN!
LOS, GEHT SCHON!
FWAM
NICK

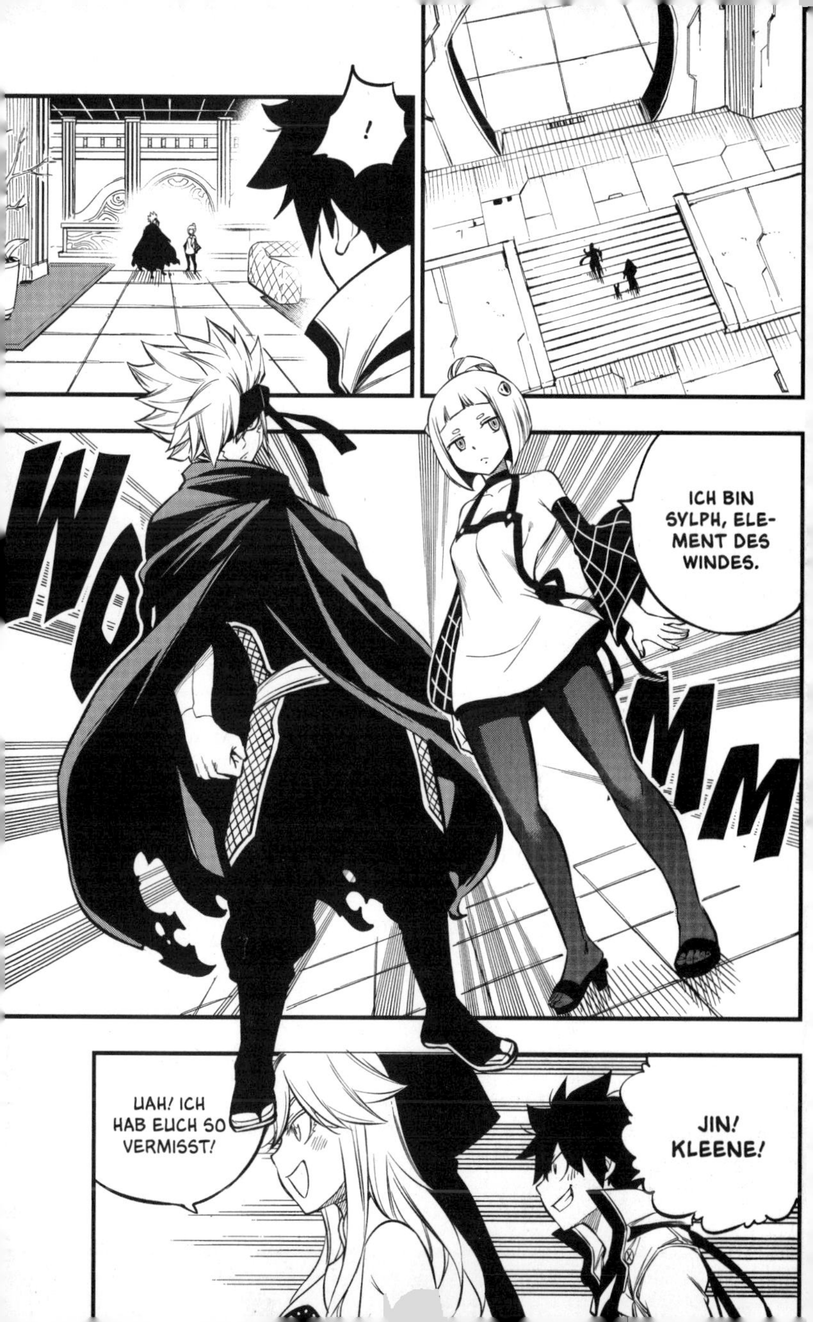
!
ICH BIN SYLPH, ELEMENT DES WINDES.
WOMMM
JIN! KLEENE!
UAH! ICH HAB EUCH SO VERMISST!

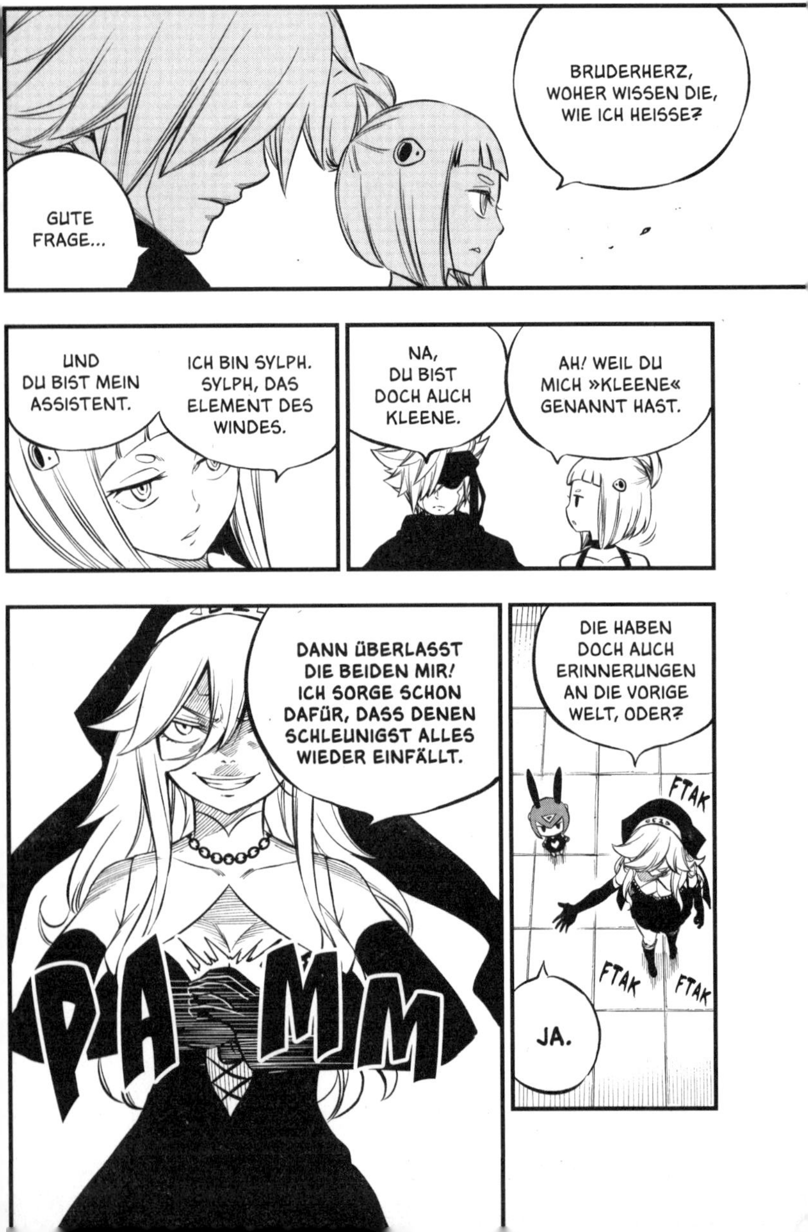
BRUDERHERZ, WOHER WISSEN DIE, WIE ICH HEISSE?
GUTE FRAGE...
AH! WEIL DU MICH »KLEENE« GENANNT HAST.
NA, DU BIST DOCH AUCH KLEENE.
ICH BIN SYLPH. SYLPH, DAS ELEMENT DES WINDES.
UND DU BIST MEIN ASSISTENT.
DIE HABEN DOCH AUCH ERINNERUNGEN AN DIE VORIGE WELT, ODER?
FTAK
FTAK
FTAK
JA.
DANN ÜBERLASST DIE BEIDEN MIR! ICH SORGE SCHON DAFÜR, DASS DENEN SCHLEUNIGST ALLES WIEDER EINFÄLLT.
PAMM

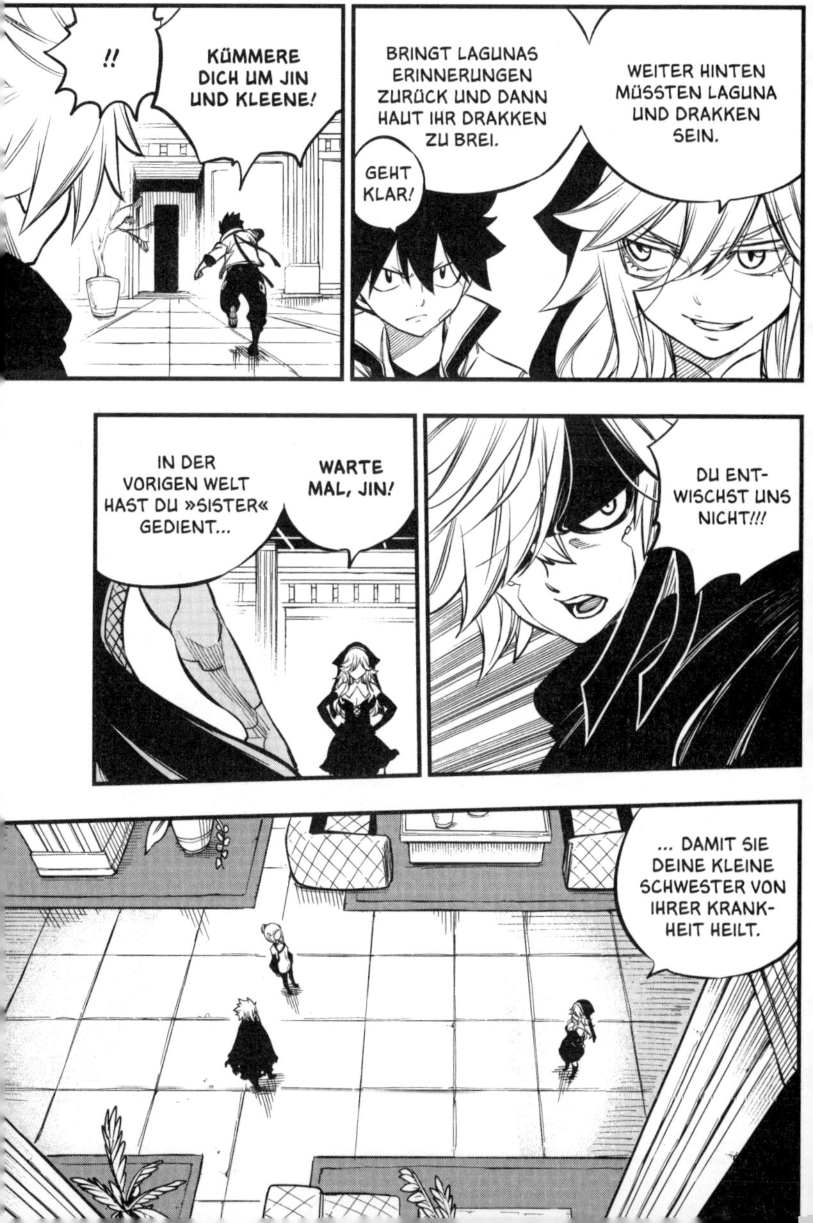
WEITER HINTEN MÜSSTEN LAGUNA UND DRAKKEN SEIN.
BRINGT LAGUNAS ERINNERUNGEN ZURÜCK UND DANN HAUT IHR DRAKKEN ZU BREI.
GEHT KLAR!
KÜMMERE DICH UM JIN UND KLEENE!
!!
DU ENT-WISCHST UNS NICHT!!!
WARTE MAL, JIN!
IN DER VORIGEN WELT HAST DU »SISTER« GEDIENT…
… DAMIT SIE DEINE KLEINE SCHWESTER VON IHRER KRANK-HEIT HEILT.

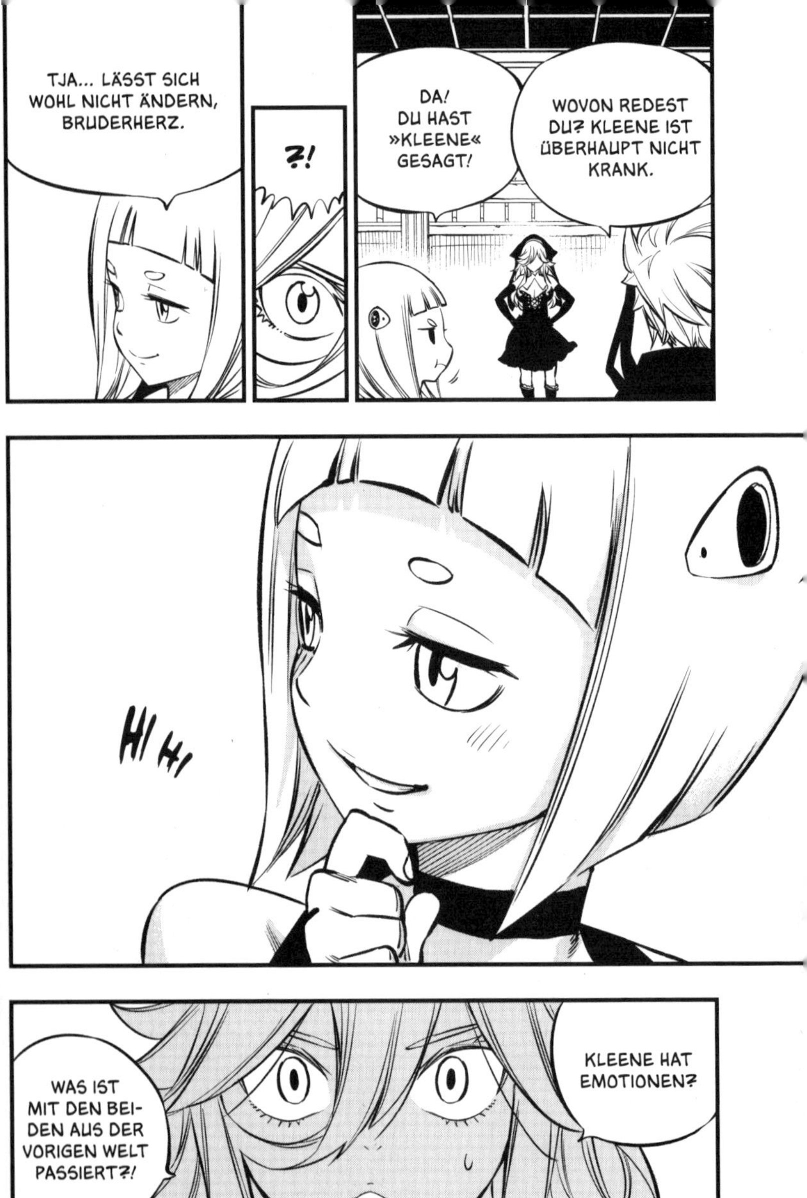
TJA... LÄSST SICH WOHL NICHT ÄNDERN, BRUDERHERZ.
?!
DA! DU HAST »KLEENE« GESAGT!
WOVON REDEST DU? KLEENE IST ÜBERHAUPT NICHT KRANK.
HI HI
KLEENE HAT EMOTIONEN?
WAS IST MIT DEN BEI-DEN AUS DER VORIGEN WELT PASSIERT?!

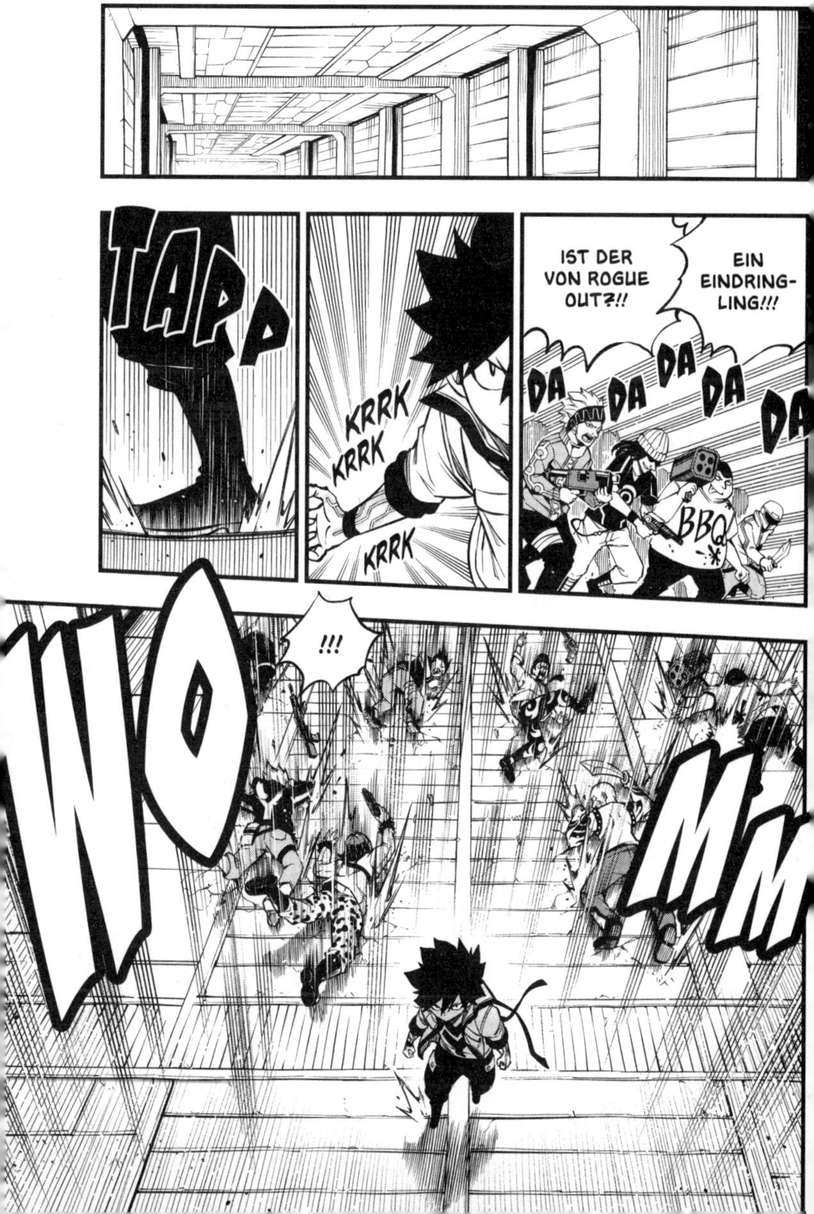
EIN EINDRING-LING!!!
IST DER VON ROGUE OUT?!!
DA DA DA DA DA DA
KRRK KRRK
KRRK
TAPP
!!!
WOMM

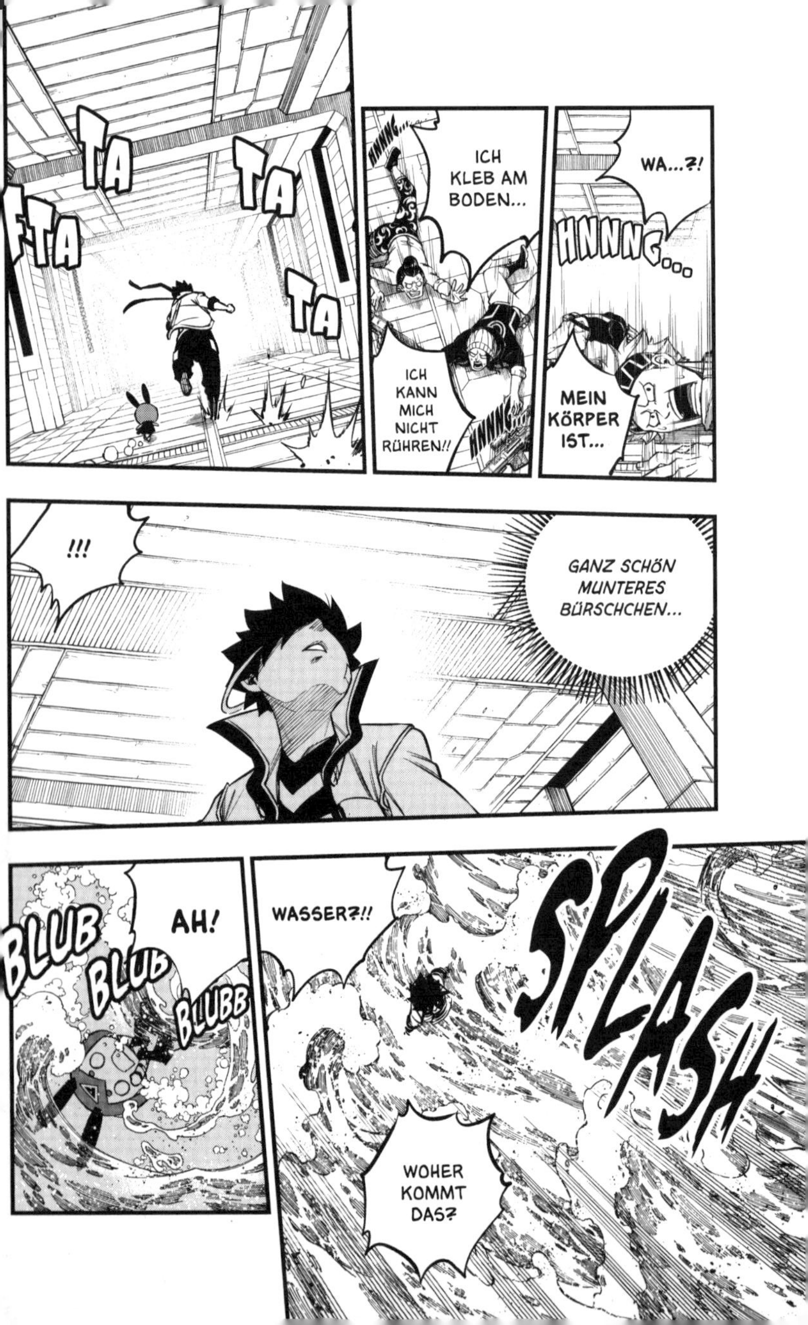
TA
TA
TA
TA
HNNNG...
ICH KLEB AM BODEN...
ICH KANN MICH NICHT RÜHREN!!
HNNNG...
WA...?!
HNNNG...
MEIN KÖRPER IST...
!!!
GANZ SCHÖN MUNTERES BÜRSCHCHEN...
BLUB
BLUB
BLUBB
AH!
WASSER?!!
SPLASH
WOHER KOMMT DAS?

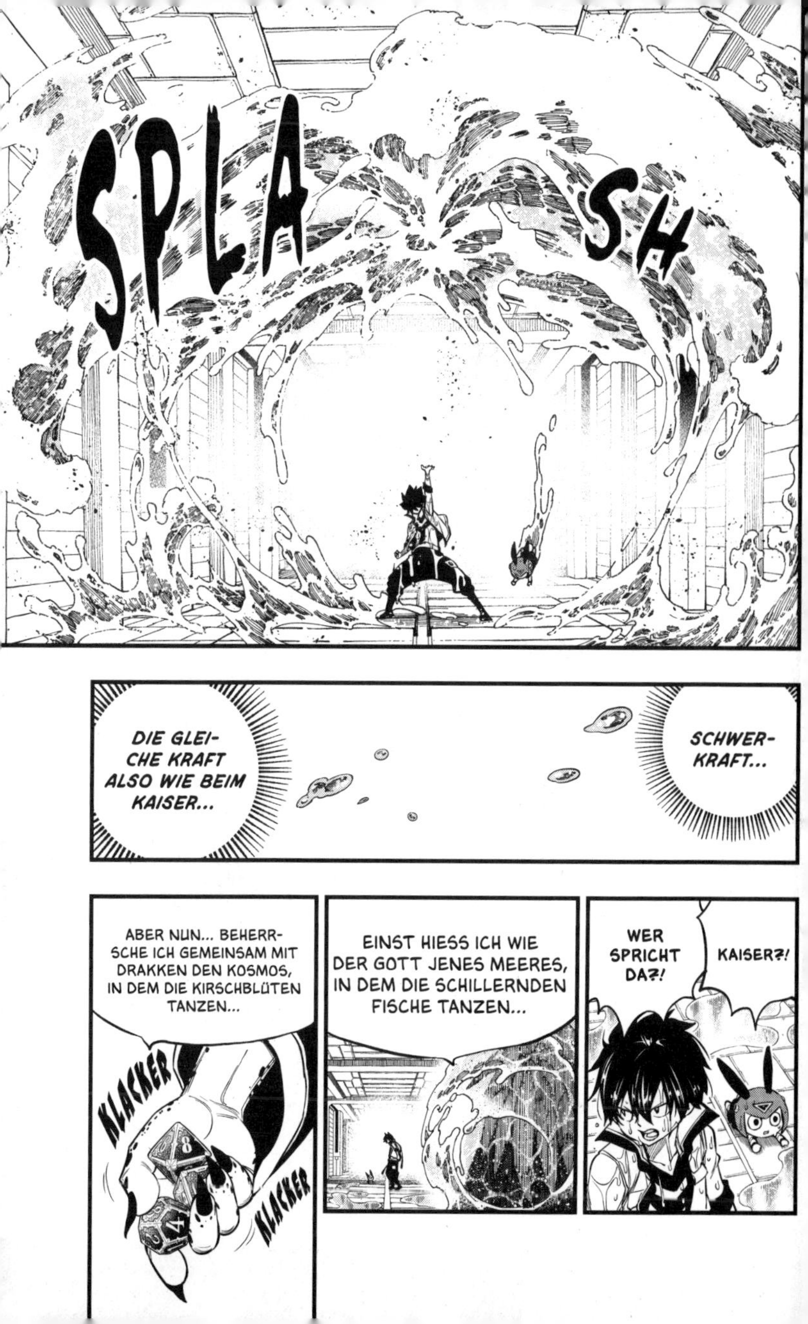
SPLASH
DIE GLEICHE KRAFT ALSO WIE BEIM KAISER...
SCHWERKRAFT...
KAISER?!
WER SPRICHT DA?!
EINST HIESS ICH WIE DER GOTT JENES MEERES, IN DEM DIE SCHILLERNDEN FISCHE TANZEN...
ABER NUN... BEHERRSCHE ICH GEMEINSAM MIT DRAKKEN DEN KOSMOS, IN DEM DIE KIRSCHBLÜTEN TANZEN...
KLACKER
KLACKER

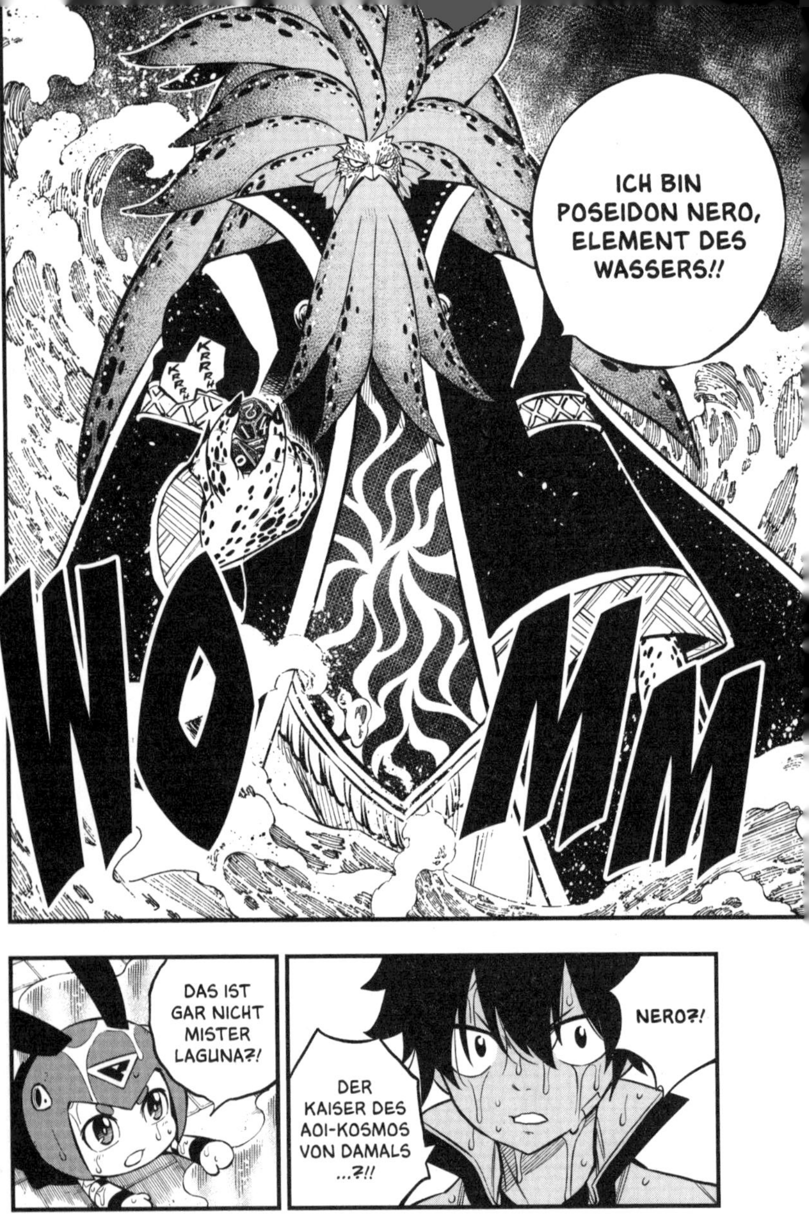
ICH BIN POSEIDON NERO, ELEMENT DES WASSERS!!
KRRRH KRRRH
WOMM
DAS IST GAR NICHT MISTER LAGUNA?!
NERO?!
DER KAISER DES AOI-KOSMOS VON DAMALS ...?!!

EDENS ZERO

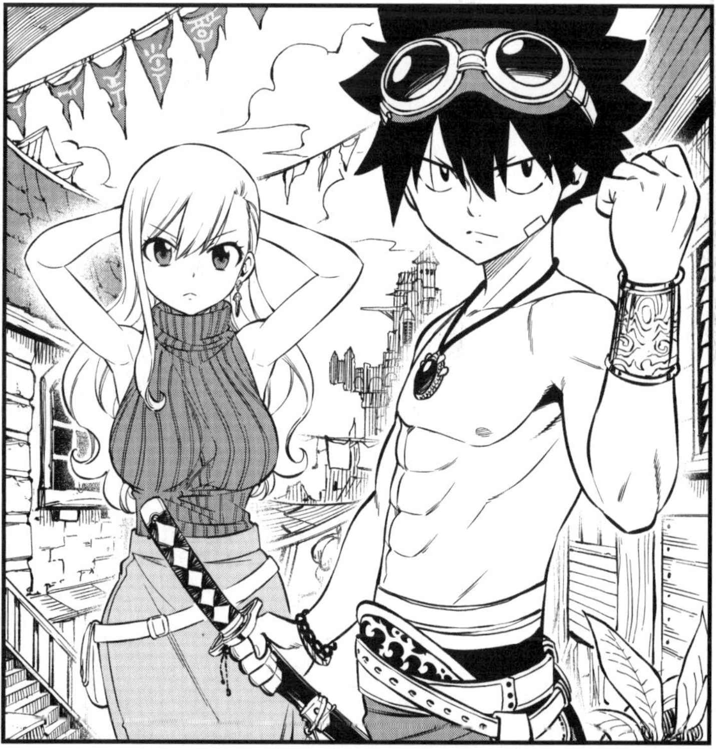

KAPITEL 227: KRAFT UND KUNSTFERTIGKEIT

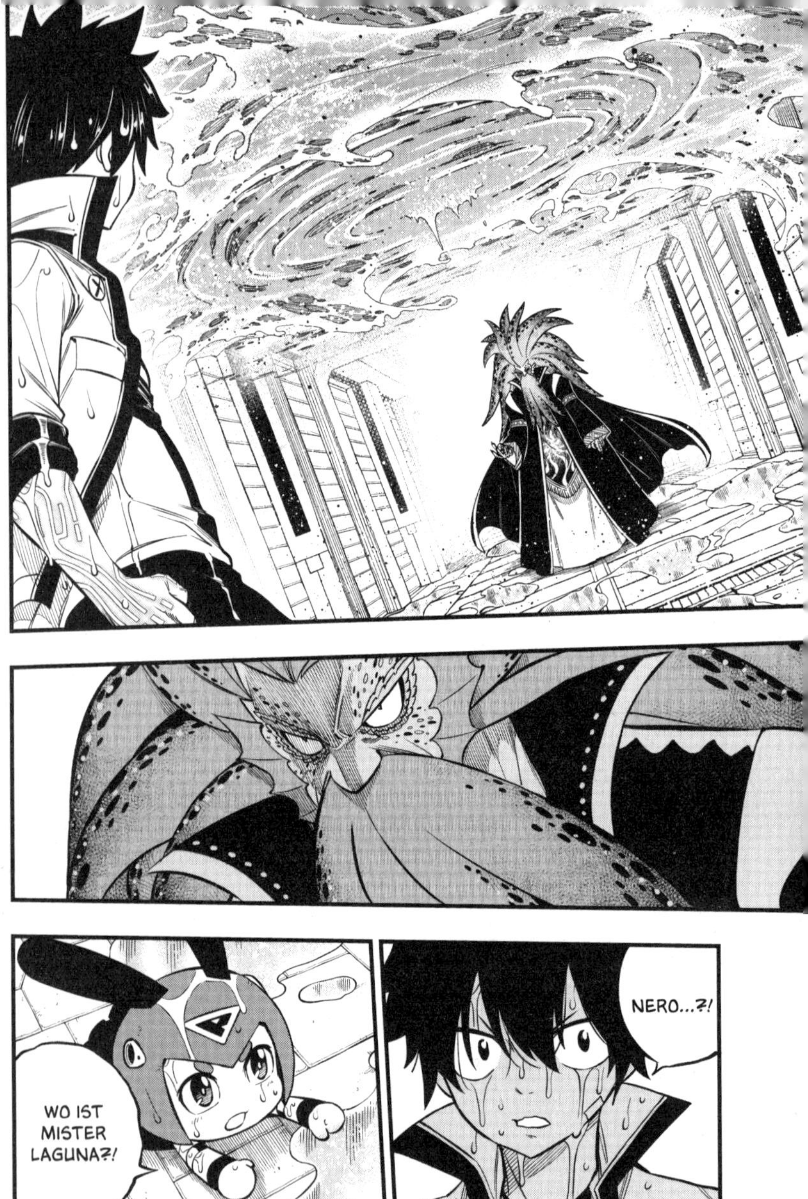
NERO...?!
WO IST MISTER LAGUNA?!

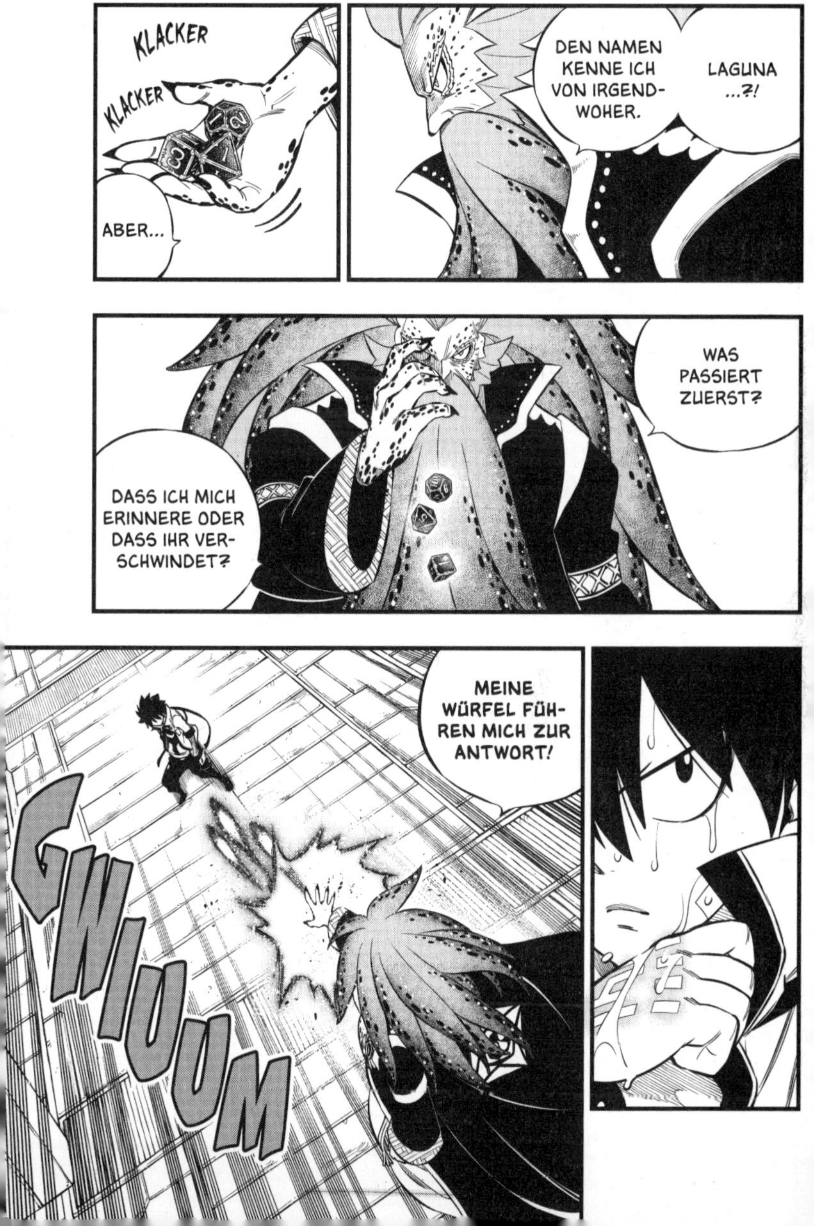
LAGUNA ...?!
DEN NAMEN KENNE ICH VON IRGEND-WOHER.
KLACKER
KLACKER
ABER...
WAS PASSIERT ZUERST?
DASS ICH MICH ERINNERE ODER DASS IHR VER-SCHWINDET?
MEINE WÜRFEL FÜH-REN MICH ZUR ANTWORT!
GWIUUUM

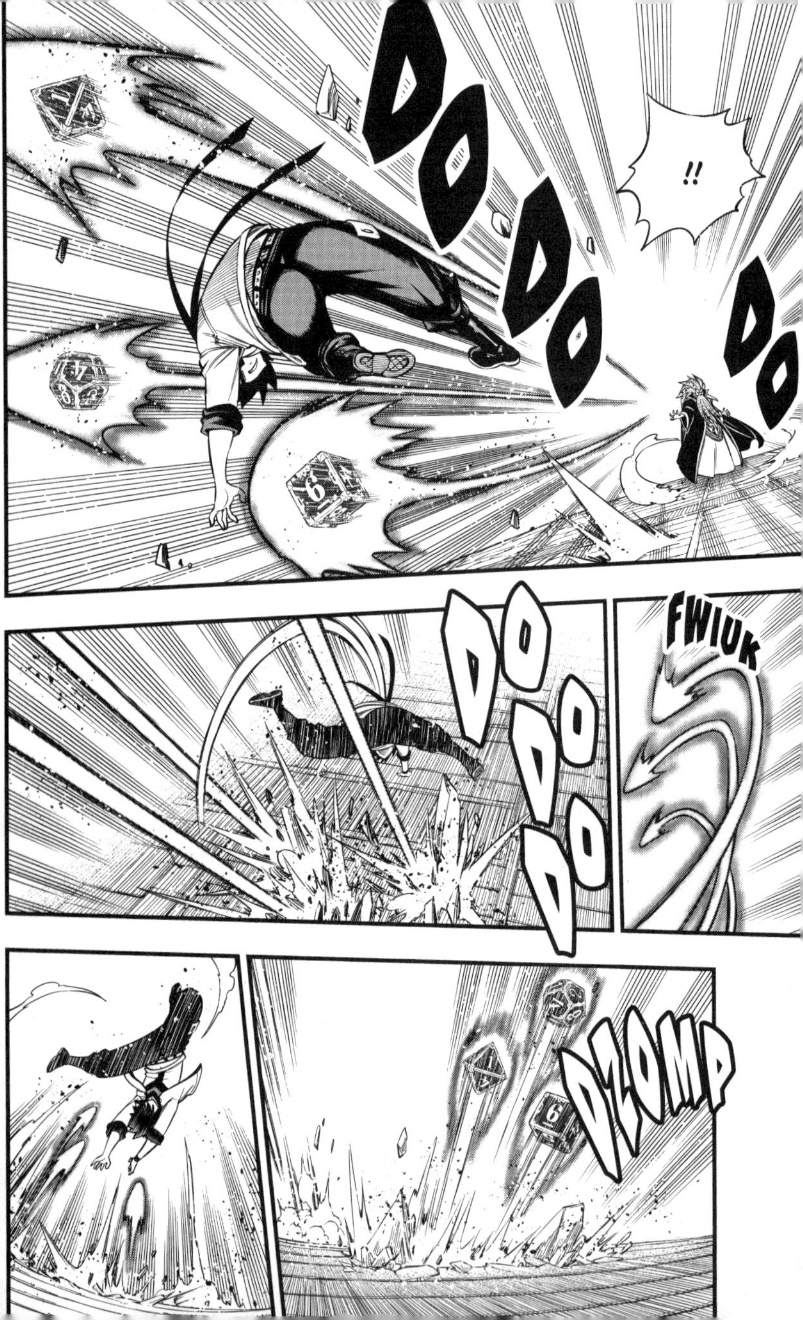
DODODO
!!
DO
FWIUK
DODODODO
DZLOMP

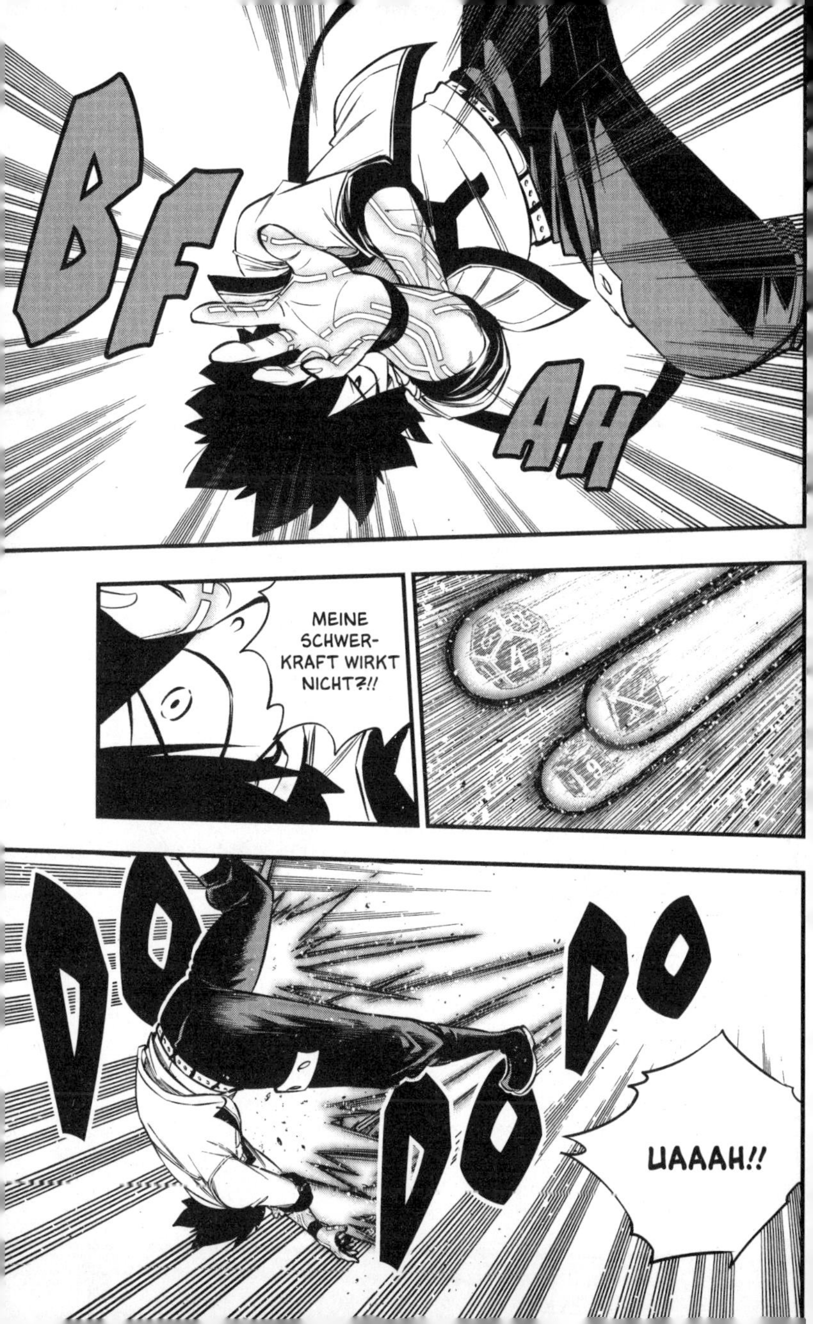
BF
AH
MEINE SCHWERKRAFT WIRKT NICHT?!!
DO
DO
DO
DO
UAAAH!!

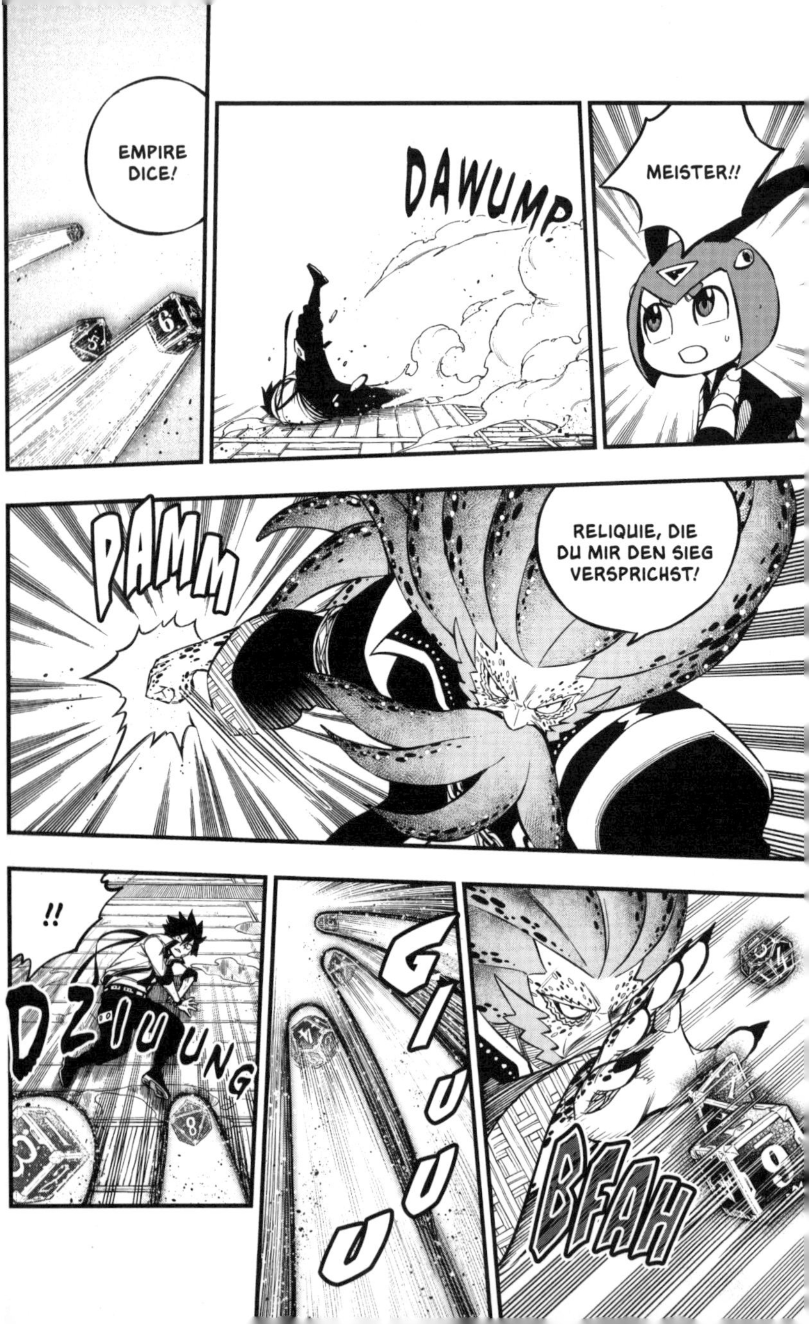
EMPIRE DICE!
DAWUMP
MEISTER!!
PAMM
RELIQUIE, DIE DU MIR DEN SIEG VERSPRICHST!
!!
DZUUUNG
GIUUUU
BFAAH

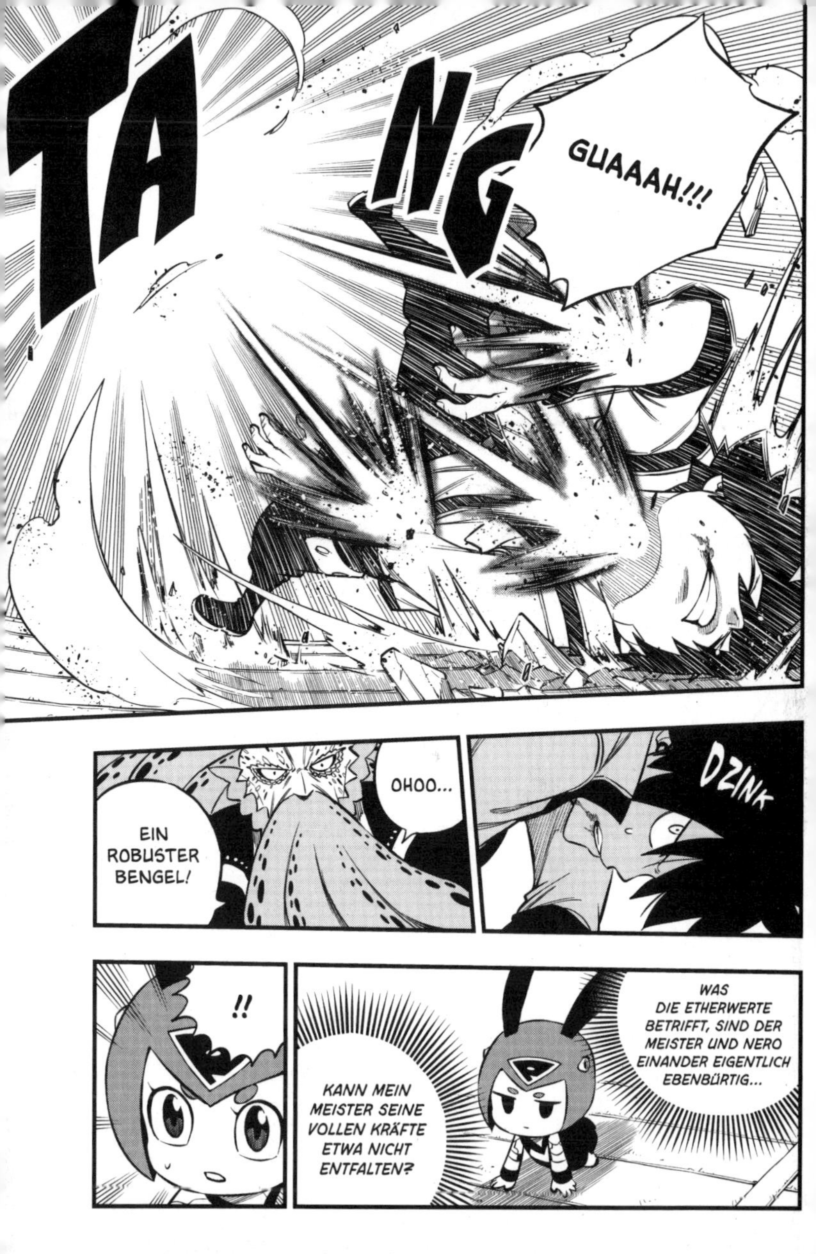
TANG
GUAAAH!!!
DZINK
OHOO...
EIN ROBUSTER BENGEL!
WAS DIE ETHERWERTE BETRIFFT, SIND DER MEISTER UND NERO EINANDER EIGENTLICH EBENBÜRTIG...
KANN MEIN MEISTER SEINE VOLLEN KRÄFTE ETWA NICHT ENTFALTEN?
!!

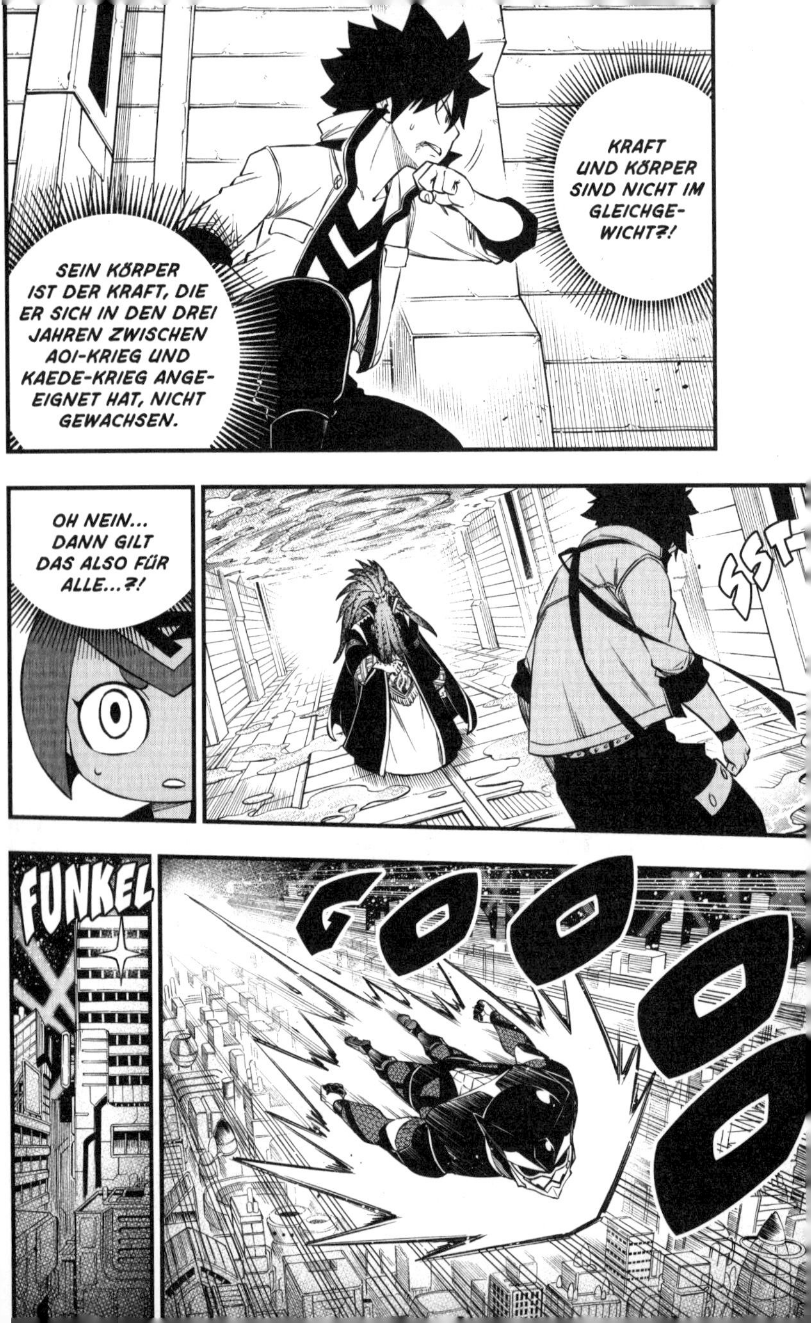

KRAFT UND KÖRPER SIND NICHT IM GLEICHGE-WICHT?!
SEIN KÖRPER IST DER KRAFT, DIE ER SICH IN DEN DREI JAHREN ZWISCHEN AOI-KRIEG UND KAEDE-KRIEG ANGE-EIGNET HAT, NICHT GEWACHSEN.
SST
OH NEIN... DANN GILT DAS ALSO FÜR ALLE...?!
GOOOOO
FUNKEL

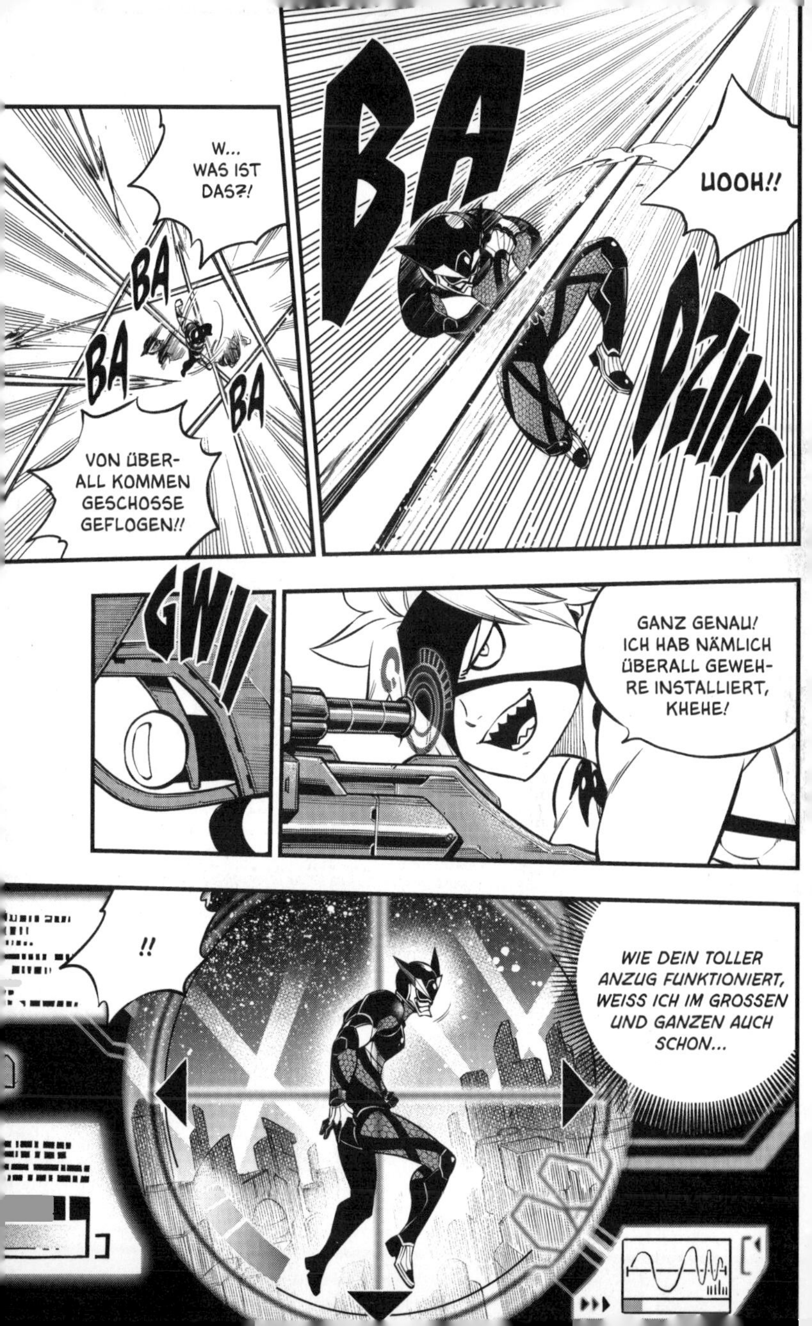
BA
UOOH!!
DZING
W... WAS IST DAS?!
BA
BA
BA
VON ÜBER-ALL KOMMEN GESCHOSSE GEFLOGEN!!
GANZ GENAU! ICH HAB NÄMLICH ÜBERALL GEWEH-RE INSTALLIERT, KHEHE!
GWII
WIE DEIN TOLLER ANZUG FUNKTIONIERT, WEISS ICH IM GROSSEN UND GANZEN AUCH SCHON...
!!

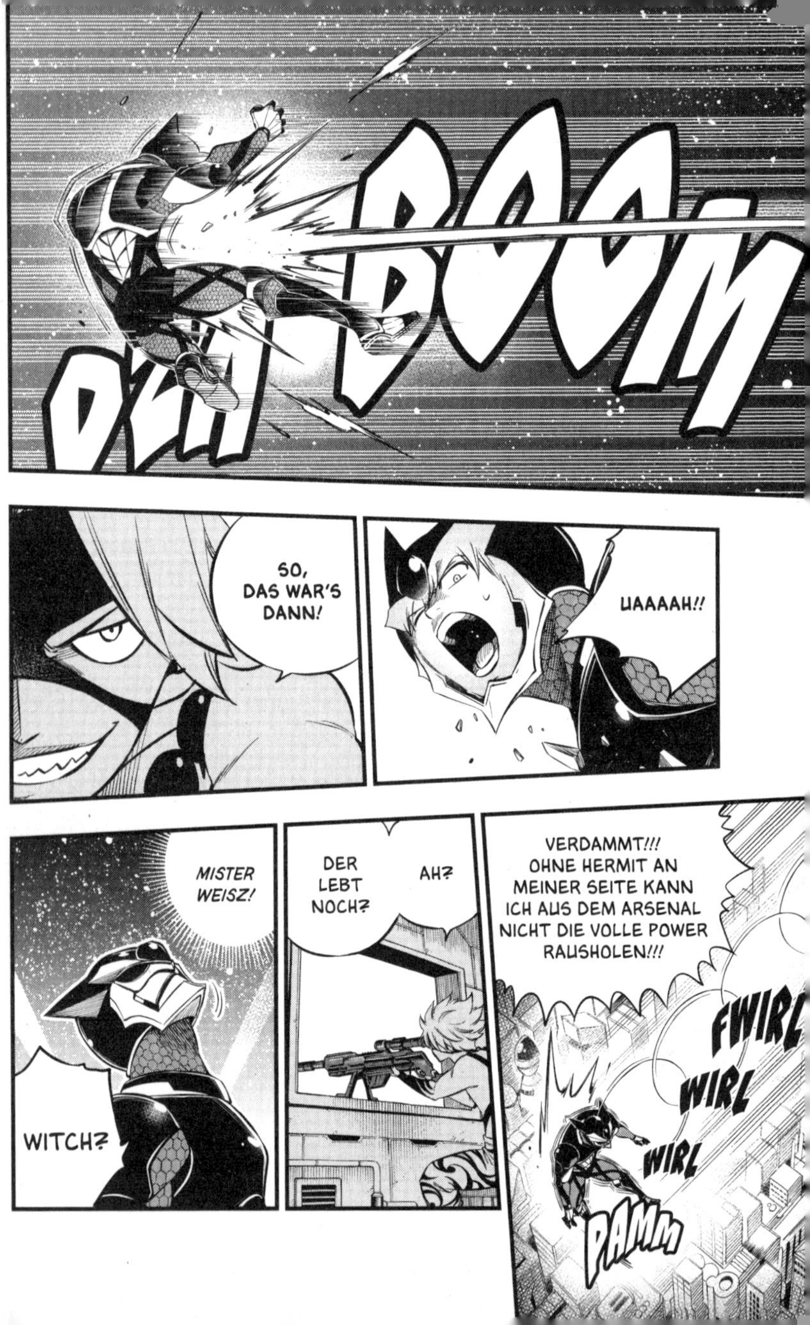
BOOM
UAAAAH!!
SO, DAS WAR'S DANN!
VERDAMMT!!! OHNE HERMIT AN MEINER SEITE KANN ICH AUS DEM ARSENAL NICHT DIE VOLLE POWER RAUSHOLEN!!!
FWIRL
WIRL
WIRL
DAMM
AH?
DER LEBT NOCH?
MISTER WEISZ!
WITCH?

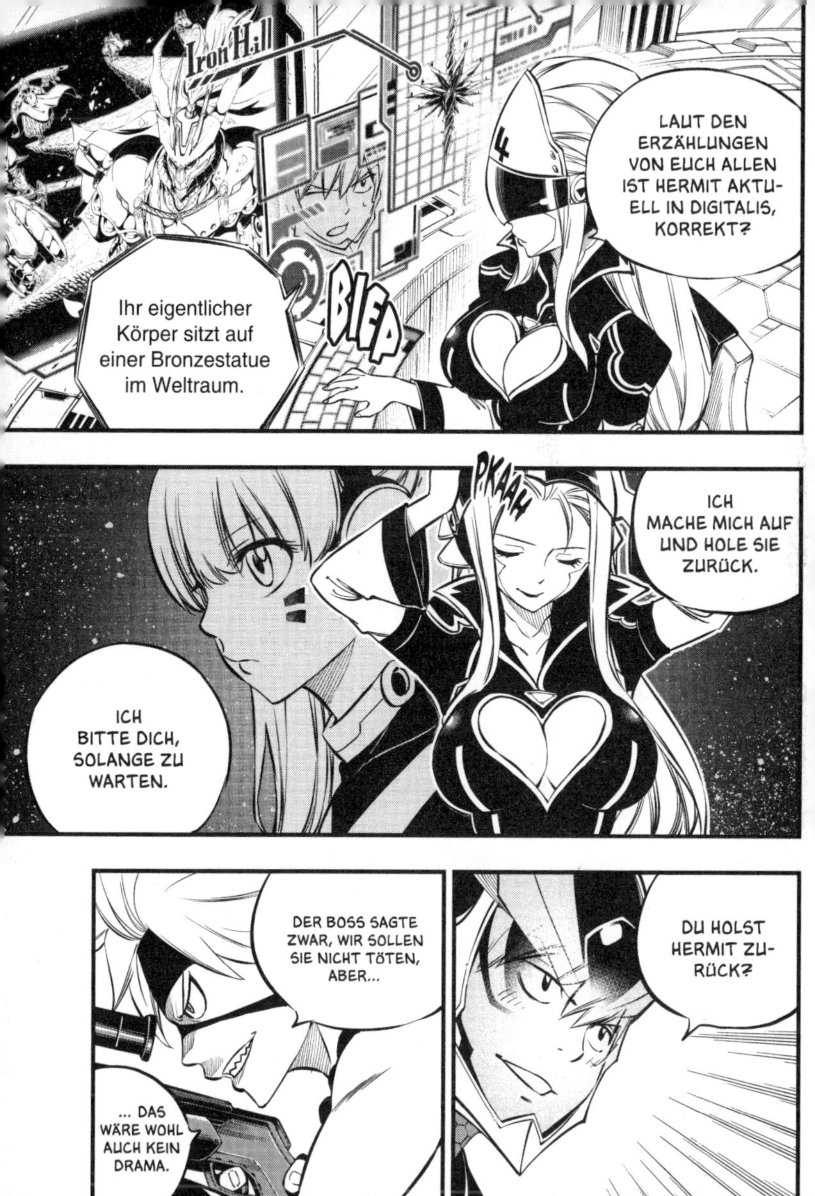
Iron Hill
LAUT DEN ERZÄHLUNGEN VON EUCH ALLEN IST HERMIT AKTU-ELL IN DIGITALIS, KORREKT?
Ihr eigentlicher Körper sitzt auf einer Bronzestatue im Weltraum.
BIEP
PKAAH
ICH MACHE MICH AUF UND HOLE SIE ZURÜCK.
ICH BITTE DICH, SOLANGE ZU WARTEN.
DU HOLST HERMIT ZU-RÜCK?
DER BOSS SAGTE ZWAR, WIR SOLLEN SIE NICHT TÖTEN, ABER...
... DAS WÄRE WOHL AUCH KEIN DRAMA.

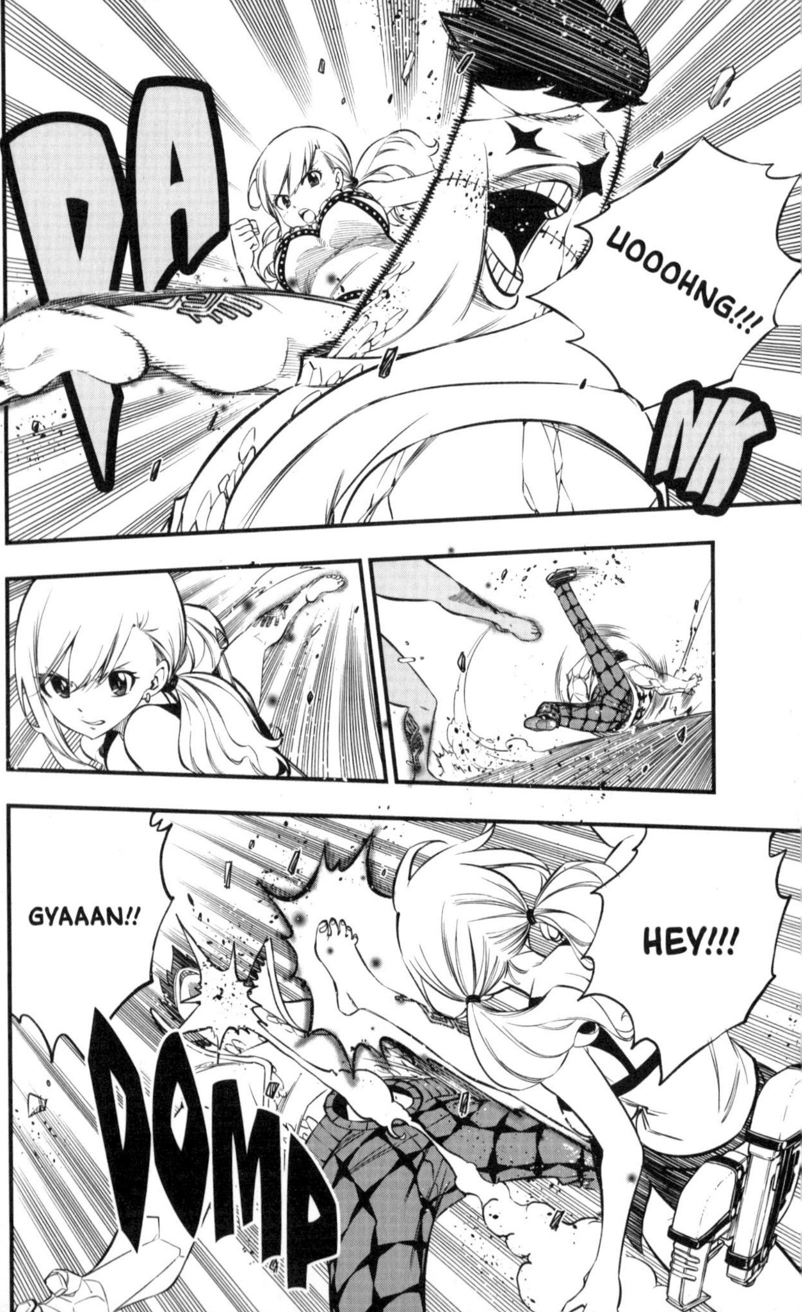
UOOOHNG!!!
DA
NK
HEY!!!
GYAAAN!!
DOMP

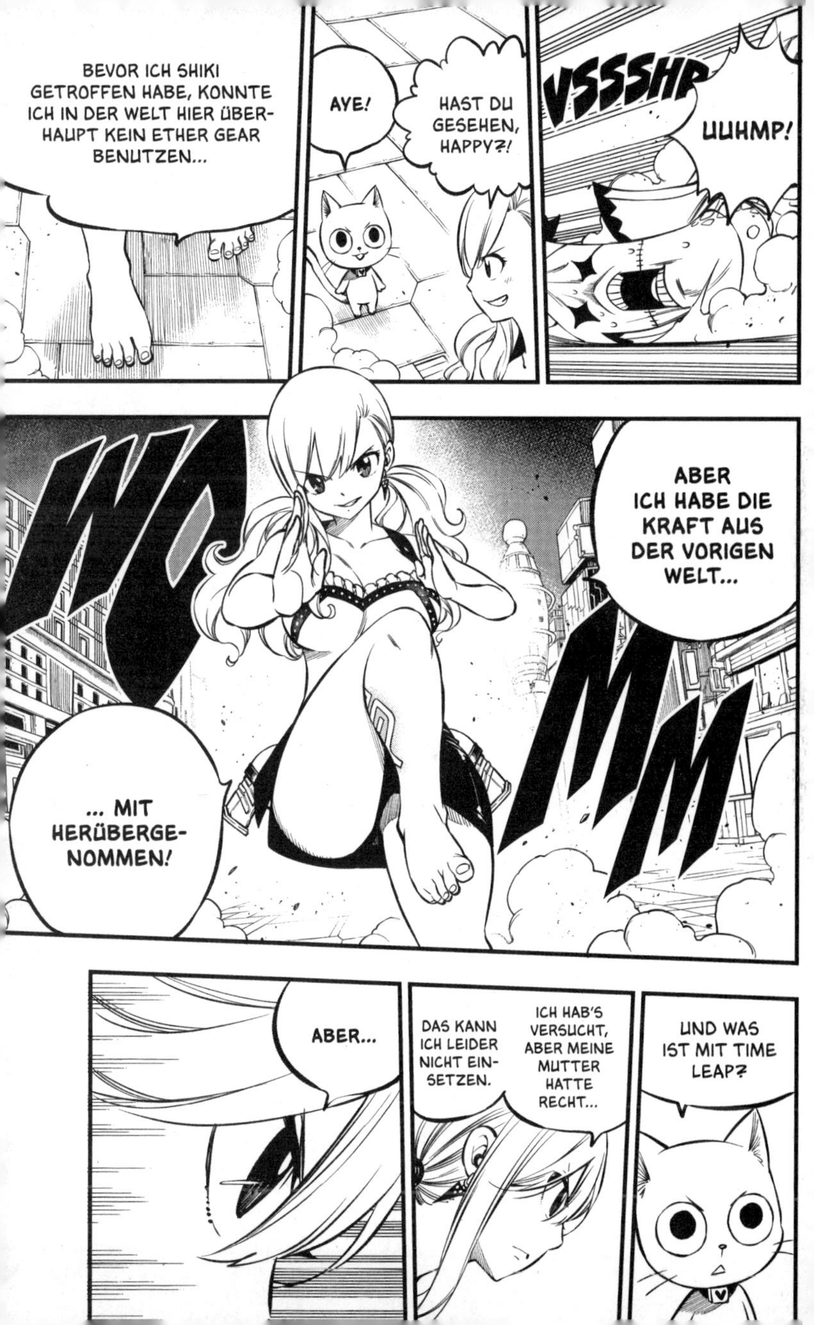
BEVOR ICH SHIKI GETROFFEN HABE, KONNTE ICH IN DER WELT HIER ÜBERHAUPT KEIN ETHER GEAR BENUTZEN...
AYE!
HAST DU GESEHEN, HAPPY?!
VSSSHP
UUHMP!
WUMM
ABER ICH HABE DIE KRAFT AUS DER VORIGEN WELT...
... MIT HERÜBERGENOMMEN!
ABER...
DAS KANN ICH LEIDER NICHT EINSETZEN.
ICH HAB'S VERSUCHT, ABER MEINE MUTTER HATTE RECHT...
UND WAS IST MIT TIME LEAP?

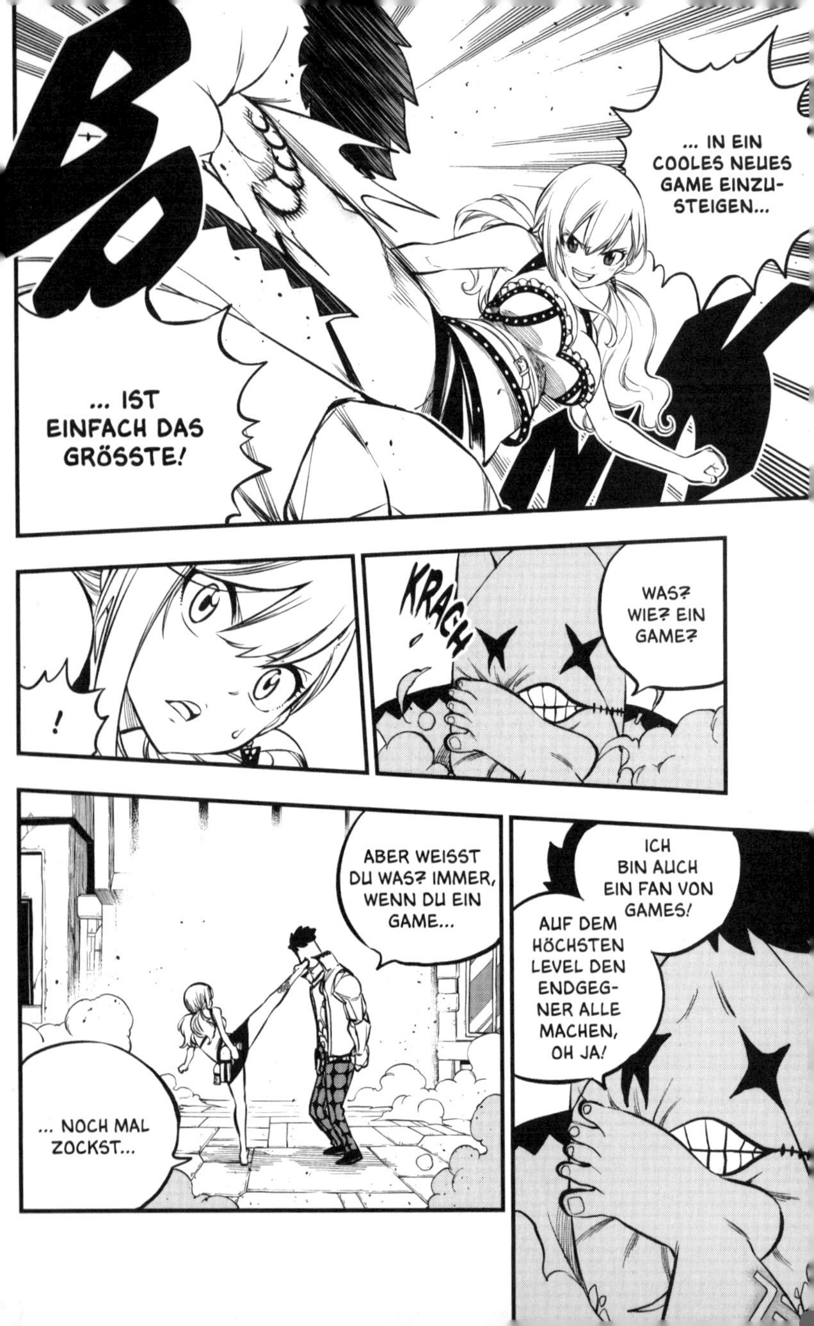
... IN EIN COOLES NEUES GAME EINZU-STEIGEN...
... IST EINFACH DAS GRÖSSTE!
KRACH
WAS? WIE? EIN GAME?
ICH BIN AUCH EIN FAN VON GAMES!
AUF DEM HÖCHSTEN LEVEL DEN ENDGEGNER ALLE MACHEN, OH JA!
ABER WEISST DU WAS? IMMER, WENN DU EIN GAME...
... NOCH MAL ZOCKST...

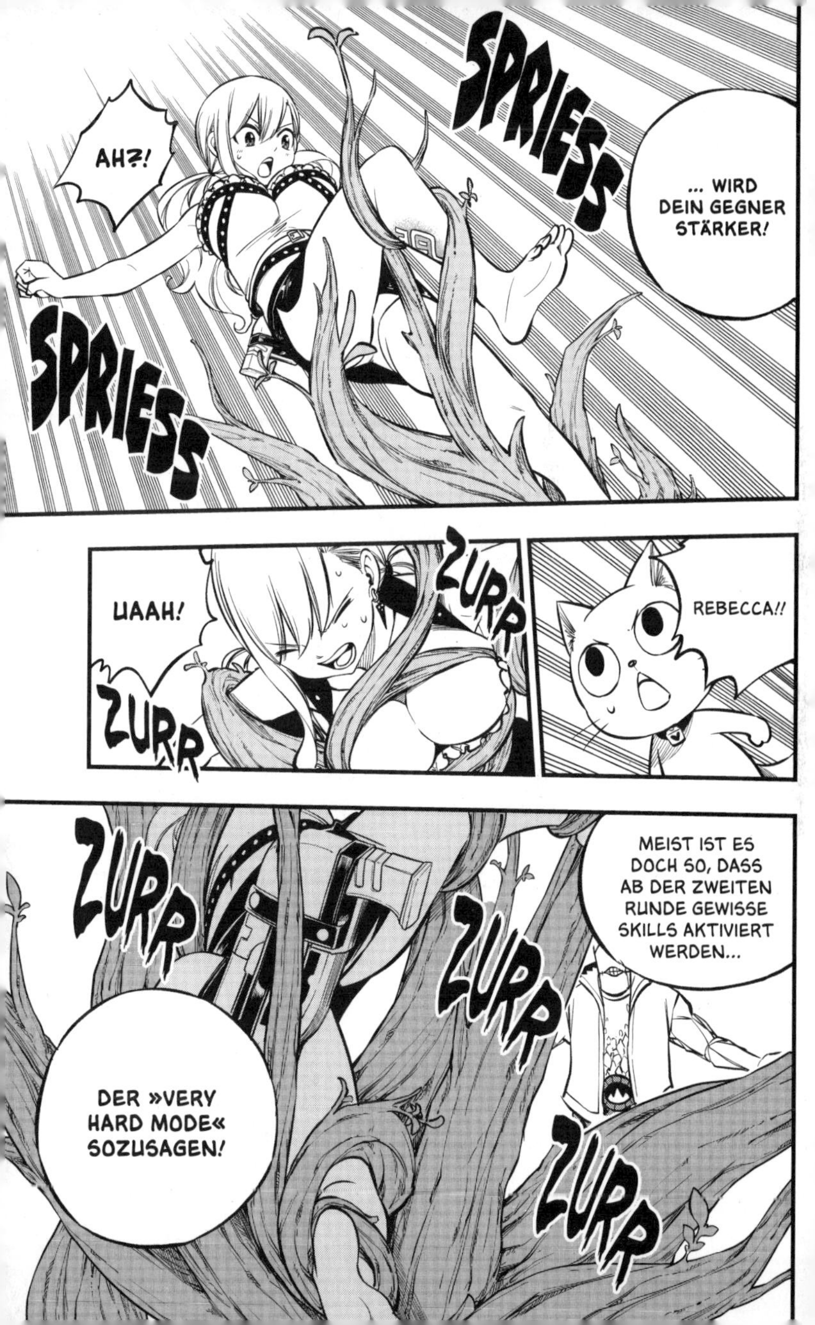
SPRIESS
... WIRD DEIN GEGNER STÄRKER!
AH?!
SPRIESS
REBECCA!!
ZURR
UAAH!
ZURR
MEIST IST ES DOCH SO, DASS AB DER ZWEITEN RUNDE GEWISSE SKILLS AKTIVIERT WERDEN...
ZURR
ZURR
ZURR
DER »VERY HARD MODE« SOZUSAGEN!

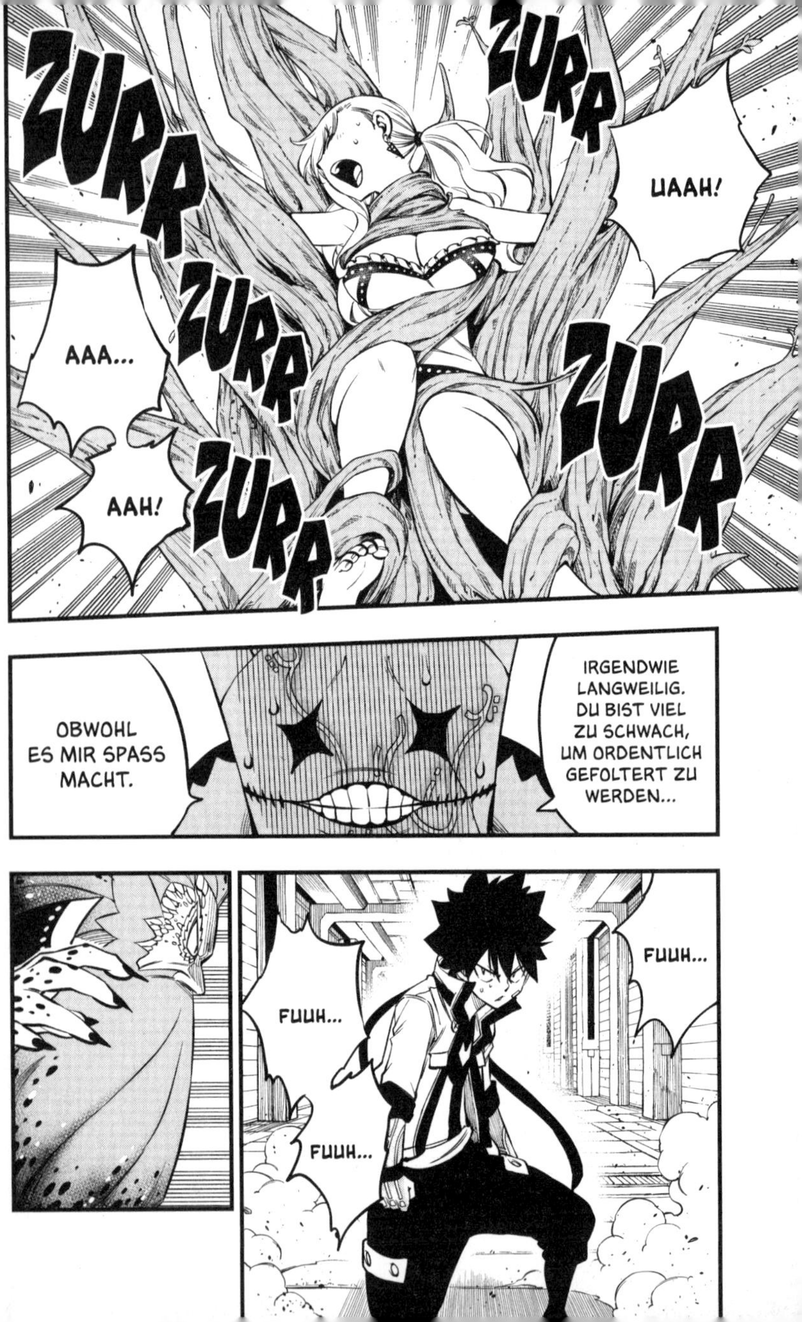
ZURR
UAAH!
ZURR
ZURR
AAA...
ZURR
ZURR
AAH!
IRGENDWIE LANGWEILIG. DU BIST VIEL ZU SCHWACH, UM ORDENTLICH GEFOLTERT ZU WERDEN...
OBWOHL ES MIR SPASS MACHT.
FUUH...
FUUH...
FUUH...

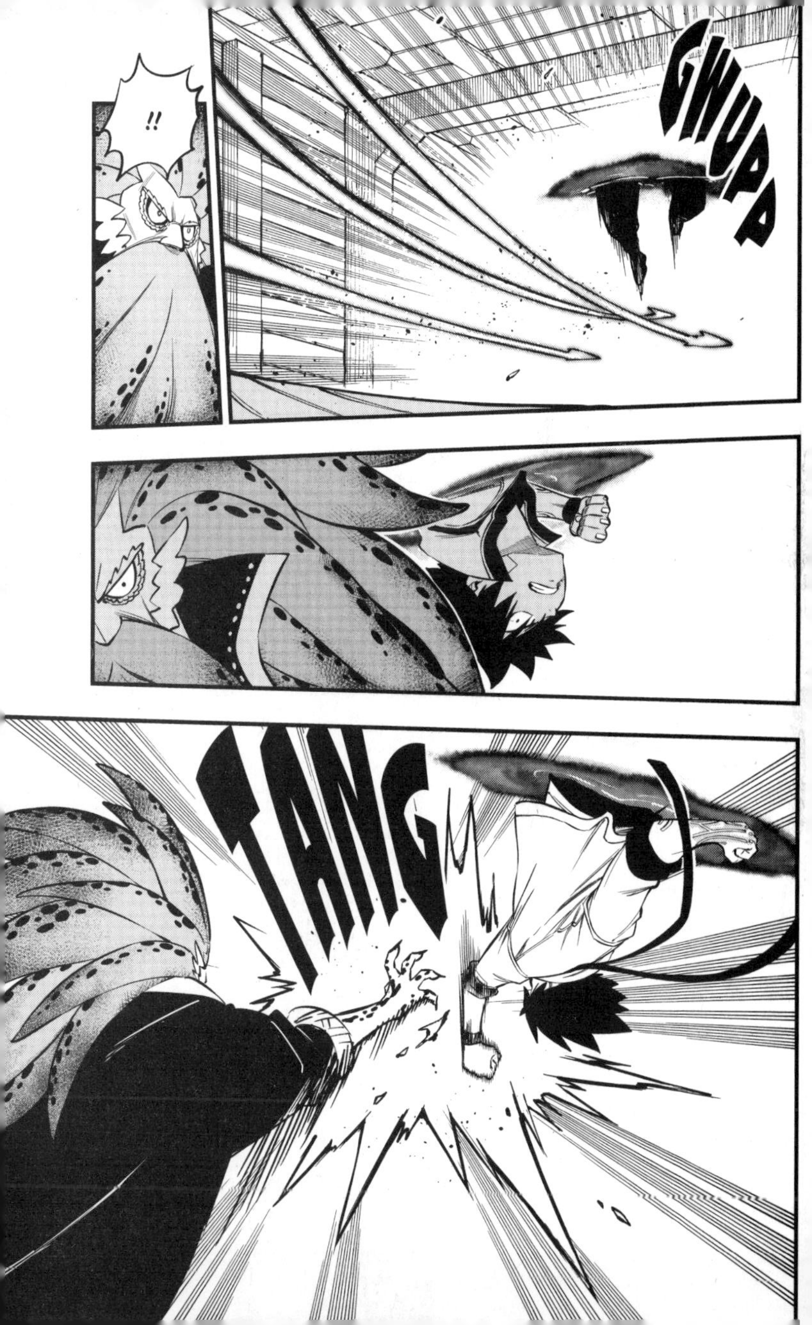
GWUPP
!!
TANG

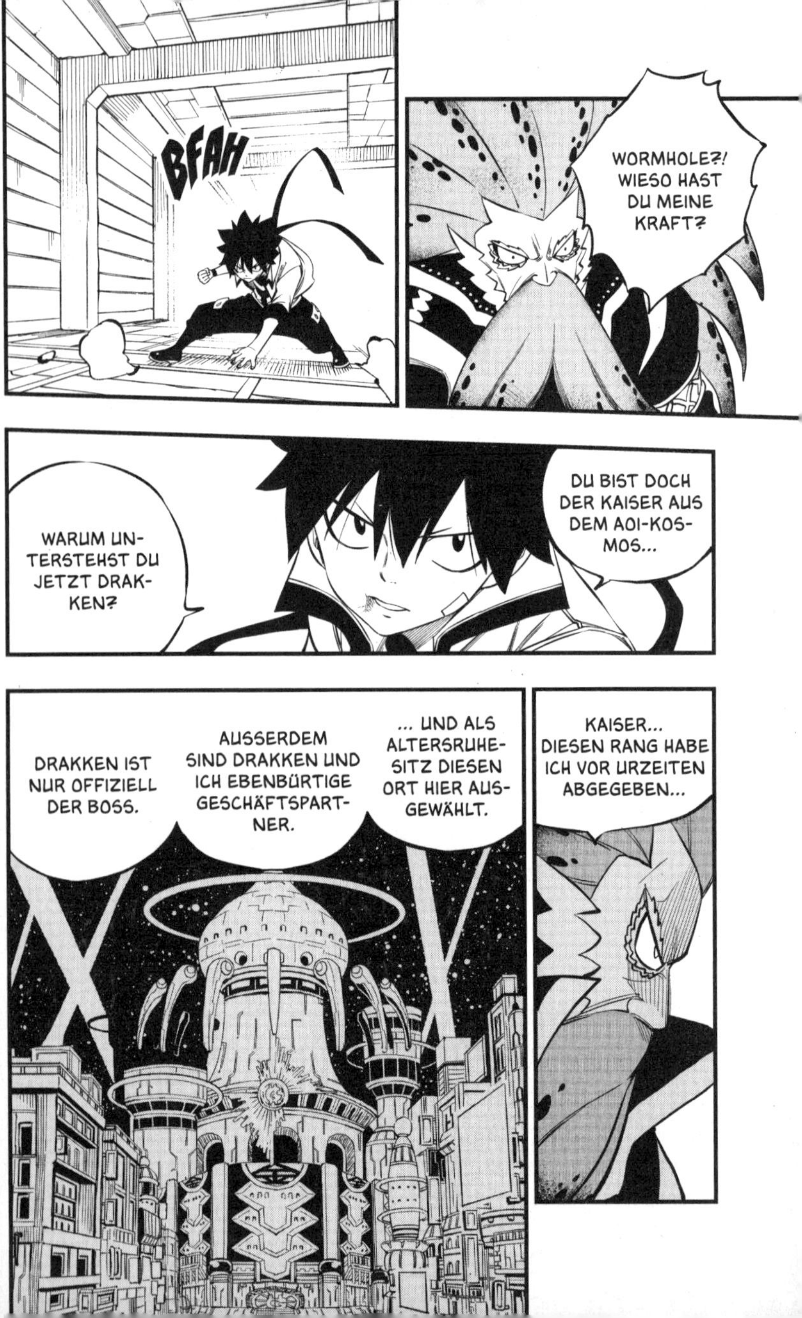
BFAH
WORMHOLE?! WIESO HAST DU MEINE KRAFT?
DU BIST DOCH DER KAISER AUS DEM AOI-KOSMOS...
WARUM UNTERSTEHST DU JETZT DRAKKEN?
KAISER... DIESEN RANG HABE ICH VOR URZEITEN ABGEGEBEN...
... UND ALS ALTERSRUHESITZ DIESEN ORT HIER AUSGEWÄHLT.
AUSSERDEM SIND DRAKKEN UND ICH EBENBÜRTIGE GESCHÄFTSPARTNER.
DRAKKEN IST NUR OFFIZIELL DER BOSS.

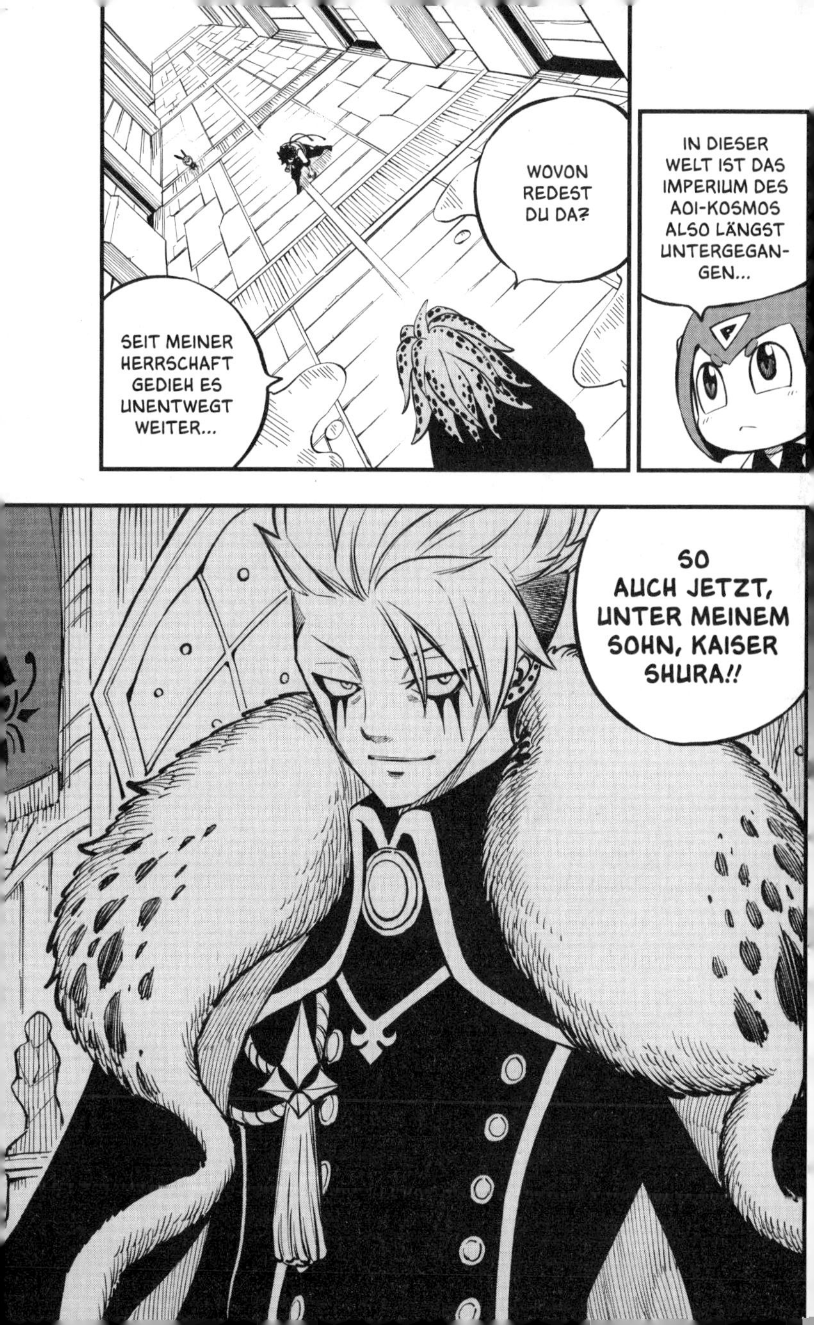
IN DIESER WELT IST DAS IMPERIUM DES AOI-KOSMOS ALSO LÄNGST UNTERGEGANGEN...
WOVON REDEST DU DA?
SEIT MEINER HERRSCHAFT GEDIEH ES UNENTWEGT WEITER...
SO AUCH JETZT, UNTER MEINEM SOHN, KAISER SHURA!!

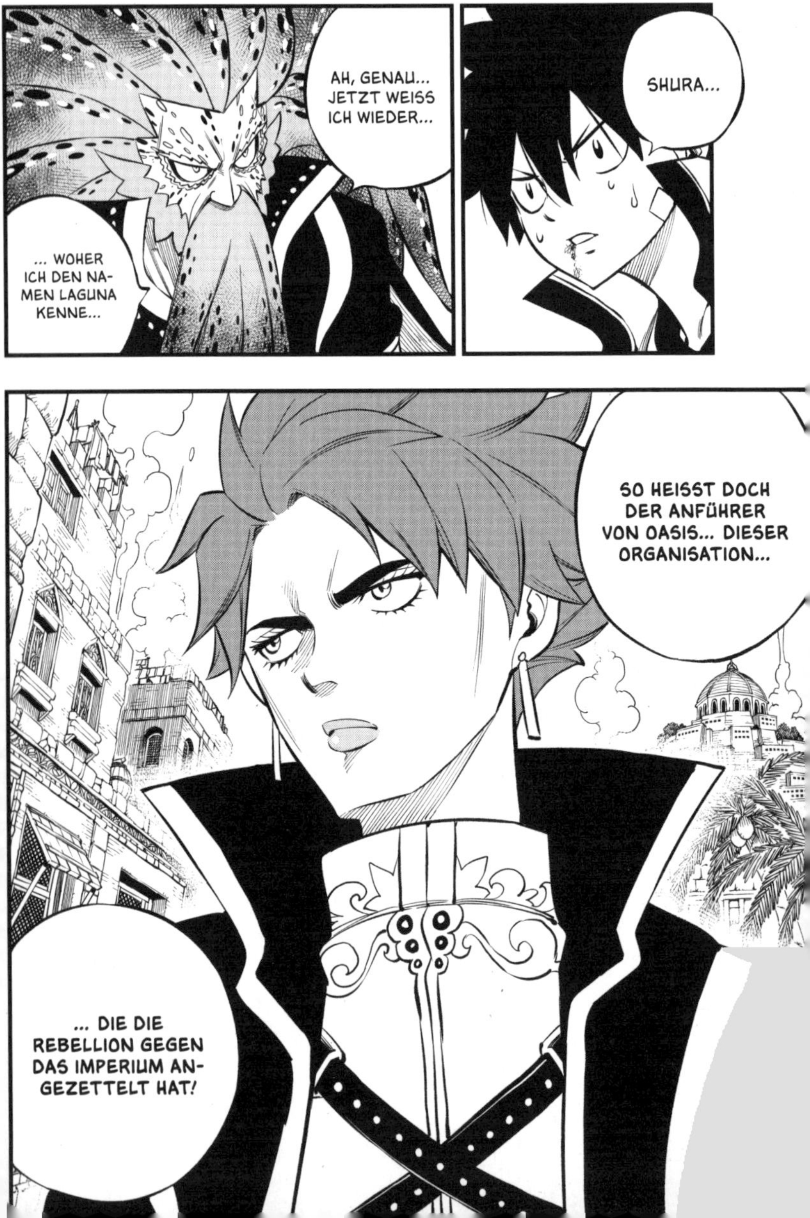
AH, GENAU... JETZT WEISS ICH WIEDER...
... WOHER ICH DEN NAMEN LAGUNA KENNE...
SHURA...
SO HEISST DOCH DER ANFÜHRER VON OASIS... DIESER ORGANISATION...
... DIE DIE REBELLION GEGEN DAS IMPERIUM ANGEZETTELT HAT!

KAPITEL 228: GUNNER

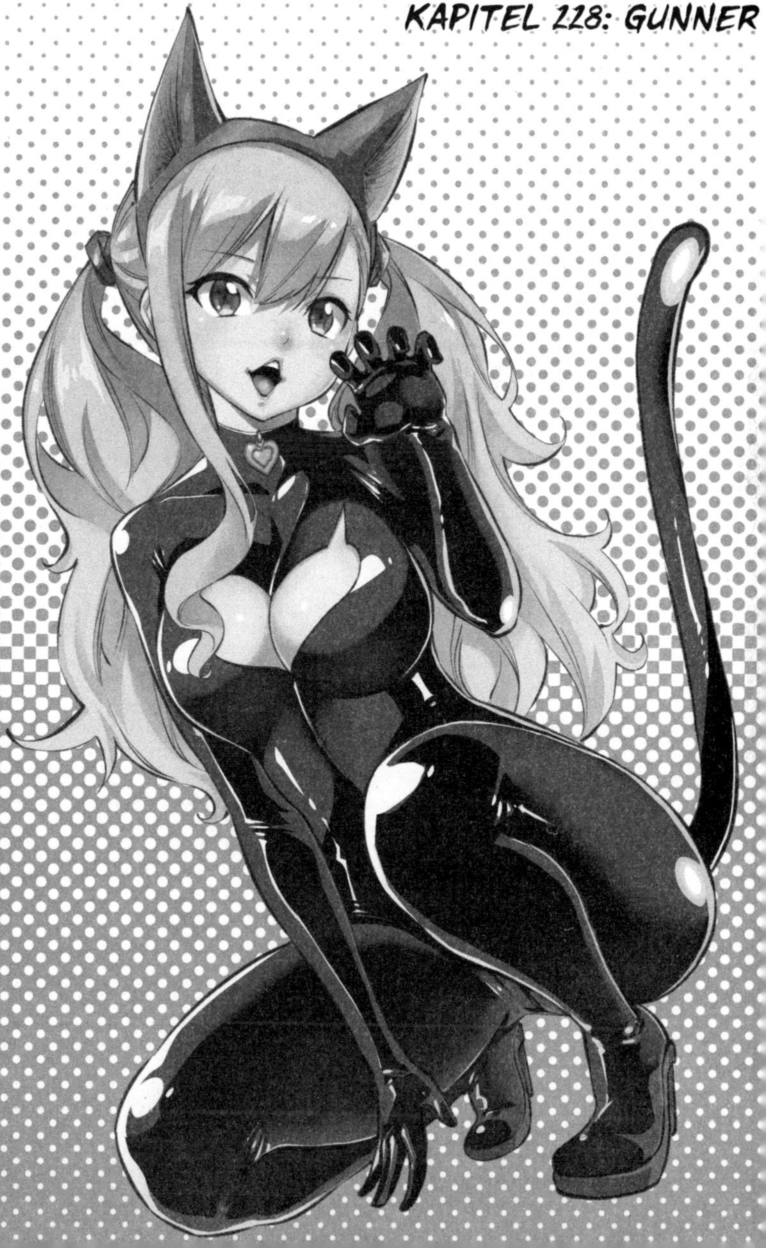

EDENSZERO

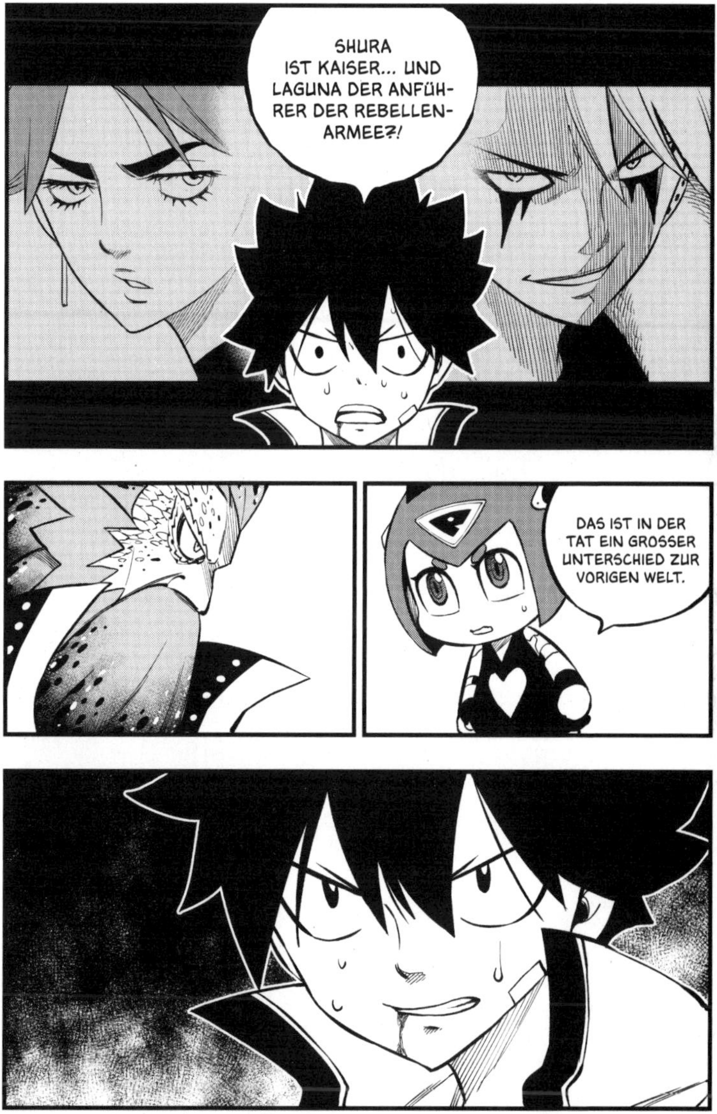
SHURA IST KAISER… UND LAGUNA DER ANFÜHRER DER REBELLENARMEE?!
DAS IST IN DER TAT EIN GROSSER UNTERSCHIED ZUR VORIGEN WELT.

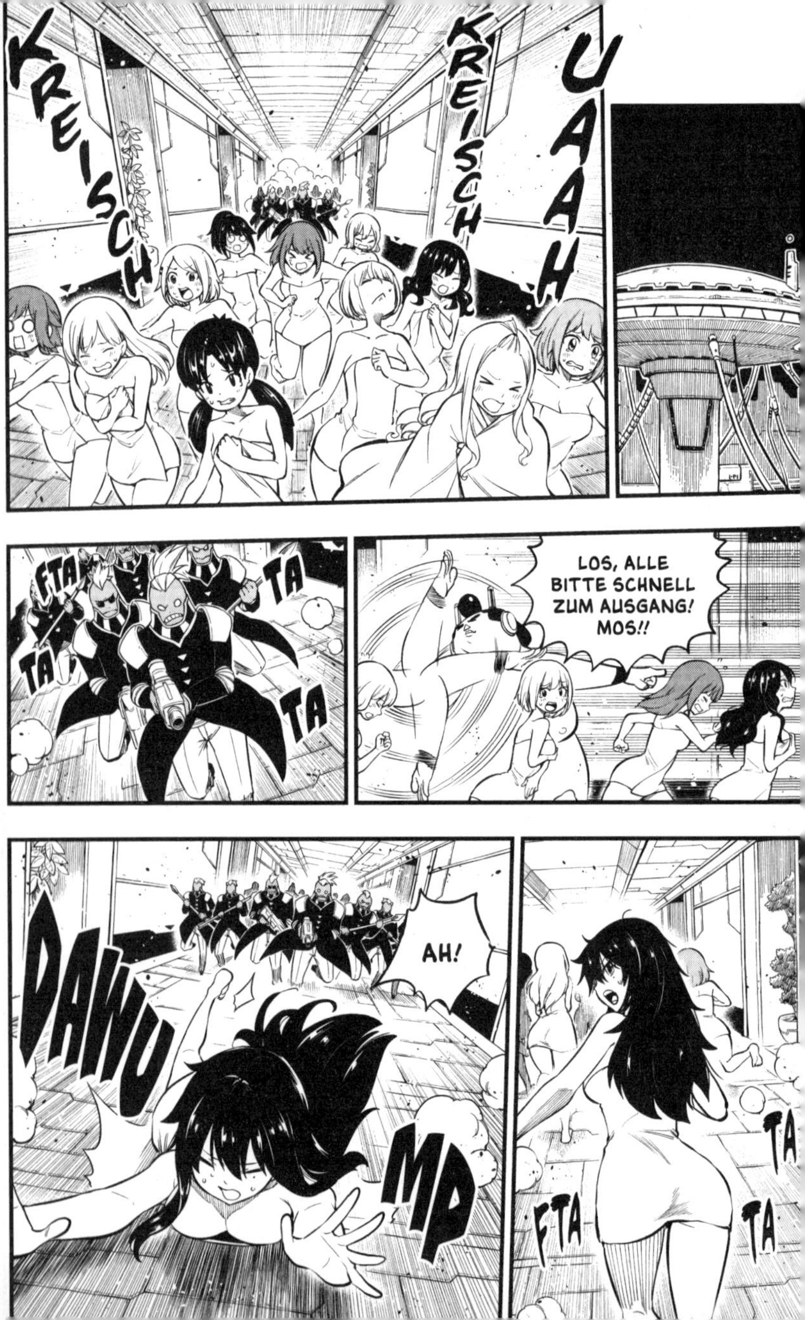
UAAAH
KREISCH
KREISCH
LOS, ALLE BITTE SCHNELL ZUM AUSGANG! MOS!!
TA
TA
FTA
TA
FTA
TA
TA
AH!
DAWUMP

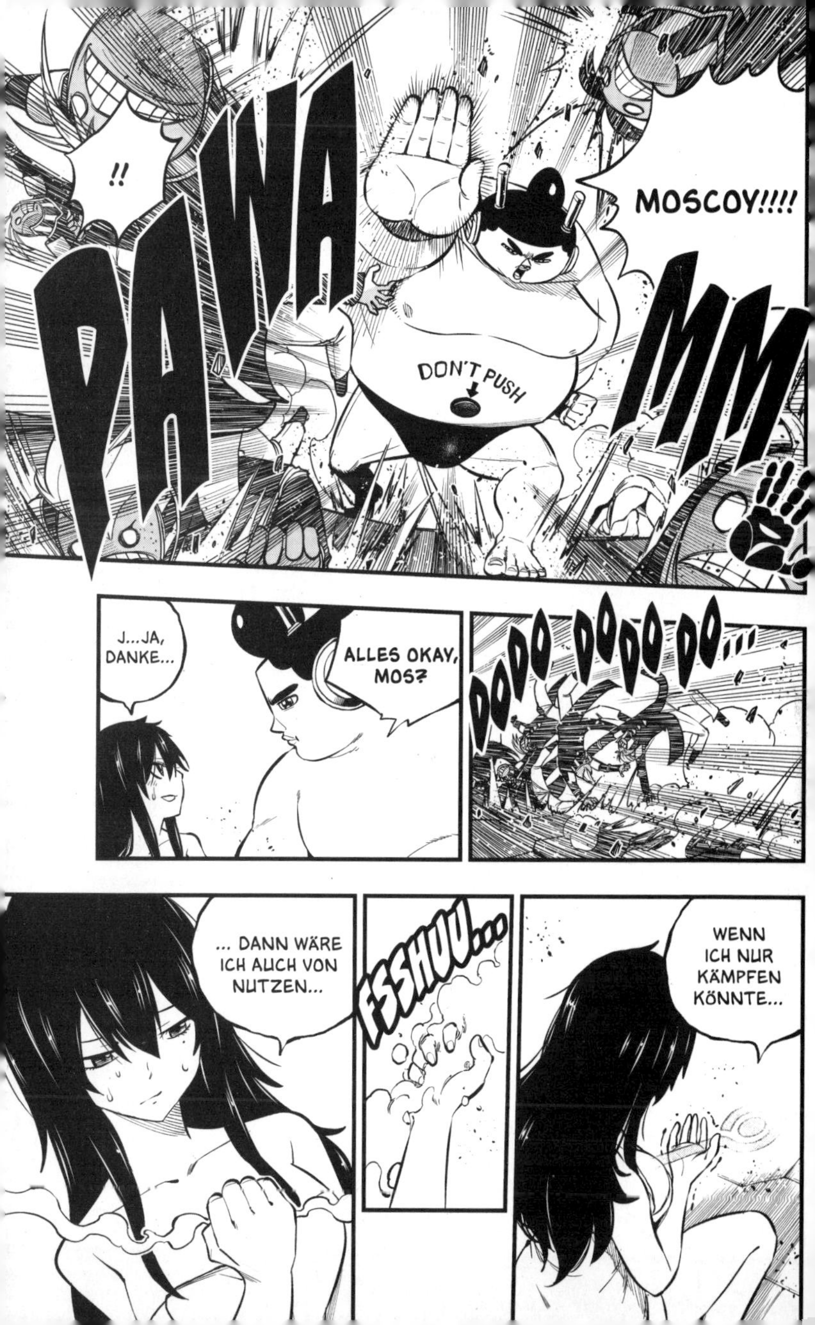
!!
PAWA
MOSCOY!!!!
DON'T PUSH
MM
J... JA, DANKE...
ALLES OKAY, MOS?
DODO DODO DO...
WENN ICH NUR KÄMPFEN KÖNNTE...
ESSHUU...
... DANN WÄRE ICH AUCH VON NUTZEN...

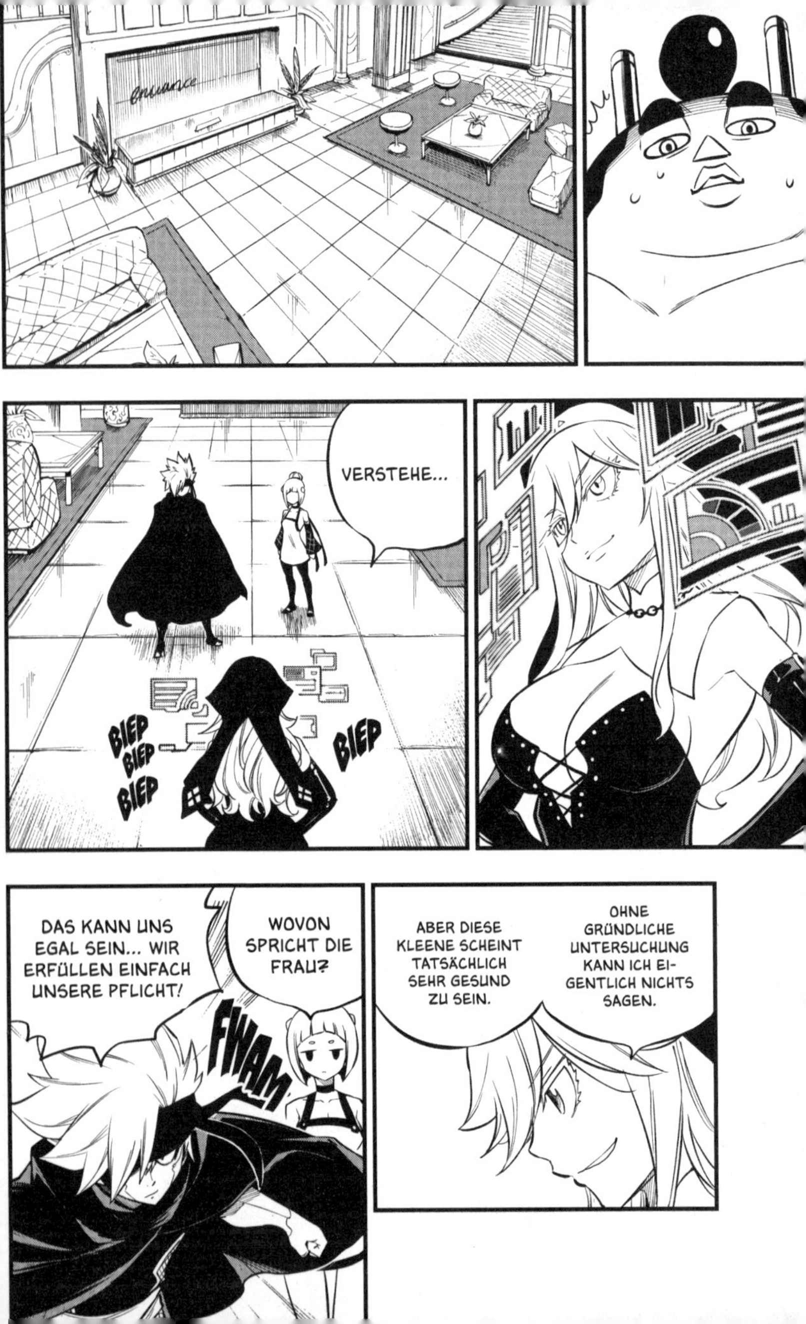
Entrance
VERSTEHE...
BIEP BIEP BIEP
BIEP
OHNE GRÜNDLICHE UNTERSUCHUNG KANN ICH EI-GENTLICH NICHTS SAGEN.
ABER DIESE KLEENE SCHEINT TATSÄCHLICH SEHR GESUND ZU SEIN.
WOVON SPRICHT DIE FRAU?
DAS KANN UNS EGAL SEIN... WIR ERFÜLLEN EINFACH UNSERE PFLICHT!
FWAM

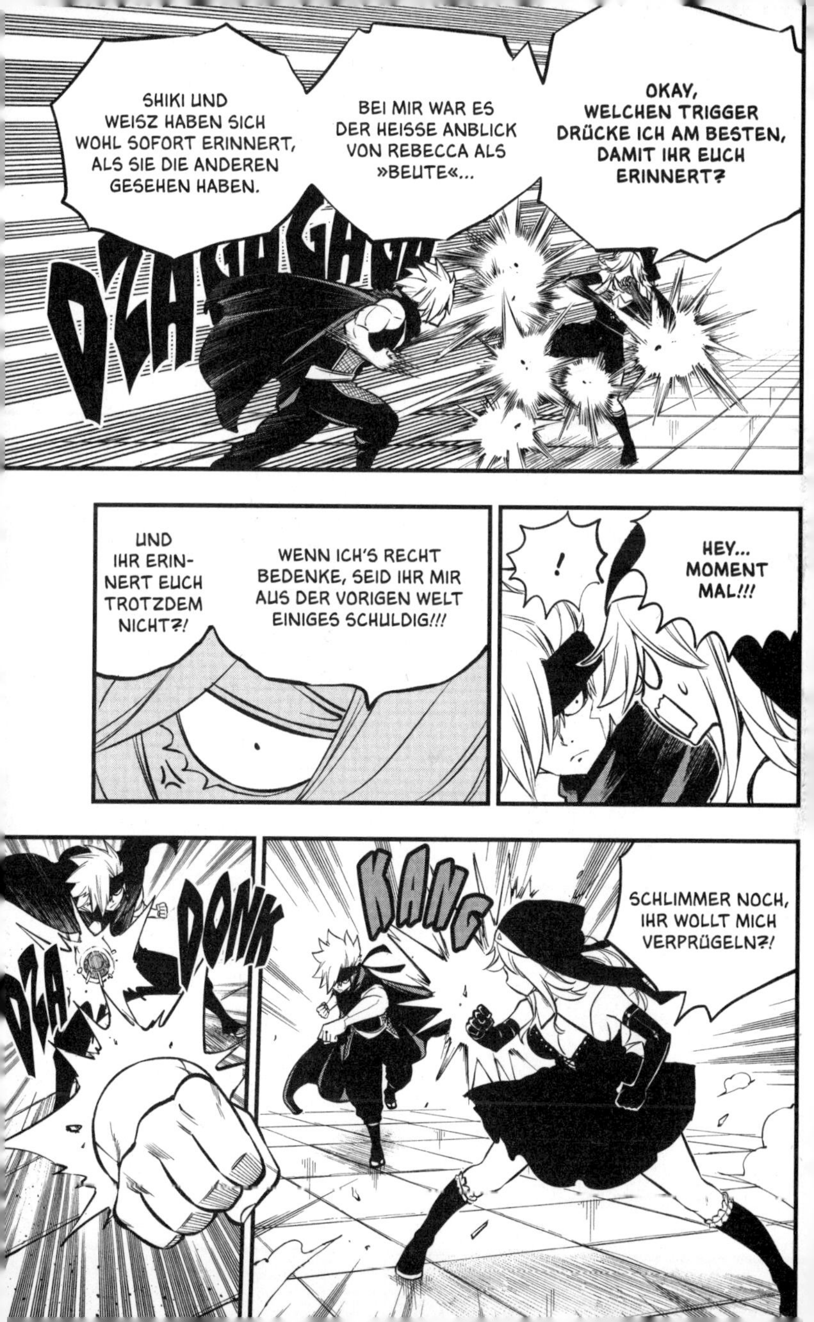
OKAY, WELCHEN TRIGGER DRÜCKE ICH AM BESTEN, DAMIT IHR EUCH ERINNERT?
BEI MIR WAR ES DER HEISSE ANBLICK VON REBECCA ALS »BEUTE«...
SHIKI UND WEISZ HABEN SICH WOHL SOFORT ERINNERT, ALS SIE DIE ANDEREN GESEHEN HABEN.
HEY... MOMENT MAL!!!
!
WENN ICH'S RECHT BEDENKE, SEID IHR MIR AUS DER VORIGEN WELT EINIGES SCHULDIG!!!
UND IHR ERIN-NERT EUCH TROTZDEM NICHT?!
SCHLIMMER NOCH, IHR WOLLT MICH VERPRÜGELN?!
KANG
DONK

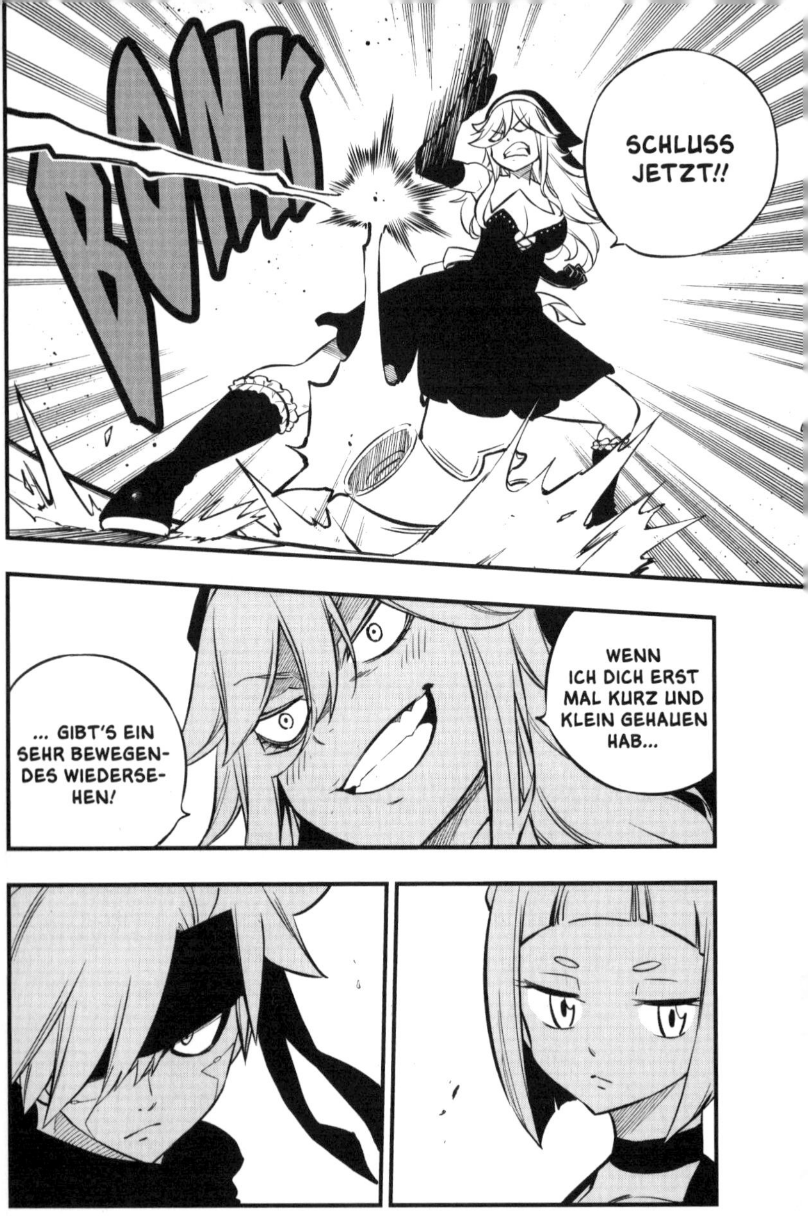
BONK
SCHLUSS JETZT!!
WENN ICH DICH ERST MAL KURZ UND KLEIN GEHAUEN HAB...
... GIBT'S EIN SEHR BEWEGEN-DES WIEDERSE-HEN!

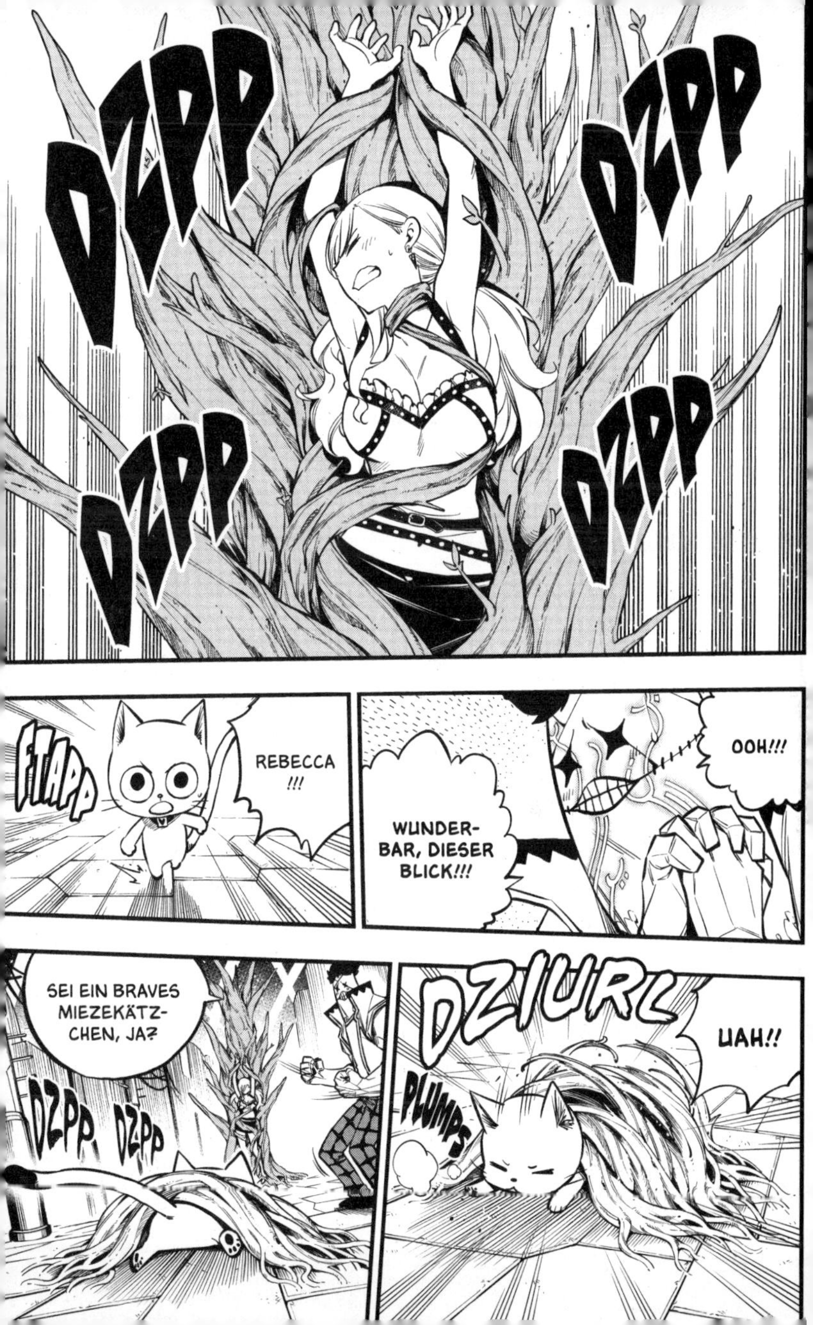
DZPP
DZPP
DZPP
DZPP
OOH!!!
WUNDERBAR, DIESER BLICK!!!
FTAPP
REBECCA !!!
DZIURL
UAH!!
PLUMPS
SEI EIN BRAVES MIEZEKÄTZCHEN, JA?
DZPP, DZPP

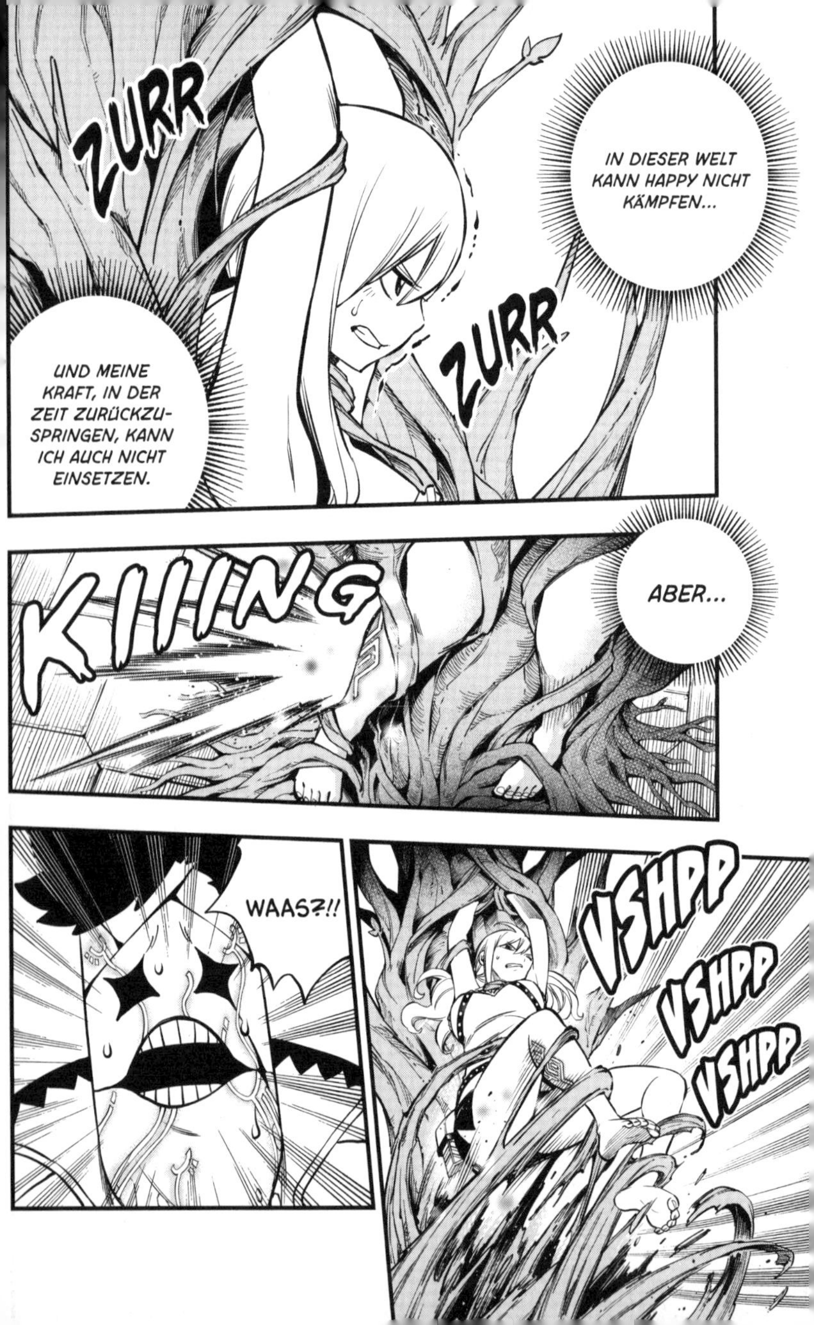

ZURR
IN DIESER WELT KANN HAPPY NICHT KÄMPFEN...
UND MEINE KRAFT, IN DER ZEIT ZURÜCKZUSPRINGEN, KANN ICH AUCH NICHT EINSETZEN.
ZURR
ABER...
KIIING
WAAS?!!
VSHPP
VSHPP
VSHPP

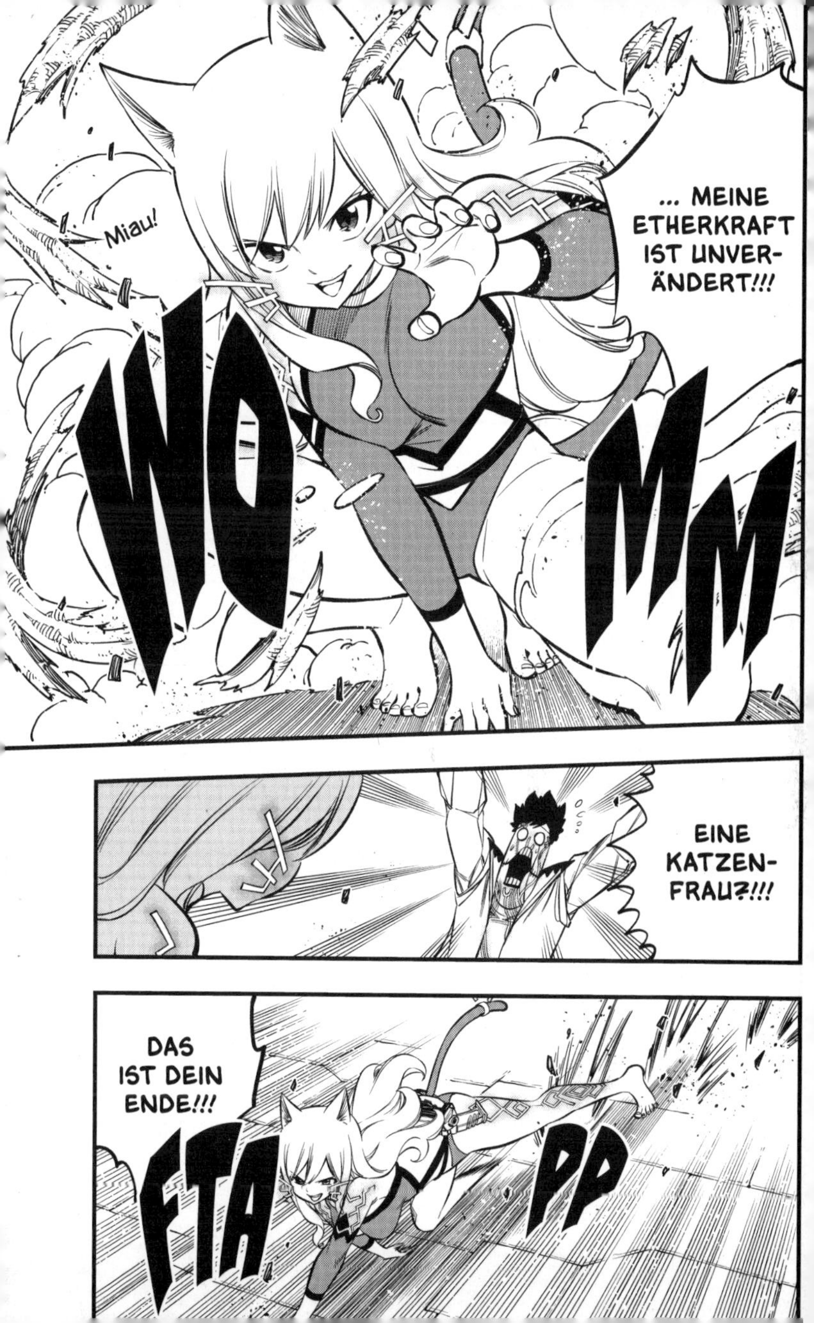
... MEINE ETHERKRAFT IST UNVERÄNDERT!!!
Miau!
WOMM
EINE KATZENFRAU?!!!
DAS IST DEIN ENDE!!!
FTAPP

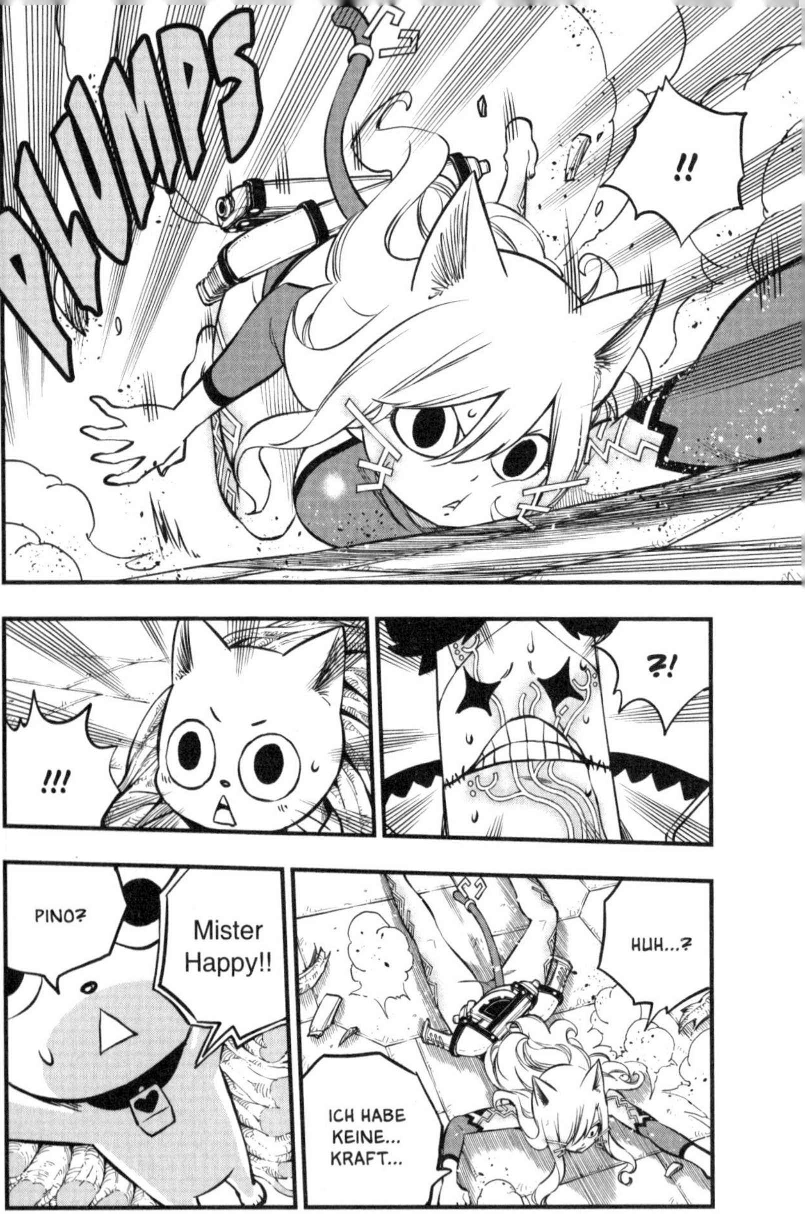
PLUMPS
!!
?!
!!!
HUH...?
ICH HABE KEINE... KRAFT...
Mister Happy!!
PINO?

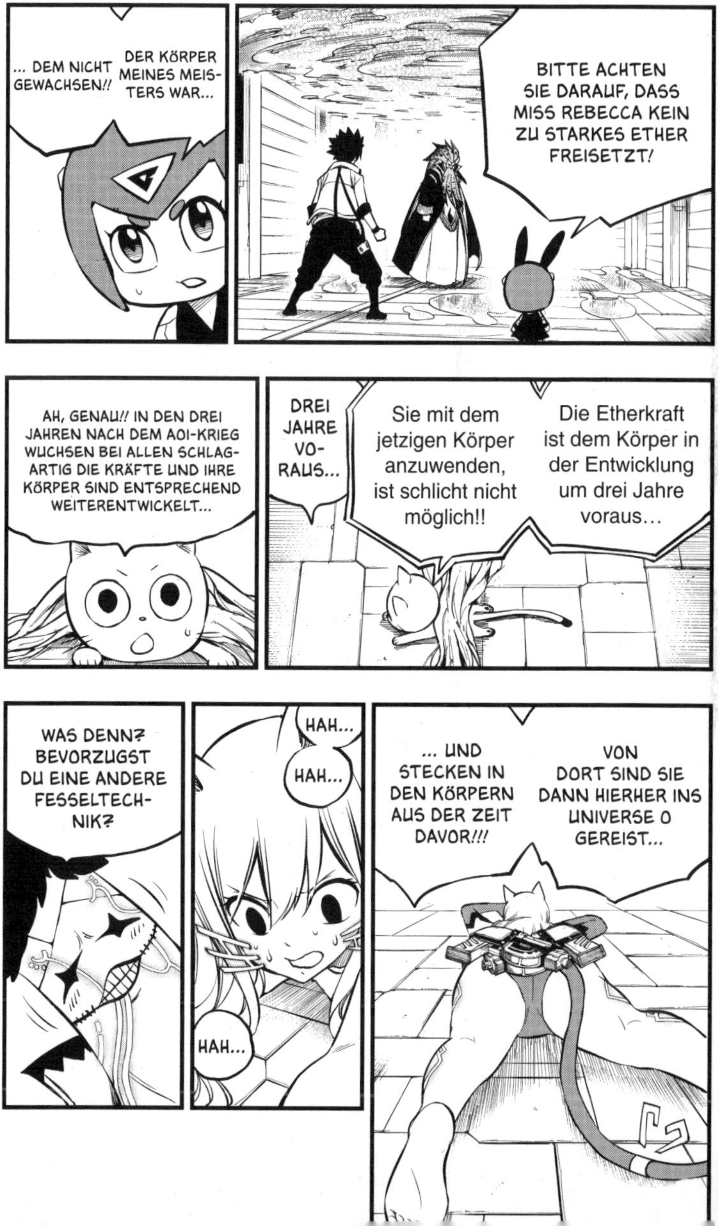
BITTE ACHTEN SIE DARAUF, DASS MISS REBECCA KEIN ZU STARKES ETHER FREISETZT!
DER KÖRPER MEINES MEISTERS WAR...
... DEM NICHT GEWACHSEN!!
Die Etherkraft ist dem Körper in der Entwicklung um drei Jahre voraus…
Sie mit dem jetzigen Körper anzuwenden, ist schlicht nicht möglich!!
DREI JAHRE VORAUS...
AH, GENAU!! IN DEN DREI JAHREN NACH DEM AOI-KRIEG WUCHSEN BEI ALLEN SCHLAGARTIG DIE KRÄFTE UND IHRE KÖRPER SIND ENTSPRECHEND WEITERENTWICKELT...
VON DORT SIND SIE DANN HIERHER INS UNIVERSE 0 GEREIST...
... UND STECKEN IN DEN KÖRPERN AUS DER ZEIT DAVOR!!!
HAH...
HAH...
HAH...
WAS DENN? BEVORZUGST DU EINE ANDERE FESSELTECHNIK?

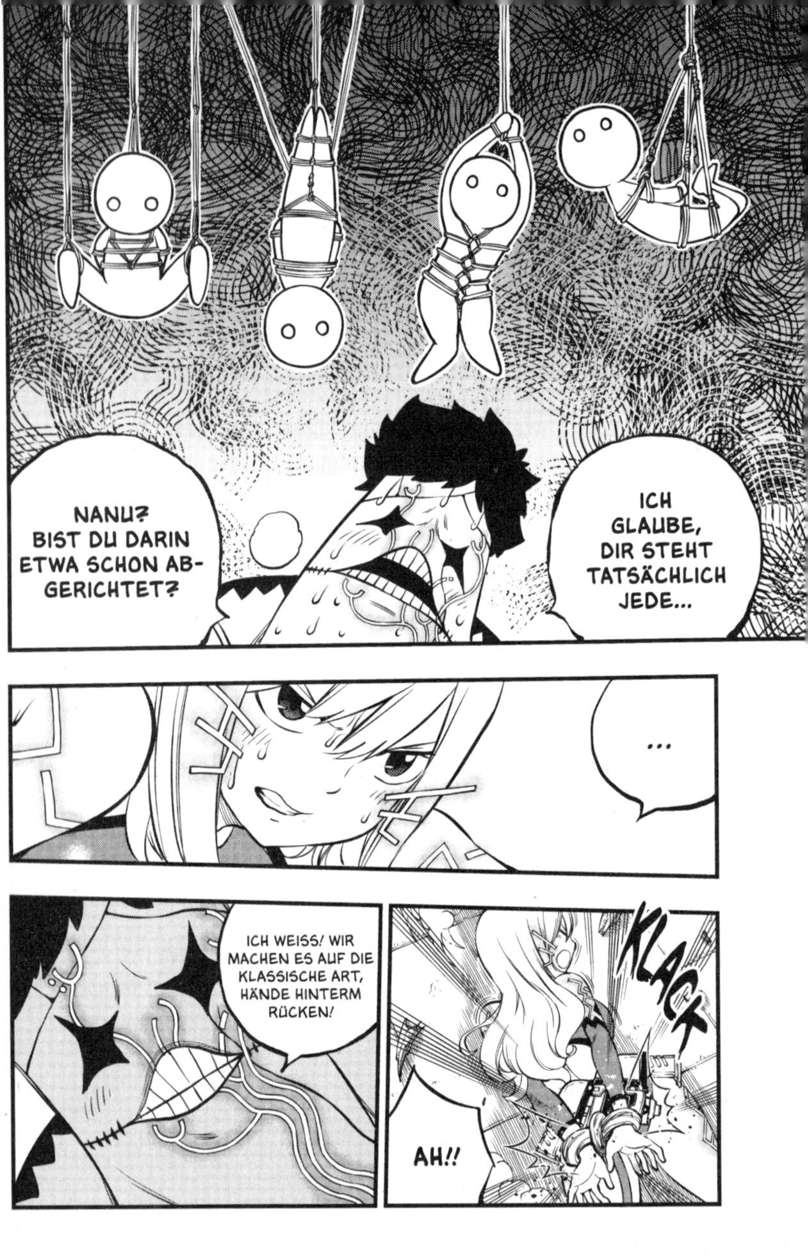
ICH GLAUBE, DIR STEHT TATSÄCHLICH JEDE...
NANU? BIST DU DARIN ETWA SCHON AB-GERICHTET?
...
KLACK
AH!!
ICH WEISS! WIR MACHEN ES AUF DIE KLASSISCHE ART, HÄNDE HINTERM RÜCKEN!

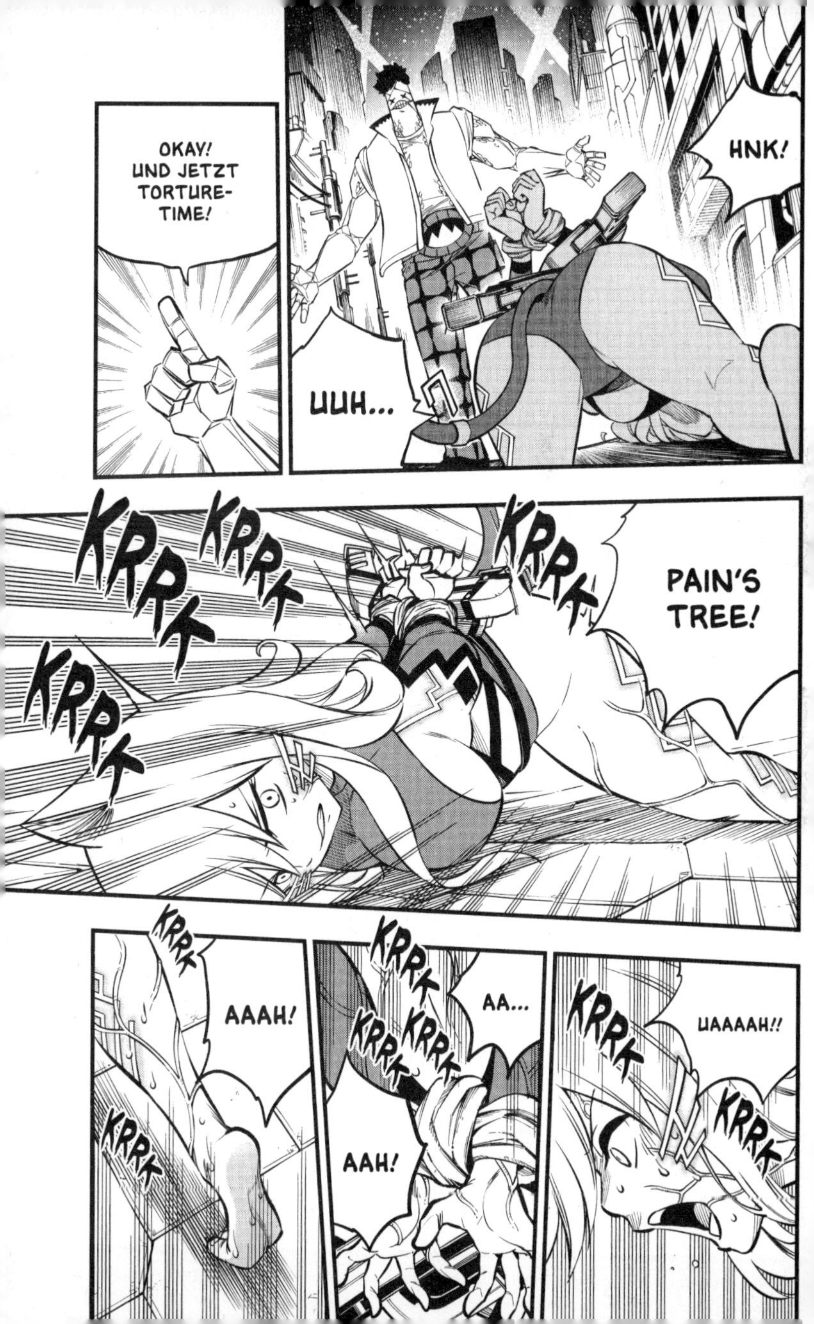
HNK!
OKAY! UND JETZT TORTURE-TIME!
UUH...
PAIN'S TREE!
KRRRK
KRRRK
KRRRK
KRRRK
AAAH!
KRRRK
KRRRK
AA...
KRRRK
KRRRK
AAH!
UAAAAH!!
KRRRK
KRRRK

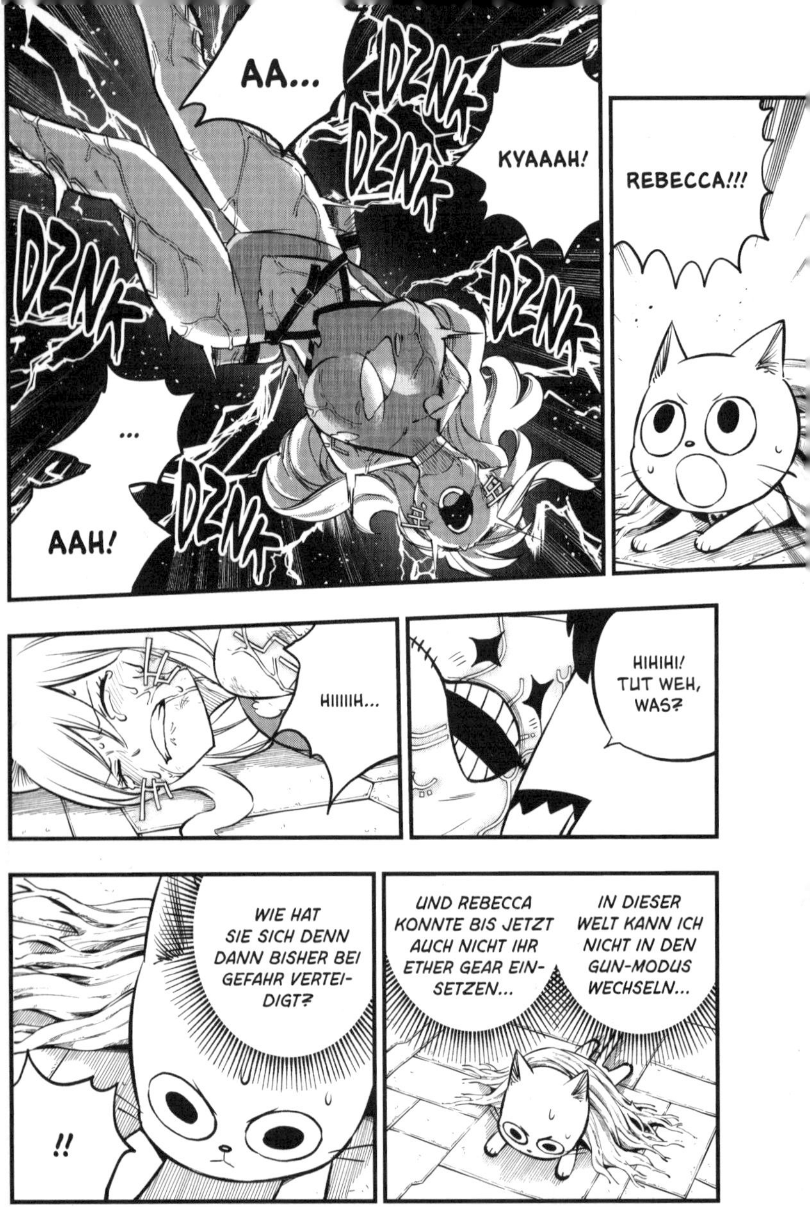
KYAAAH!
DZNK DZNK
AA...
DZNK
DZNK
...
DZNK
AAH!
REBECCA!!!
HIHIHI! TUT WEH, WAS?
HIIIIH...
IN DIESER WELT KANN ICH NICHT IN DEN GUN-MODUS WECHSELN...
UND REBECCA KONNTE BIS JETZT AUCH NICHT IHR ETHER GEAR EIN-SETZEN...
WIE HAT SIE SICH DENN DANN BISHER BEI GEFAHR VERTEI-DIGT?
!!

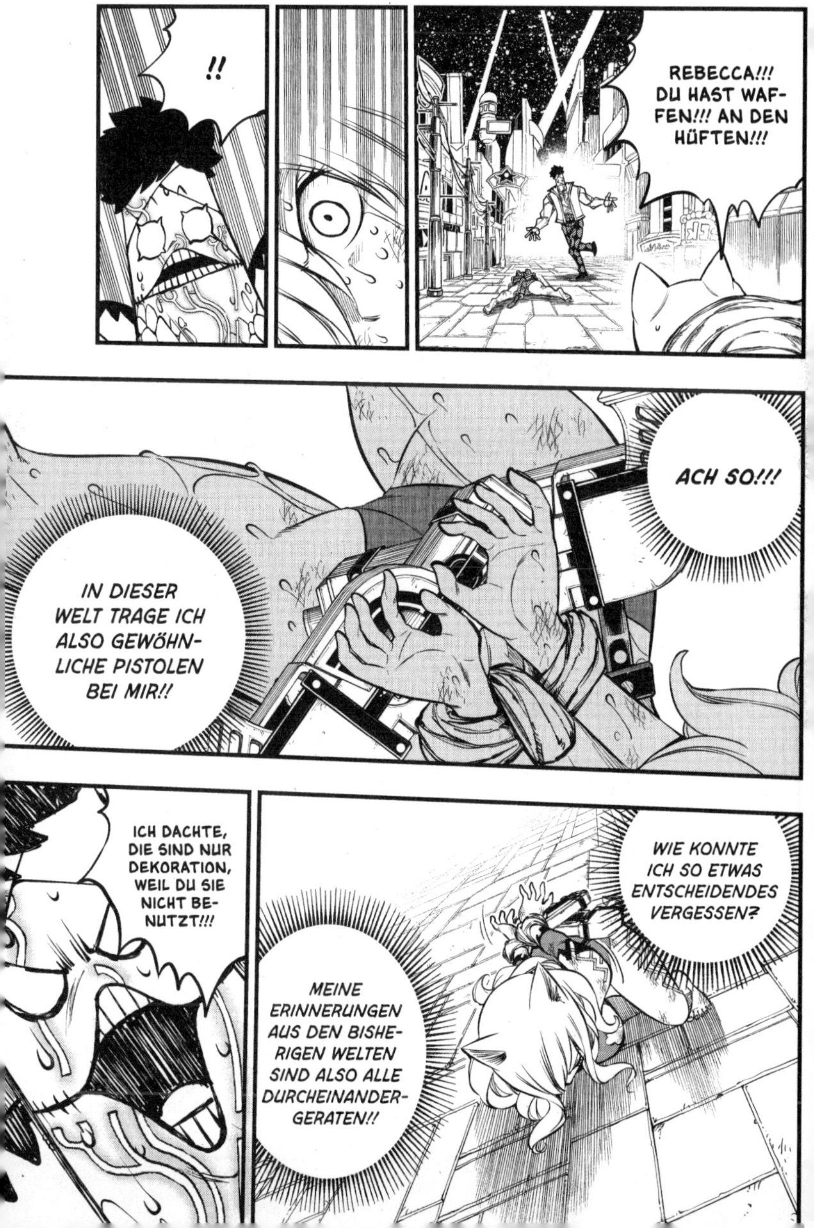
REBECCA!!! DU HAST WAFFEN!!! AN DEN HÜFTEN!!!
!!
ACH SO!!!
IN DIESER WELT TRAGE ICH ALSO GEWÖHNLICHE PISTOLEN BEI MIR!!
WIE KONNTE ICH SO ETWAS ENTSCHEIDENDES VERGESSEN?
MEINE ERINNERUNGEN AUS DEN BISHERIGEN WELTEN SIND ALSO ALLE DURCHEINANDERGERATEN!!
ICH DACHTE, DIE SIND NUR DEKORATION, WEIL DU SIE NICHT BENUTZT!!!

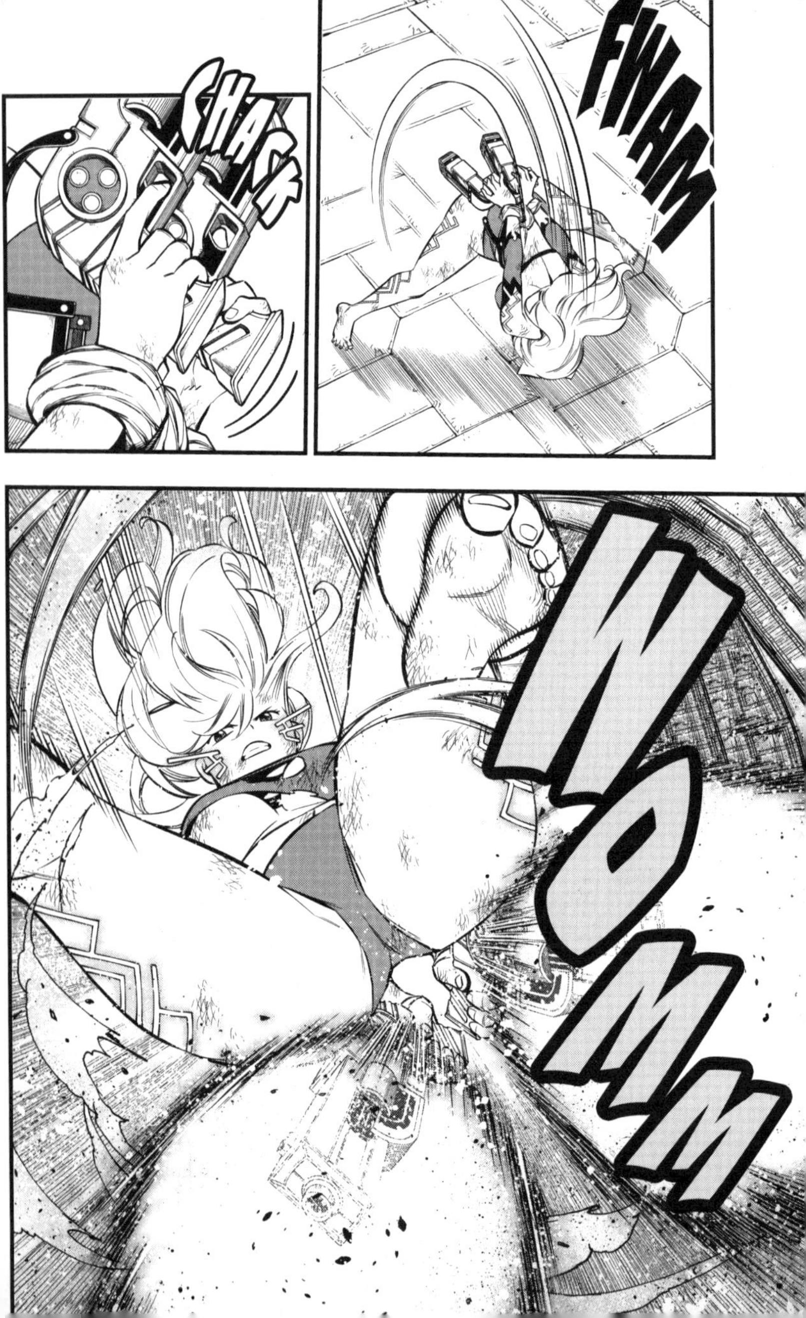
FWAM
CHASK
WOMM

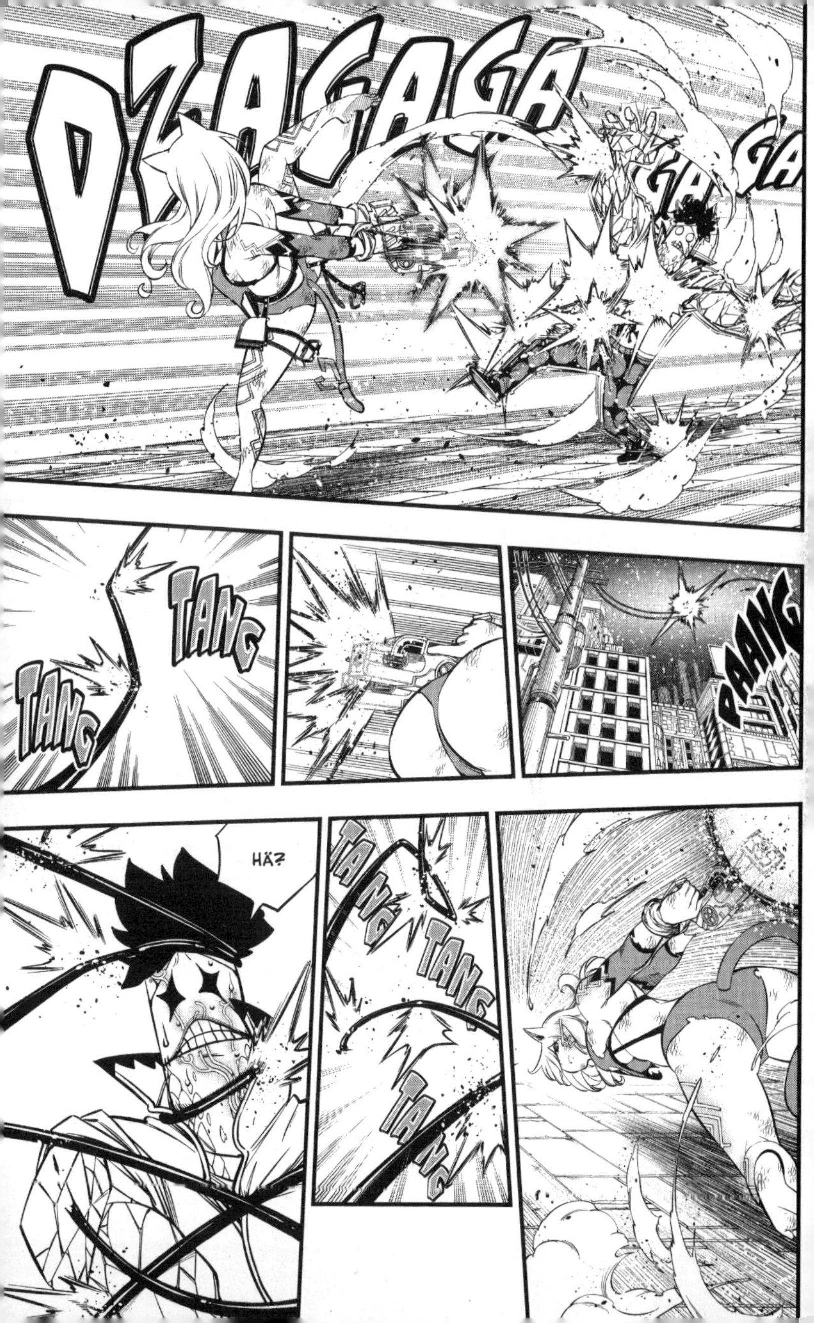
DZAGAGA
GAGA
PAANG
TANG
TANG
TANG
TANG
TANG
HÄ?

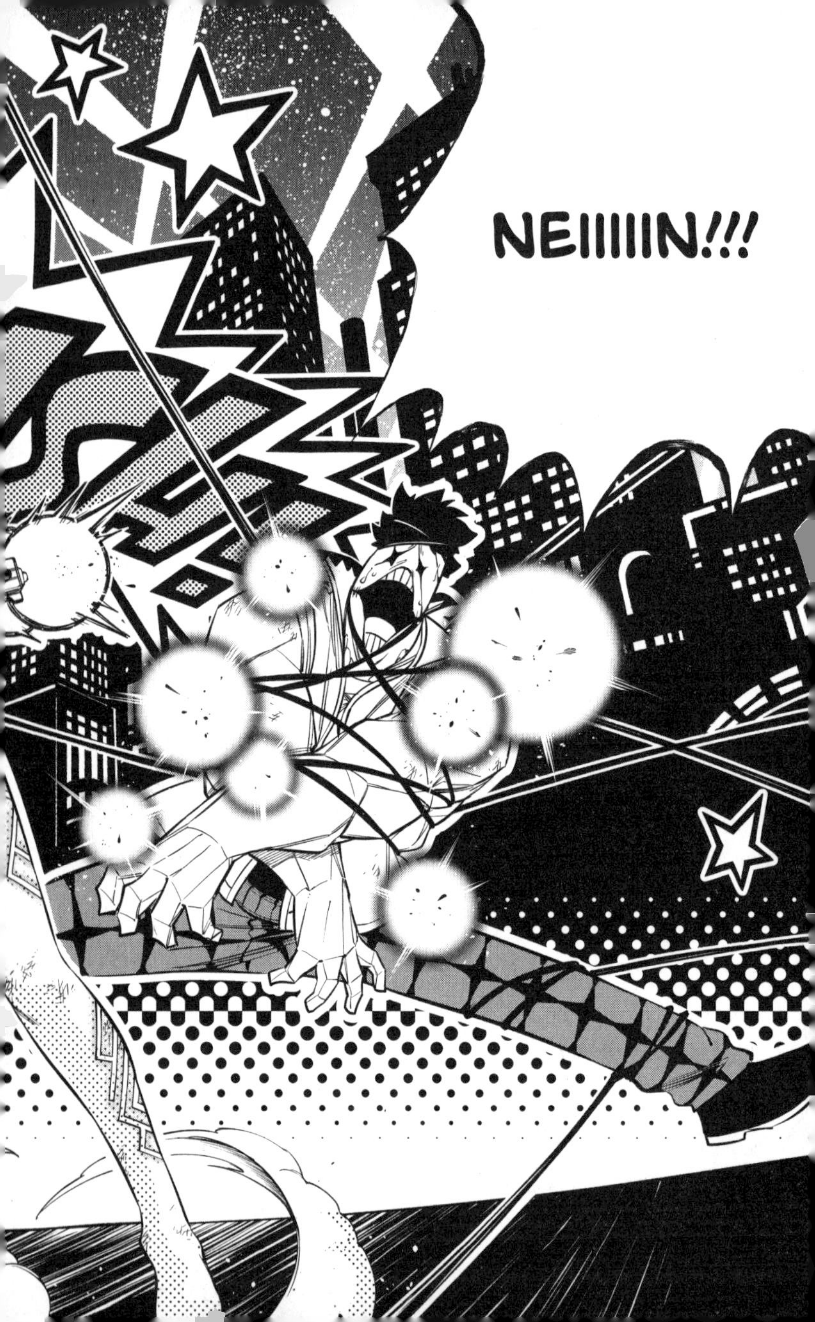
NEIIIIIN!!!

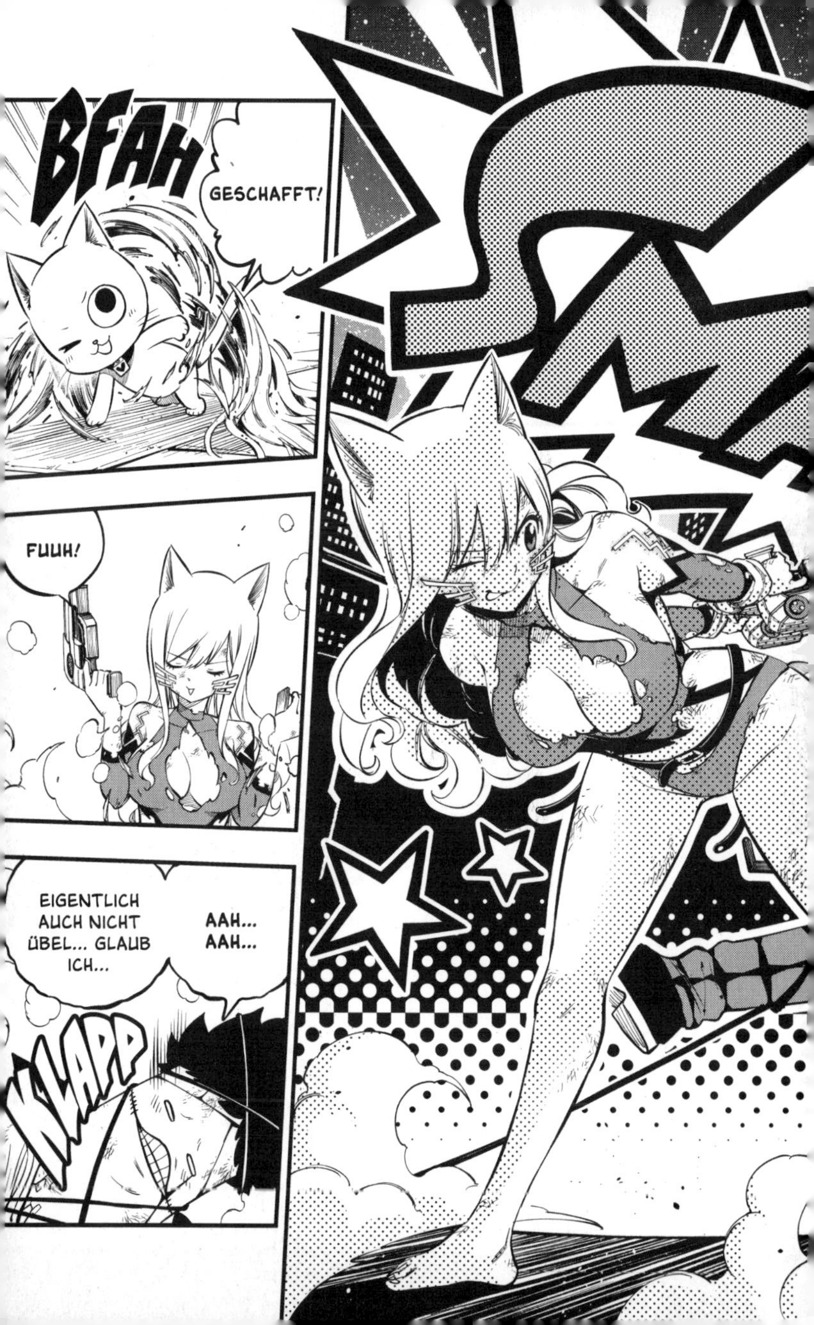

BFAH
GESCHAFFT!
FUUH!
AAH... AAH...
EIGENTLICH AUCH NICHT ÜBEL... GLAUB ICH...
KLAPP

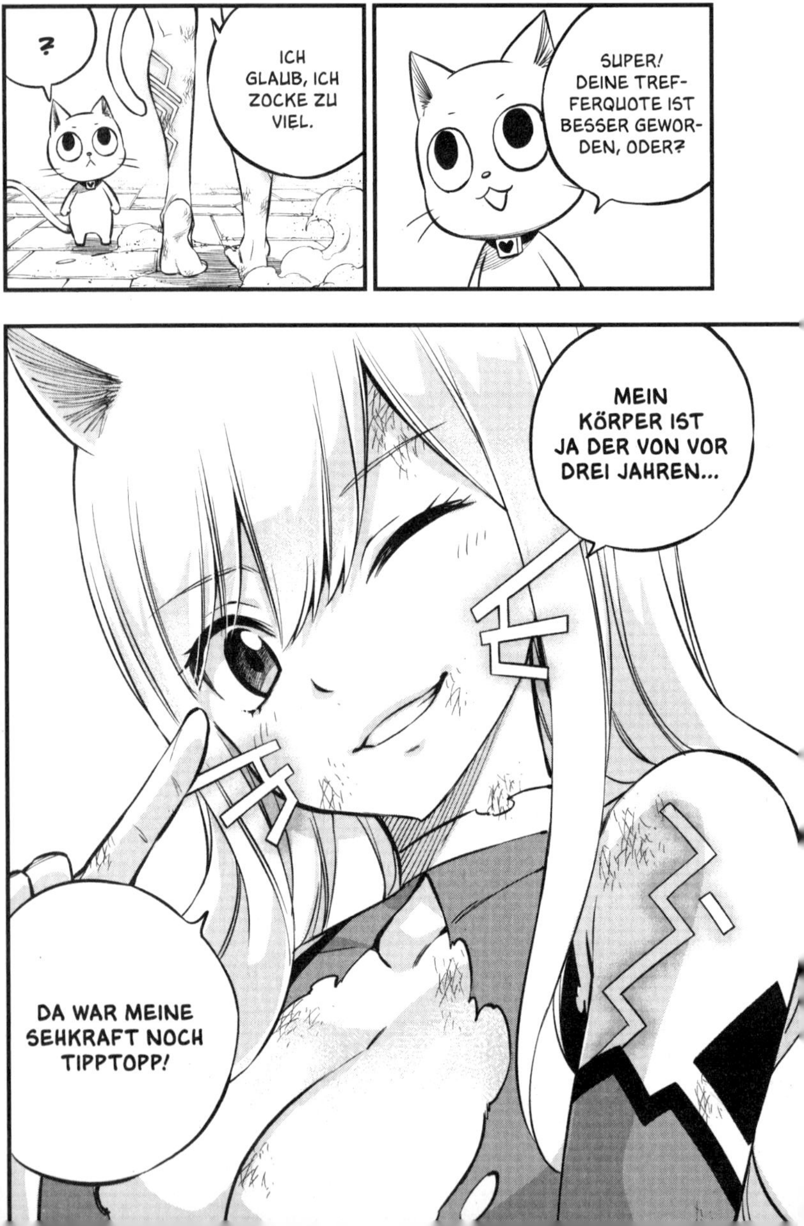
SUPER! DEINE TREFFERQUOTE IST BESSER GEWORDEN, ODER?
?
ICH GLAUB, ICH ZOCKE ZU VIEL.
MEIN KÖRPER IST JA DER VON VOR DREI JAHREN...
DA WAR MEINE SEHKRAFT NOCH TIPPTOPP!

EDENS ZERO

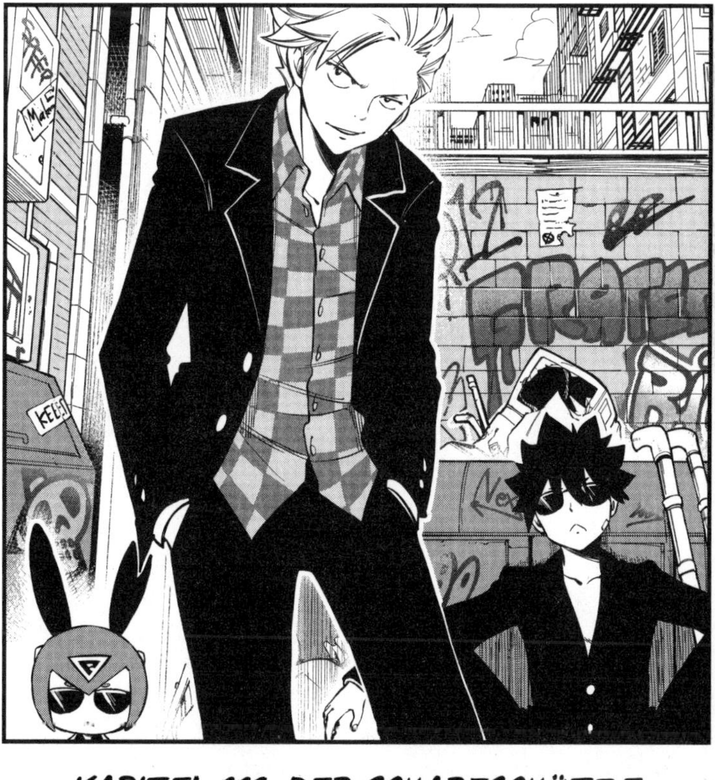

KAPITEL 229: DER SCHARFSCHÜTZE

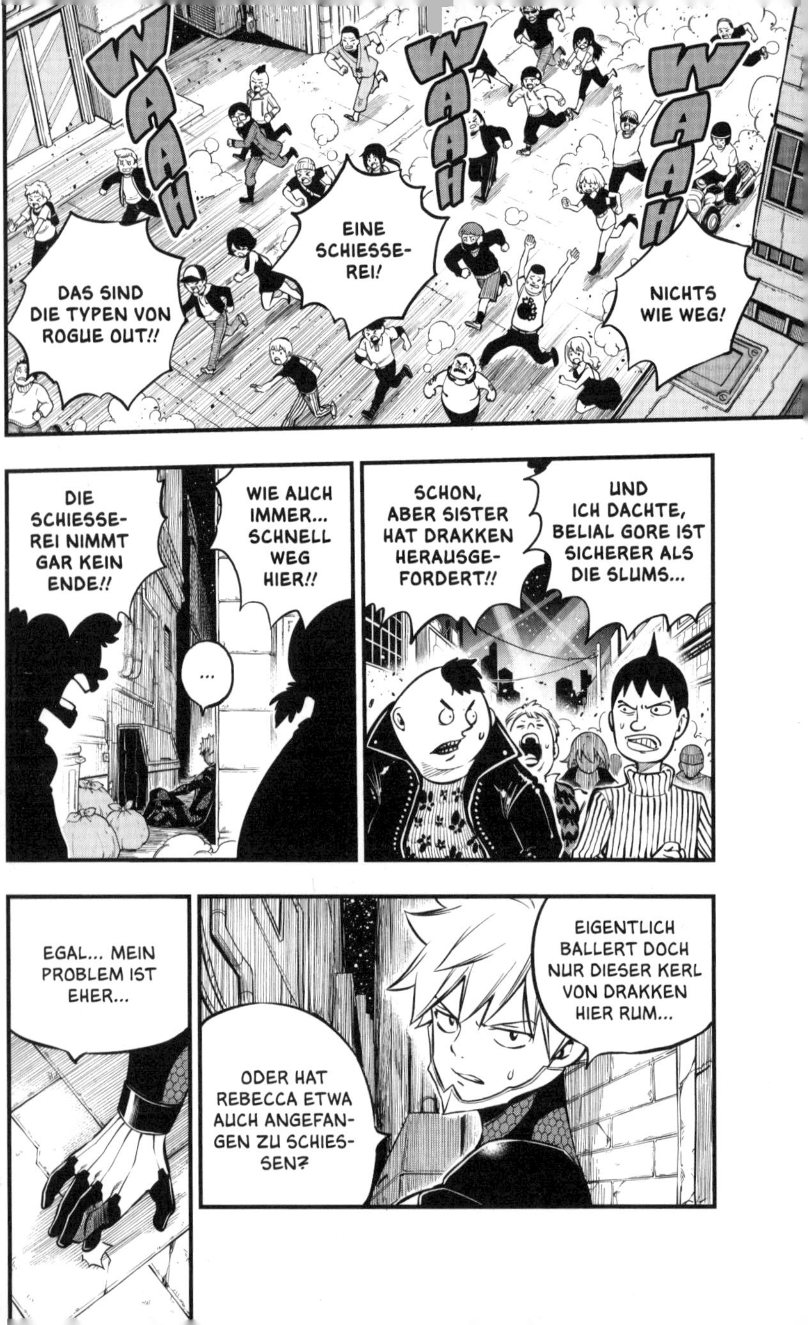
WAAH
WAAH
WAAH
NICHTS WIE WEG!
EINE SCHIESSEREI!
DAS SIND DIE TYPEN VON ROGUE OUT!!
UND ICH DACHTE, BELIAL GORE IST SICHERER ALS DIE SLUMS...
SCHON, ABER SISTER HAT DRAKKEN HERAUSGEFORDERT!!
WIE AUCH IMMER... SCHNELL WEG HIER!!
DIE SCHIESSEREI NIMMT GAR KEIN ENDE!!
...
EIGENTLICH BALLERT DOCH NUR DIESER KERL VON DRAKKEN HIER RUM...
ODER HAT REBECCA ETWA AUCH ANGEFANGEN ZU SCHIESSEN?
EGAL... MEIN PROBLEM IST EHER...

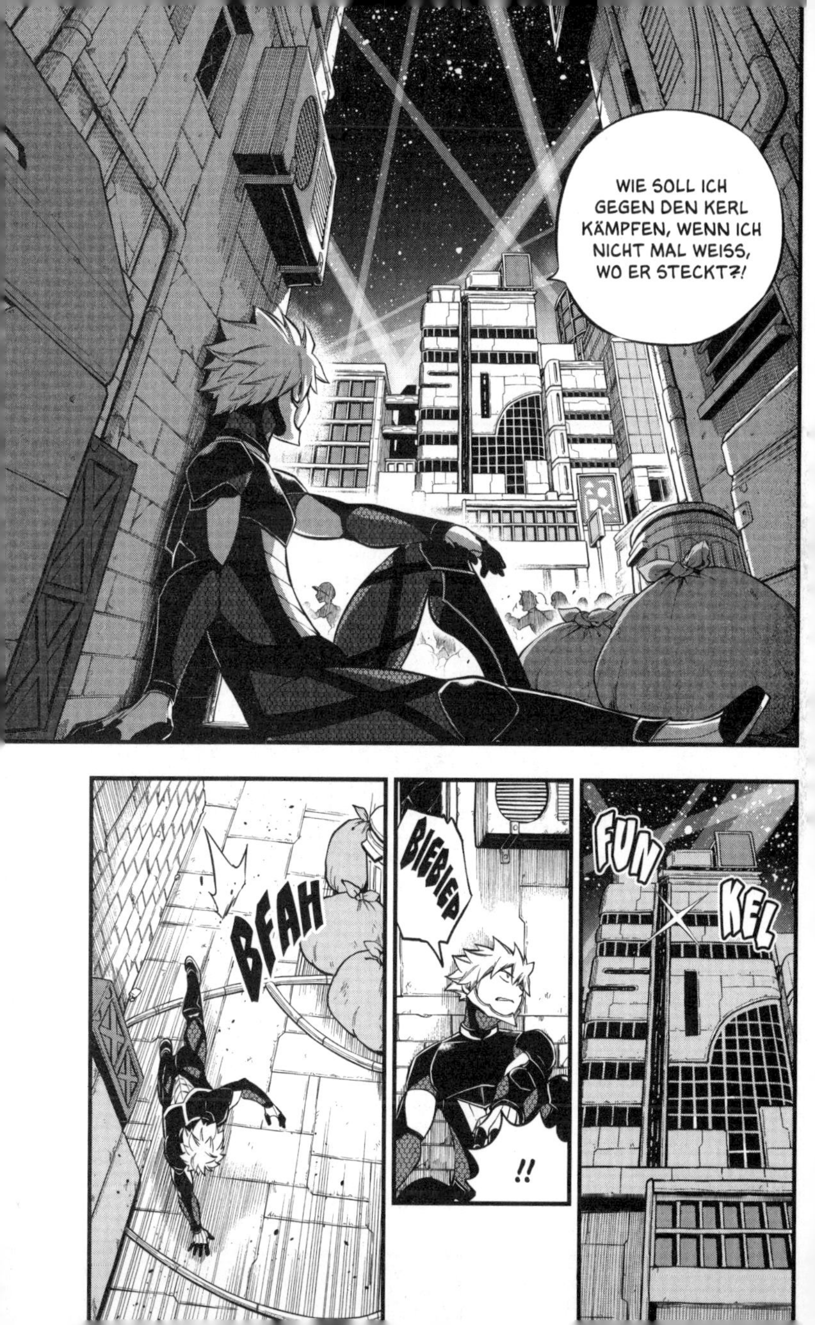

WIE SOLL ICH GEGEN DEN KERL KÄMPFEN, WENN ICH NICHT MAL WEISS, WO ER STECKT?!
FUN KEL
BIEBIEP
!!
BFAH

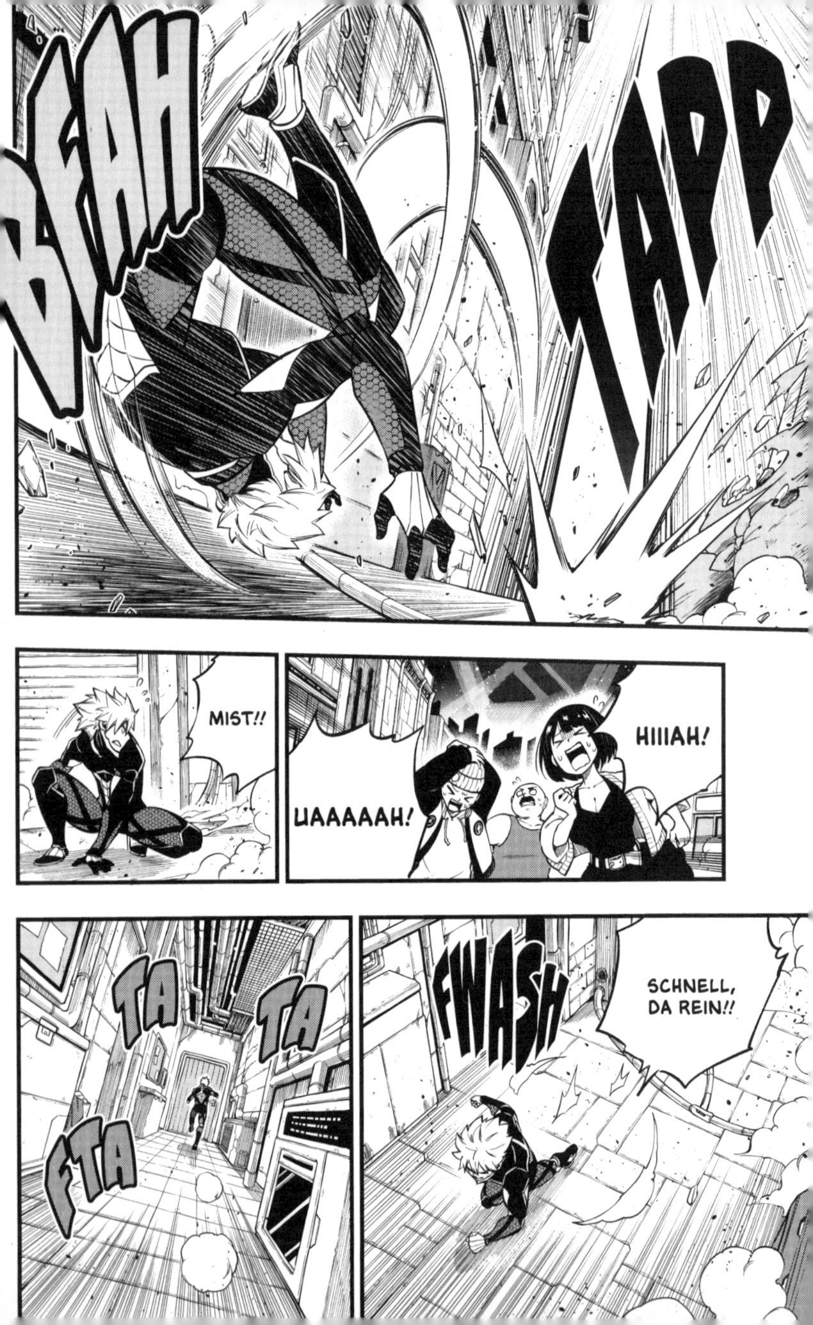
TAPP
HIIIAH!
UAAAAAH!
MIST!!
SCHNELL,
DA REIN!!
FWASH
TA
TA
FTA

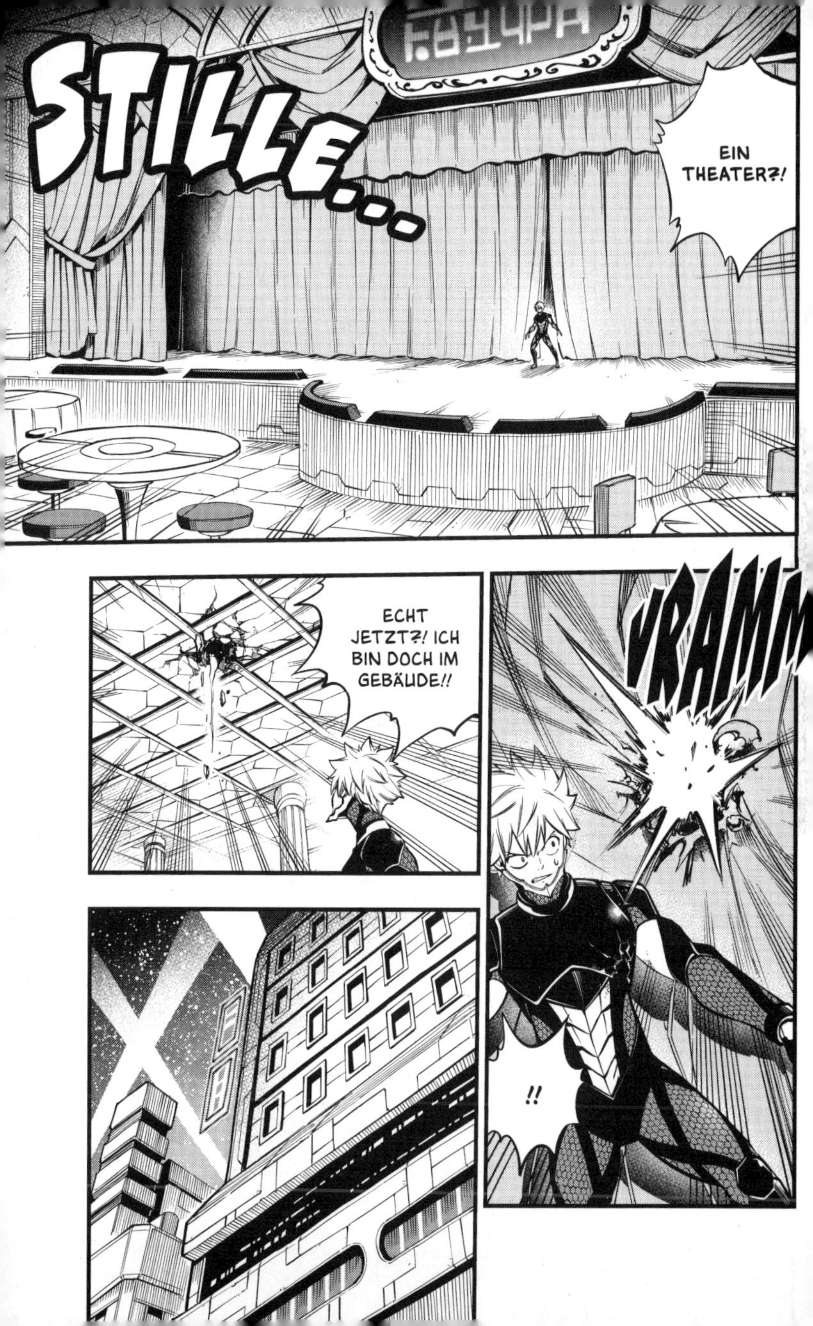
STILLE...
EIN THEATER?!
VRAMM
!!
ECHT JETZT?! ICH BIN DOCH IM GEBÄUDE!!

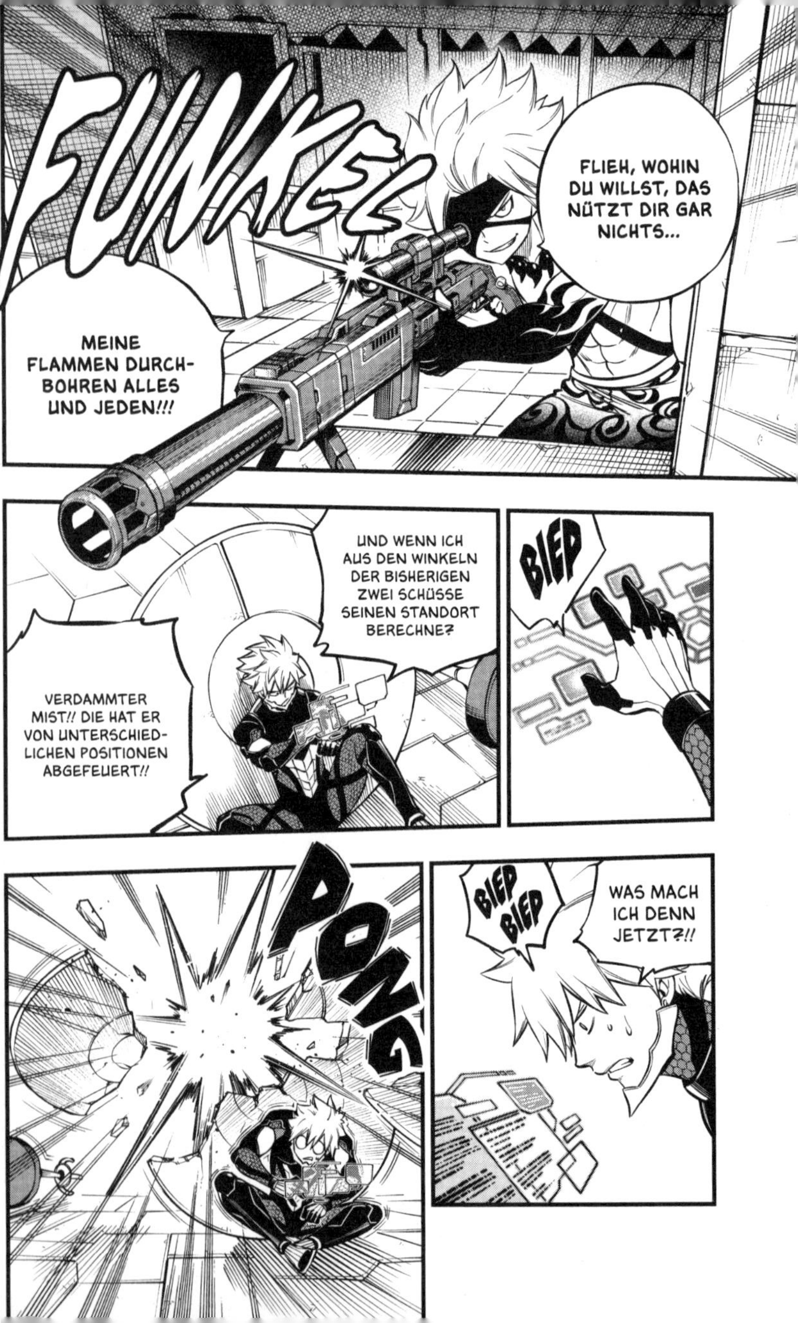
FUNKEL
FLIEH, WOHIN DU WILLST, DAS NÜTZT DIR GAR NICHTS...
MEINE FLAMMEN DURCHBOHREN ALLES UND JEDEN!!!
BIEP
UND WENN ICH AUS DEN WINKELN DER BISHERIGEN ZWEI SCHÜSSE SEINEN STANDORT BERECHNE?
VERDAMMTER MIST!! DIE HAT ER VON UNTERSCHIEDLICHEN POSITIONEN ABGEFEUERT!!
BIEP BIEP
WAS MACH ICH DENN JETZT?!!
PONG

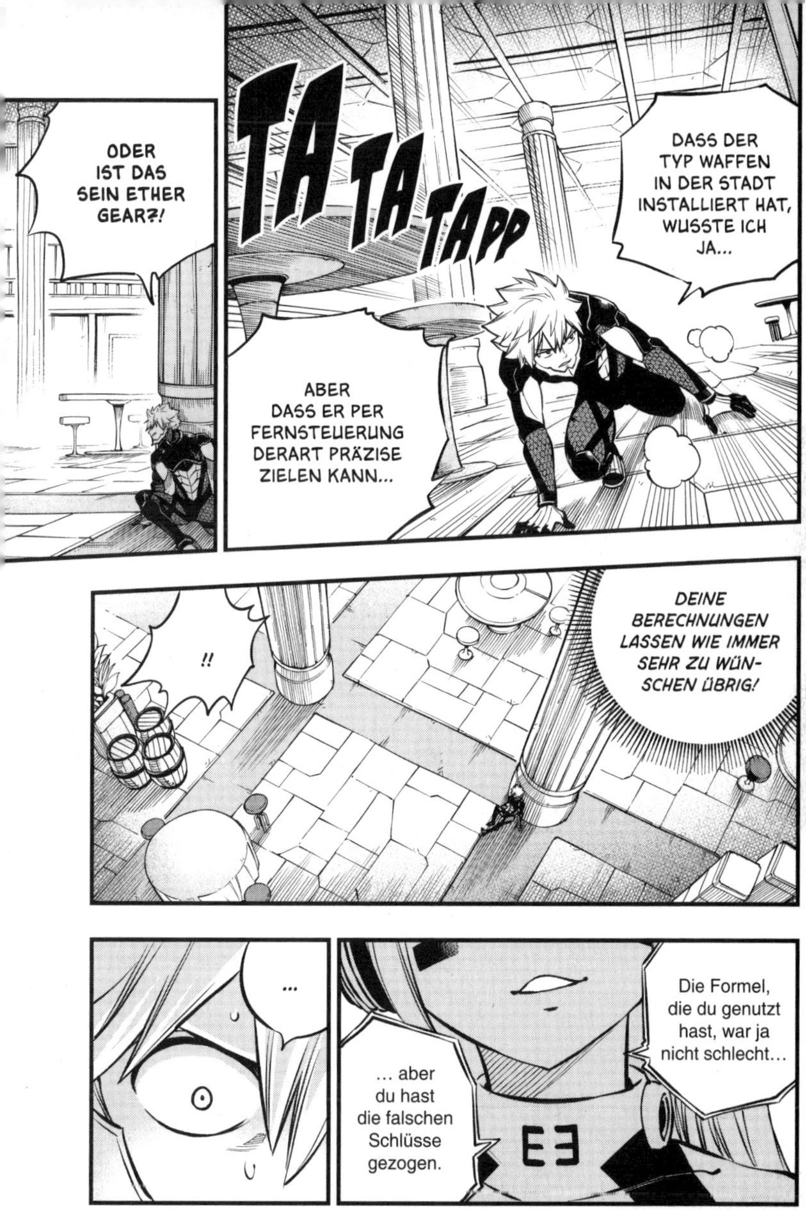
DASS DER TYP WAFFEN IN DER STADT INSTALLIERT HAT, WUSSTE ICH JA…
TA TA TAPP
ABER DASS ER PER FERNSTEUERUNG DERART PRÄZISE ZIELEN KANN…
ODER IST DAS SEIN ETHER GEAR?!
DEINE BERECHNUNGEN LASSEN WIE IMMER SEHR ZU WÜN-SCHEN ÜBRIG!
!!
Die Formel, die du genutzt hast, war ja nicht schlecht…
… aber du hast die falschen Schlüsse gezogen.
…

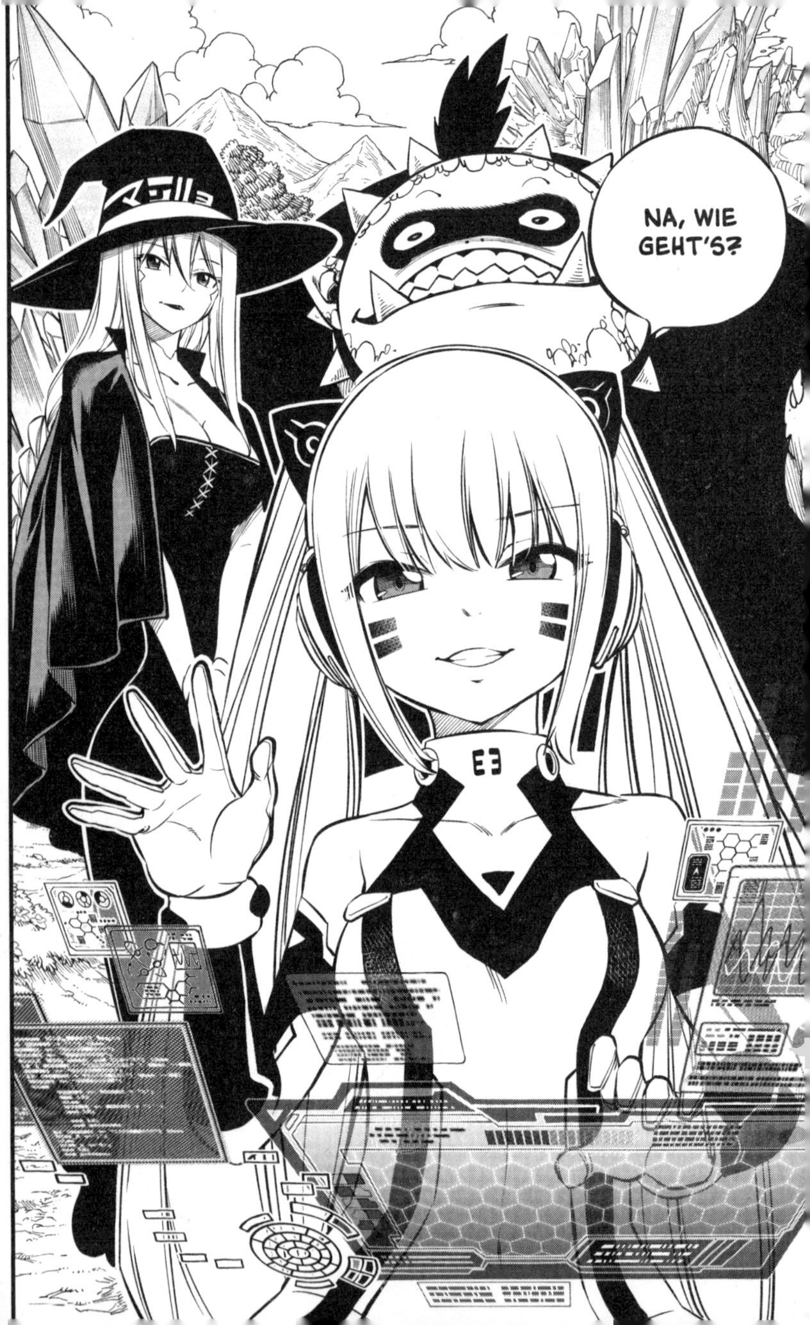
NA, WIE GEHT'S?

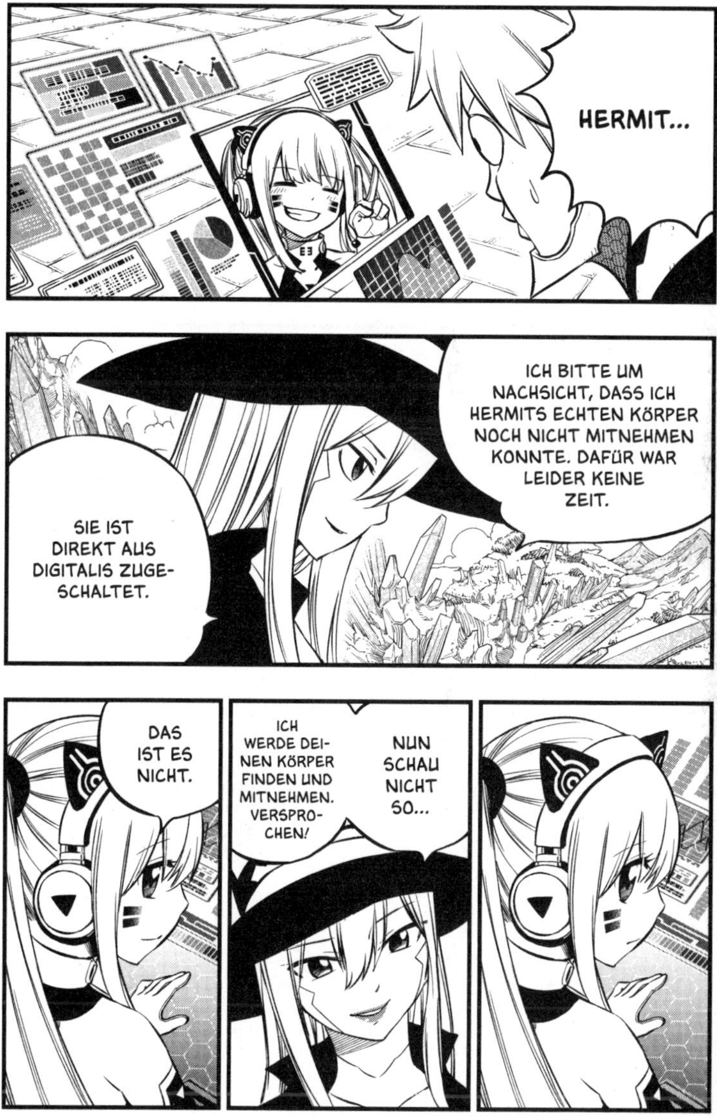
HERMIT...
ICH BITTE UM NACHSICHT, DASS ICH HERMITS ECHTEN KÖRPER NOCH NICHT MITNEHMEN KONNTE. DAFÜR WAR LEIDER KEINE ZEIT.
SIE IST DIREKT AUS DIGITALIS ZUGE-SCHALTET.
NUN SCHAU NICHT SO...
ICH WERDE DEI-NEN KÖRPER FINDEN UND MITNEHMEN. VERSPRO-CHEN!
DAS IST ES NICHT.

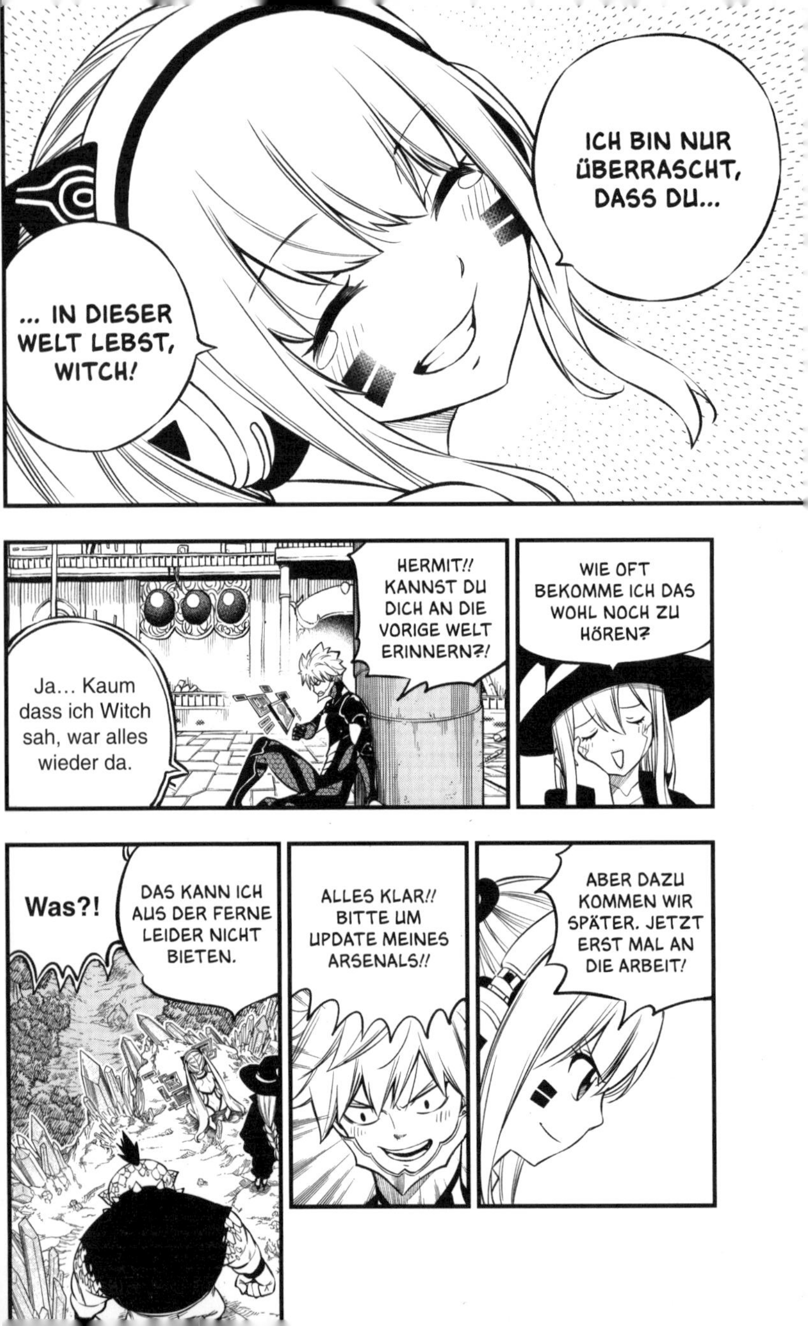
ICH BIN NUR ÜBERRASCHT, DASS DU...
... IN DIESER WELT LEBST, WITCH!
HERMIT!! KANNST DU DICH AN DIE VORIGE WELT ERINNERN?!
Ja... Kaum dass ich Witch sah, war alles wieder da.
WIE OFT BEKOMME ICH DAS WOHL NOCH ZU HÖREN?
DAS KANN ICH AUS DER FERNE LEIDER NICHT BIETEN.
Was?!
ALLES KLAR!! BITTE UM UPDATE MEINES ARSENALS!!
ABER DAZU KOMMEN WIR SPÄTER. JETZT ERST MAL AN DIE ARBEIT!

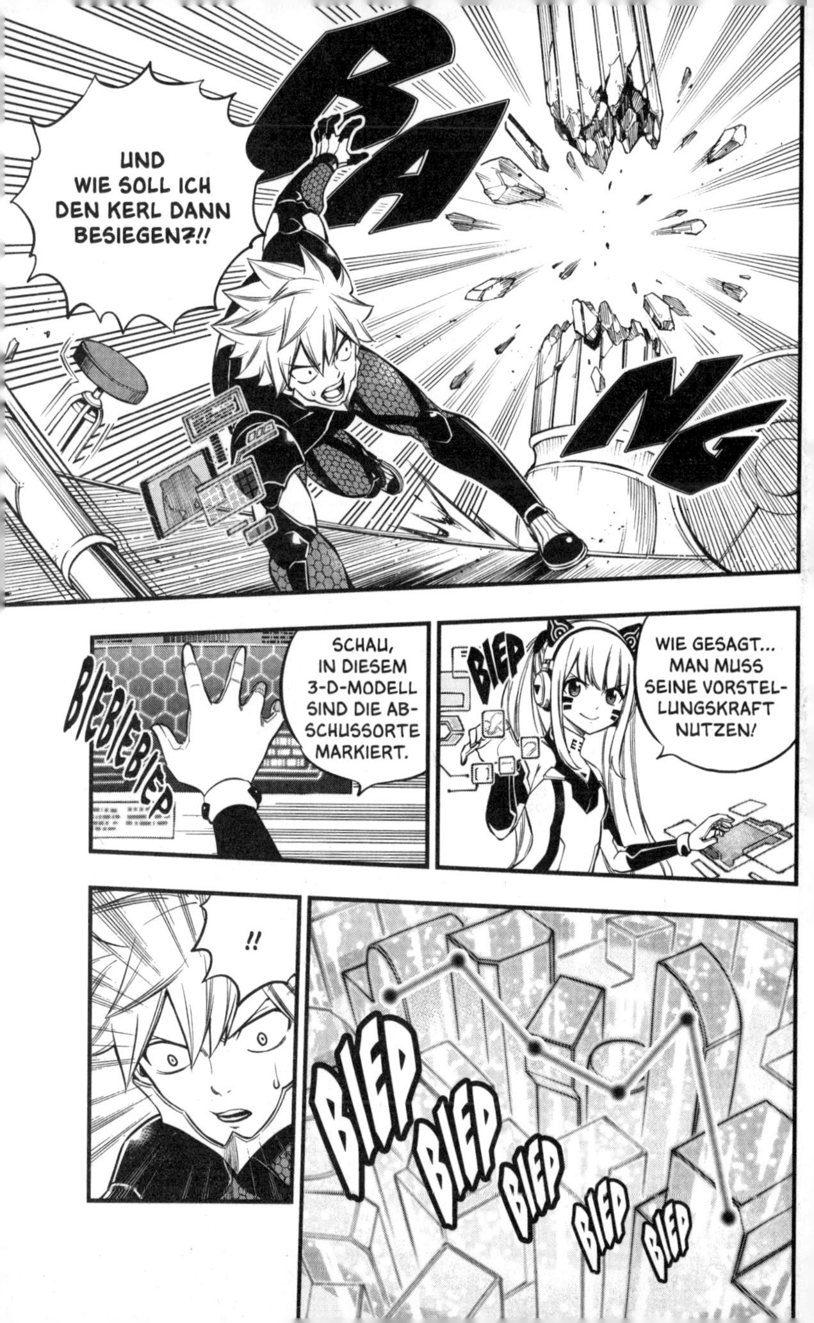
BANG
UND WIE SOLL ICH DEN KERL DANN BESIEGEN?!!
BIEBIEBIEBIEP
SCHAU, IN DIESEM 3-D-MODELL SIND DIE AB-SCHUSSORTE MARKIERT.
BIEP
WIE GESAGT... MAN MUSS SEINE VORSTEL-LUNGSKRAFT NUTZEN!
!!
BIEP
BIEP
BIEP
BIEP
BIEP

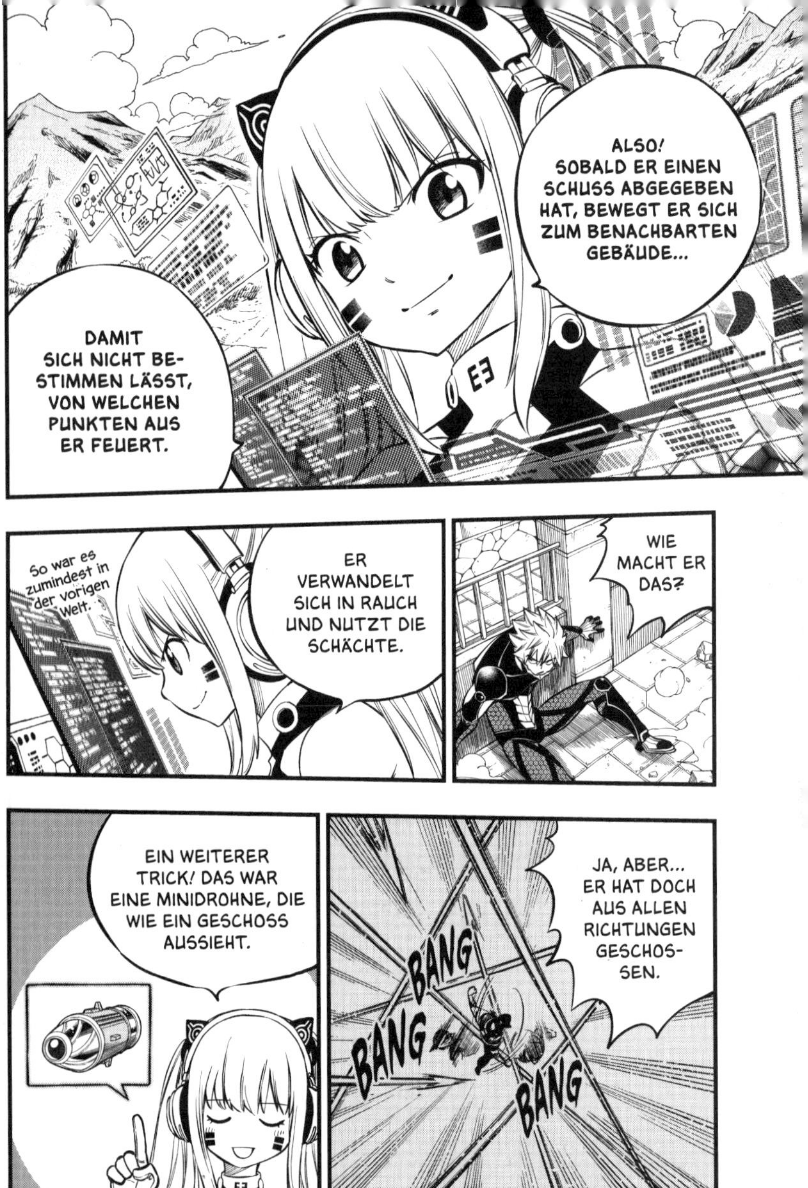
ALSO! SOBALD ER EINEN SCHUSS ABGEGEBEN HAT, BEWEGT ER SICH ZUM BENACHBARTEN GEBÄUDE...
DAMIT SICH NICHT BESTIMMEN LÄSST, VON WELCHEN PUNKTEN AUS ER FEUERT.
WIE MACHT ER DAS?
ER VERWANDELT SICH IN RAUCH UND NUTZT DIE SCHÄCHTE.
So war es zumindest in der vorigen Welt.
JA, ABER... ER HAT DOCH AUS ALLEN RICHTUNGEN GESCHOSSEN.
BANG
BANG
BANG
EIN WEITERER TRICK! DAS WAR EINE MINIDROHNE, DIE WIE EIN GESCHOSS AUSSIEHT.

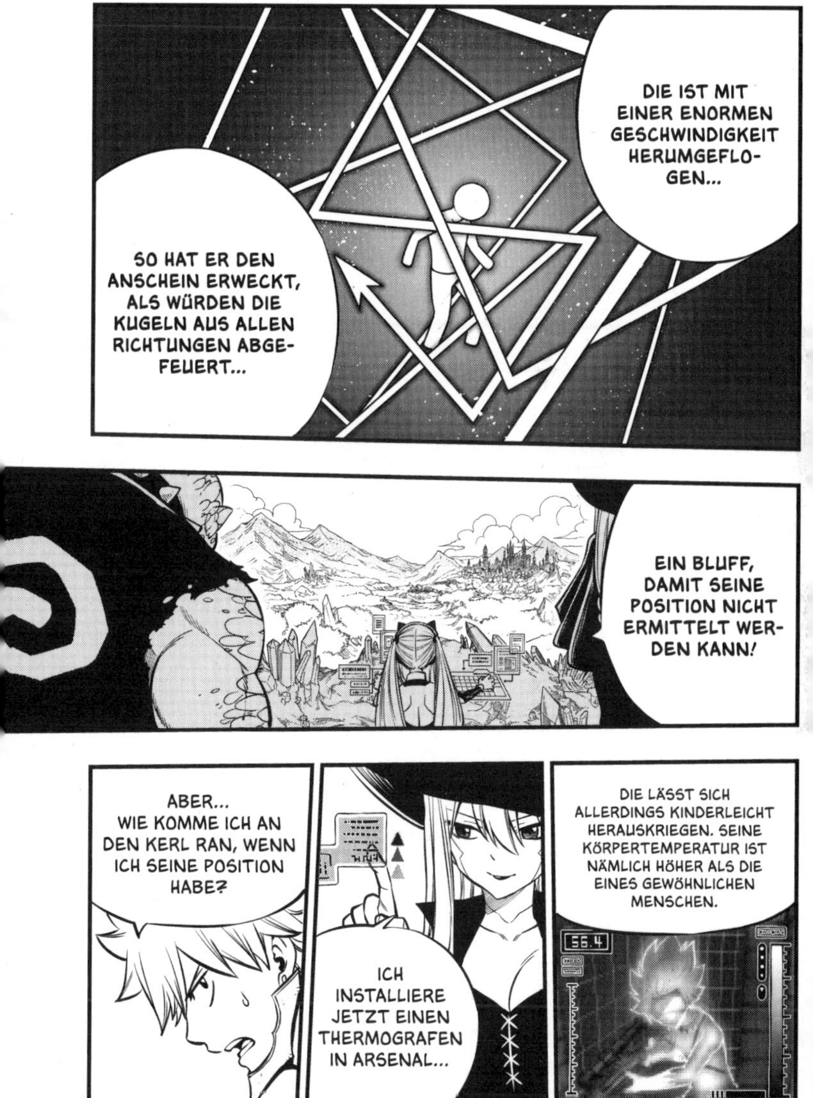
DIE IST MIT EINER ENORMEN GESCHWINDIGKEIT HERUMGEFLO-GEN...
SO HAT ER DEN ANSCHEIN ERWECKT, ALS WÜRDEN DIE KUGELN AUS ALLEN RICHTUNGEN ABGE-FEUERT...
EIN BLUFF, DAMIT SEINE POSITION NICHT ERMITTELT WER-DEN KANN!
DIE LÄSST SICH ALLERDINGS KINDERLEICHT HERAUSKRIEGEN. SEINE KÖRPERTEMPERATUR IST NÄMLICH HÖHER ALS DIE EINES GEWÖHNLICHEN MENSCHEN.
56.4
ICH INSTALLIERE JETZT EINEN THERMOGRAFEN IN ARSENAL...
ABER... WIE KOMME ICH AN DEN KERL RAN, WENN ICH SEINE POSITION HABE?

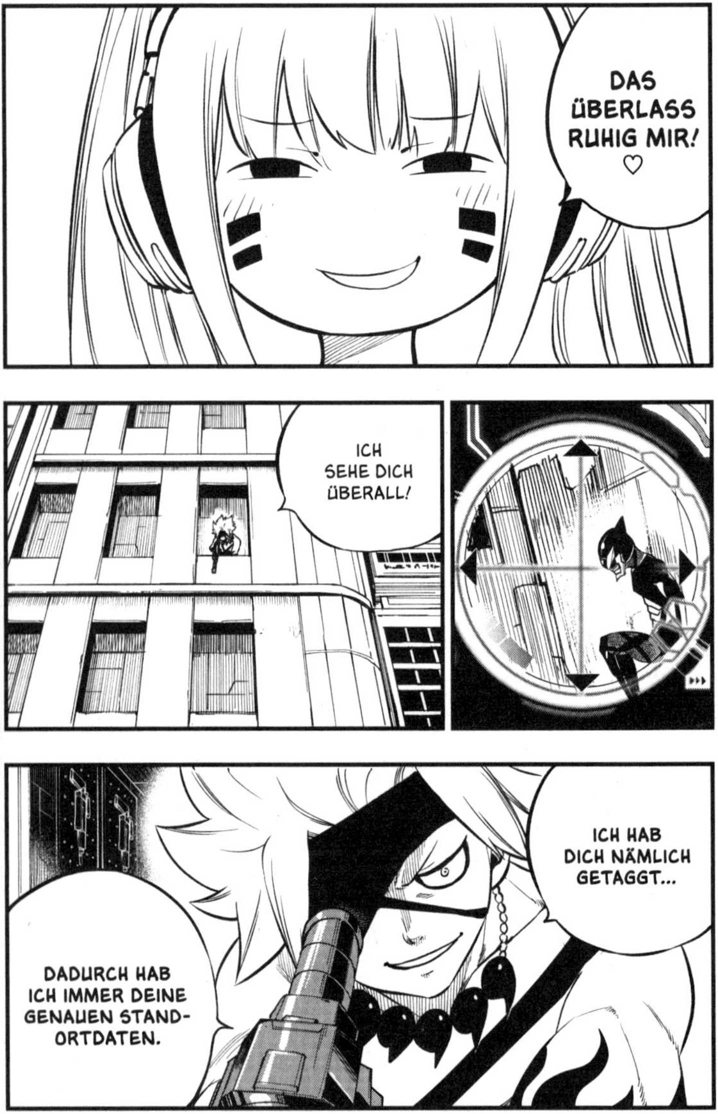
DAS ÜBERLASS RUHIG MIR! ♡
ICH SEHE DICH ÜBERALL!
ICH HAB DICH NÄMLICH GETAGGT...
DADURCH HAB ICH IMMER DEINE GENAUEN STAND-ORTDATEN.

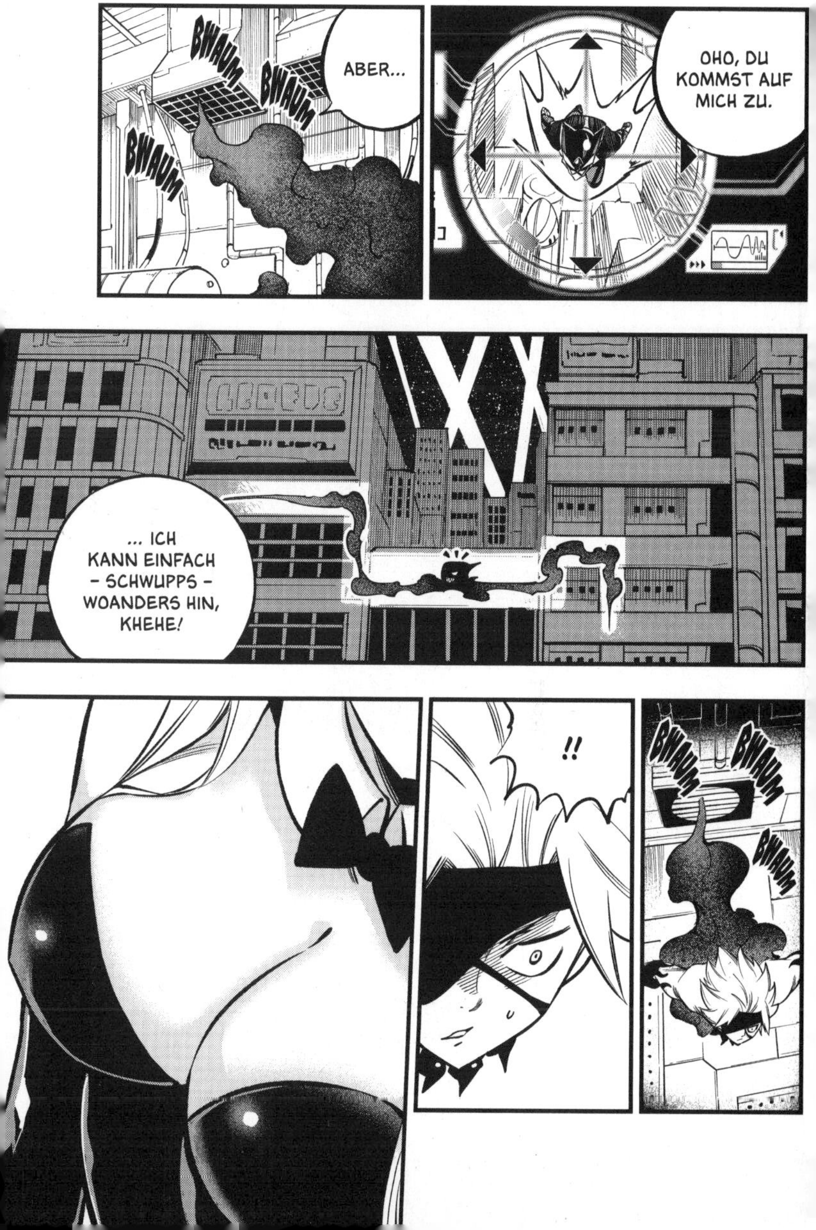
BWAUM
BWAUM
BWAUM
ABER...
OHO, DU KOMMST AUF MICH ZU.
... ICH KANN EINFACH – SCHWUPPS – WOANDERS HIN, KHEHE!
!!
BWAUM
BWAUM
BWAUM

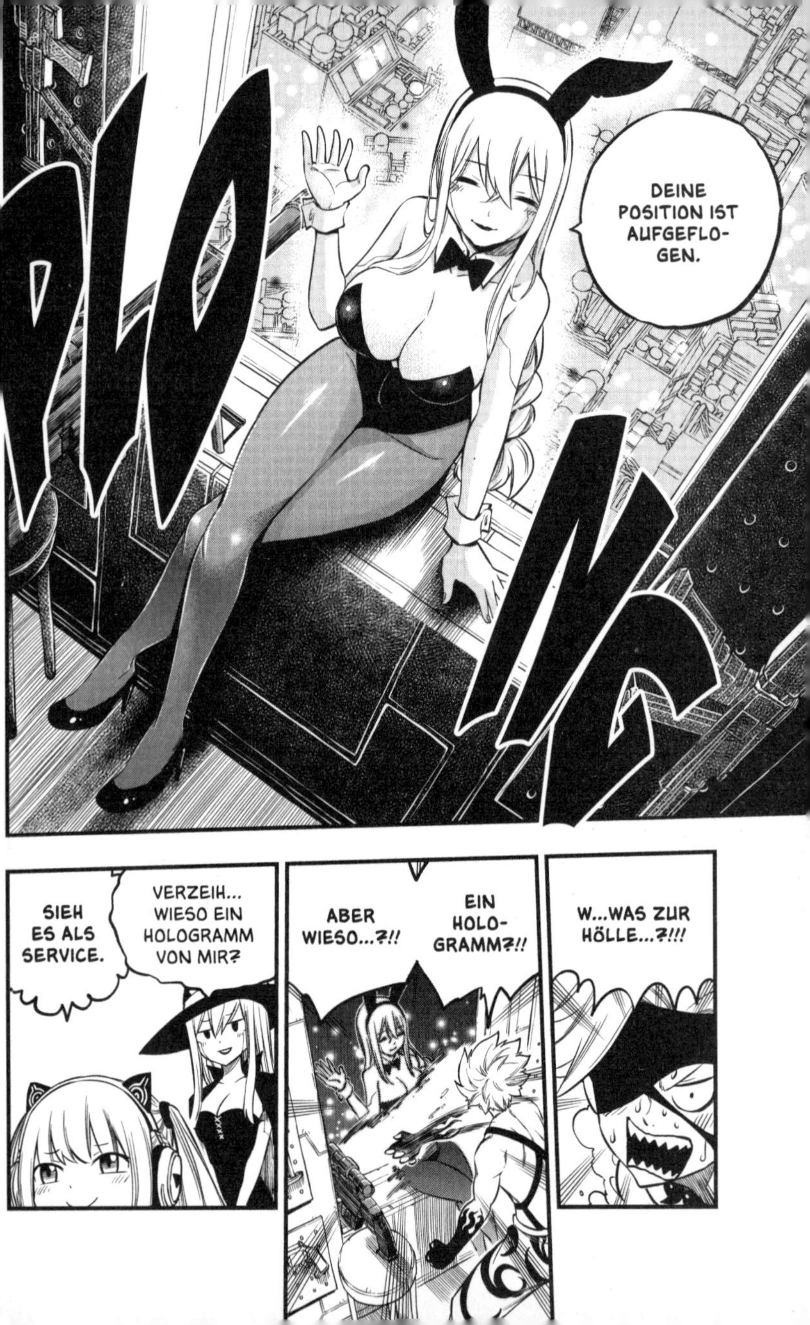
DEINE POSITION IST AUFGEFLO-GEN.
W...WAS ZUR HÖLLE...?!!!
EIN HOLO-GRAMM?!!
ABER WIESO...?!!
VERZEIH... WIESO EIN HOLOGRAMM VON MIR?
SIEH ES ALS SERVICE.

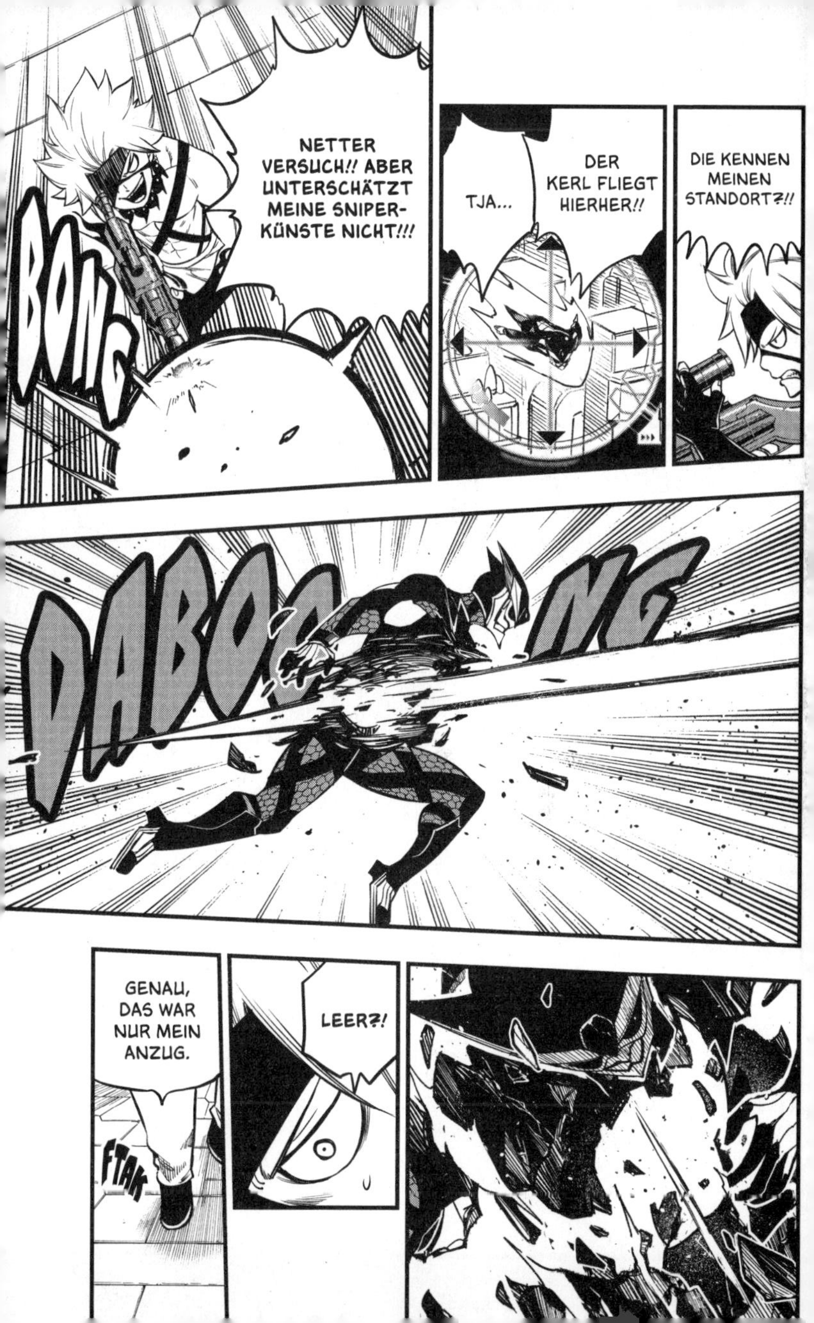
DIE KENNEN MEINEN STANDORT?!!
DER KERL FLIEGT HIERHER!!
TJA...
NETTER VERSUCH!! ABER UNTERSCHÄTZT MEINE SNIPER-KÜNSTE NICHT!!!
BONG
DABOO NG
LEER?!
GENAU, DAS WAR NUR MEIN ANZUG.
FTAK

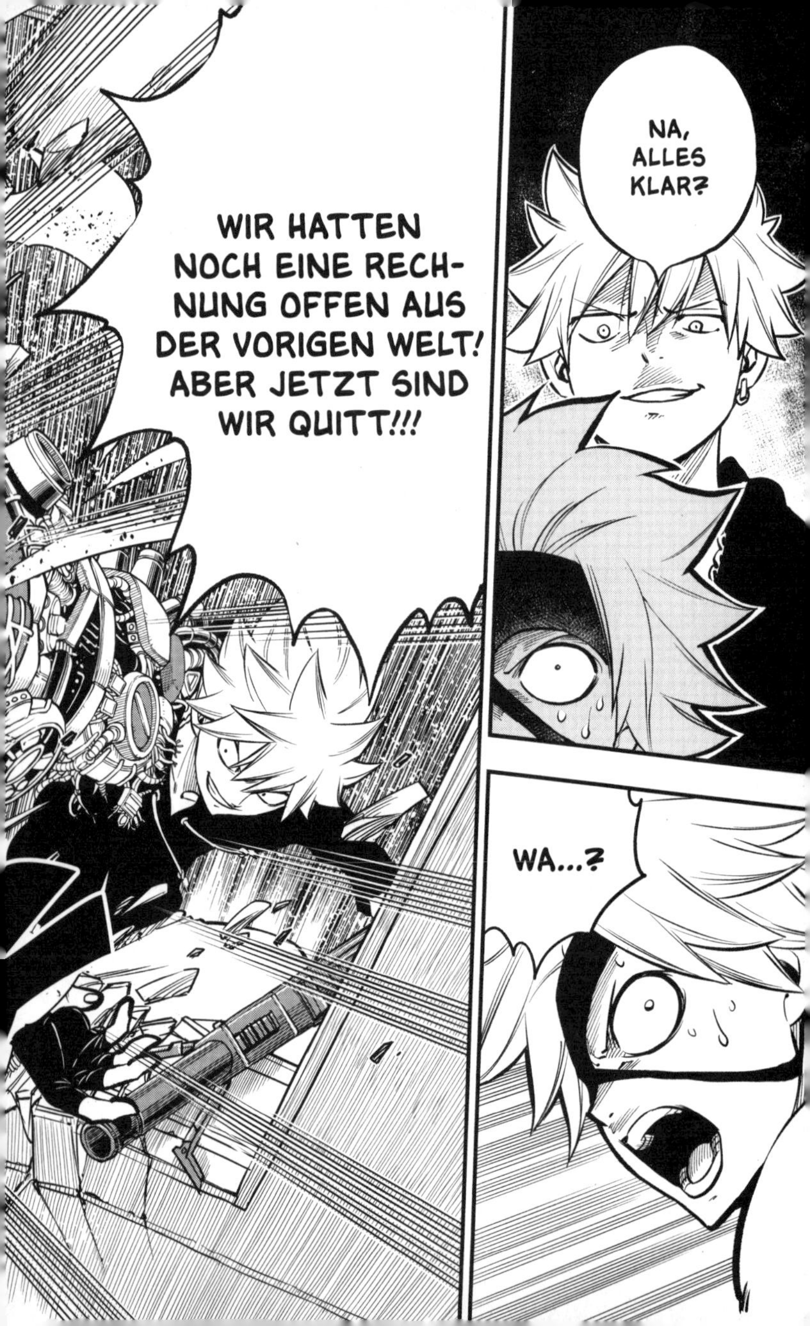
NA,
ALLES
KLAR?
WIR HATTEN
NOCH EINE RECH-
NUNG OFFEN AUS
DER VORIGEN WELT!
ABER JETZT SIND
WIR QUITT!!!
WA...?

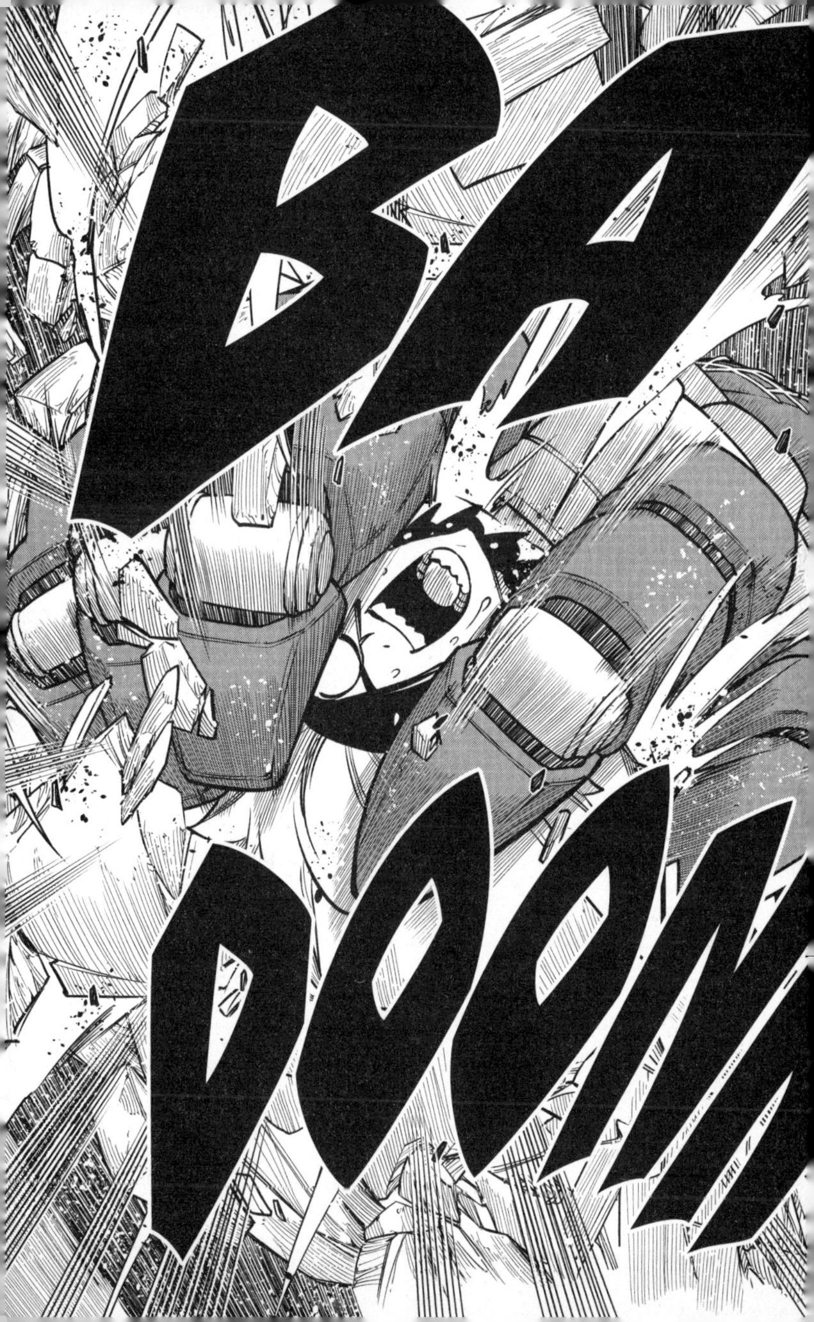
BADOOM

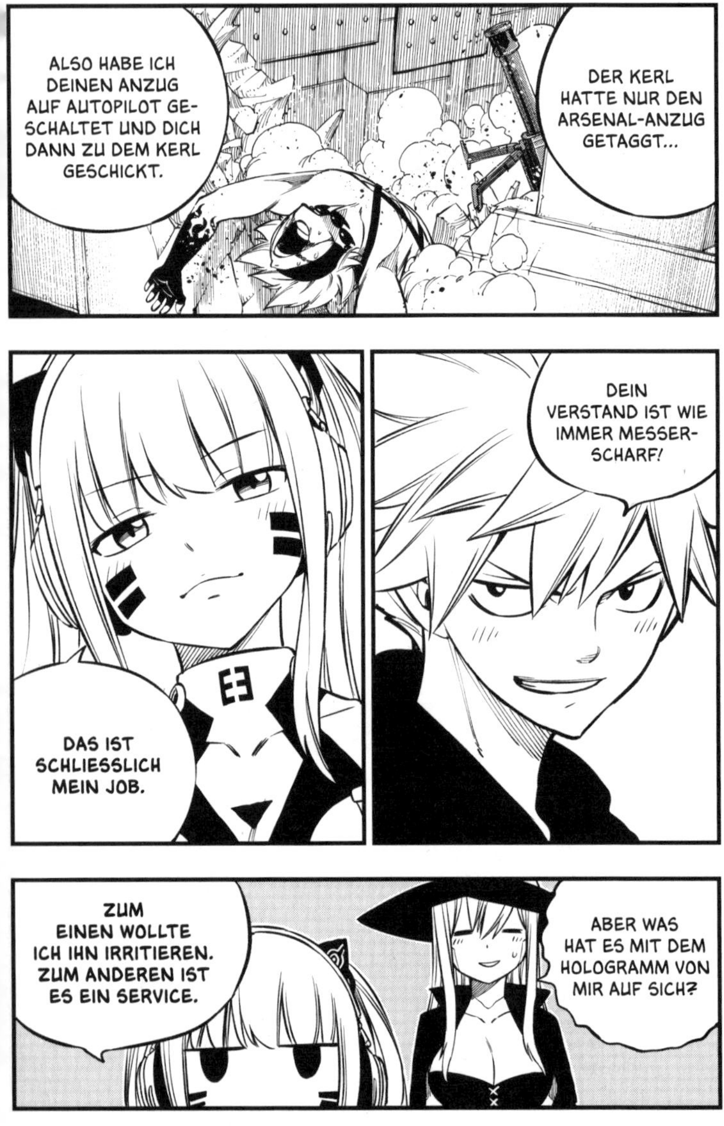
DER KERL HATTE NUR DEN ARSENAL-ANZUG GETAGGT...
ALSO HABE ICH DEINEN ANZUG AUF AUTOPILOT GESCHALTET UND DICH DANN ZU DEM KERL GESCHICKT.
DEIN VERSTAND IST WIE IMMER MESSERSCHARF!
DAS IST SCHLIESSLICH MEIN JOB.
ABER WAS HAT ES MIT DEM HOLOGRAMM VON MIR AUF SICH?
ZUM EINEN WOLLTE ICH IHN IRRITIEREN. ZUM ANDEREN IST ES EIN SERVICE.

EDENS ZERO

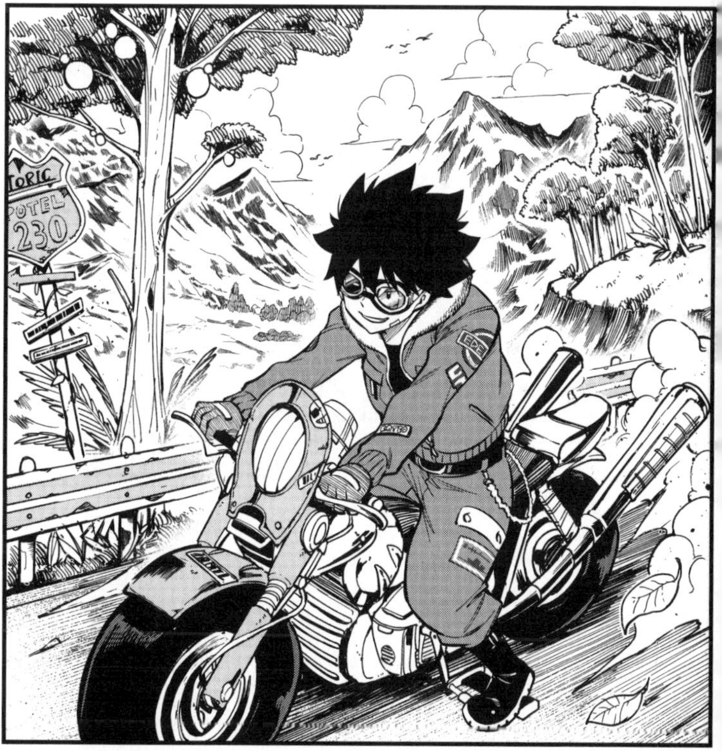

KAPITEL 230: DIE FORM VON ETHER

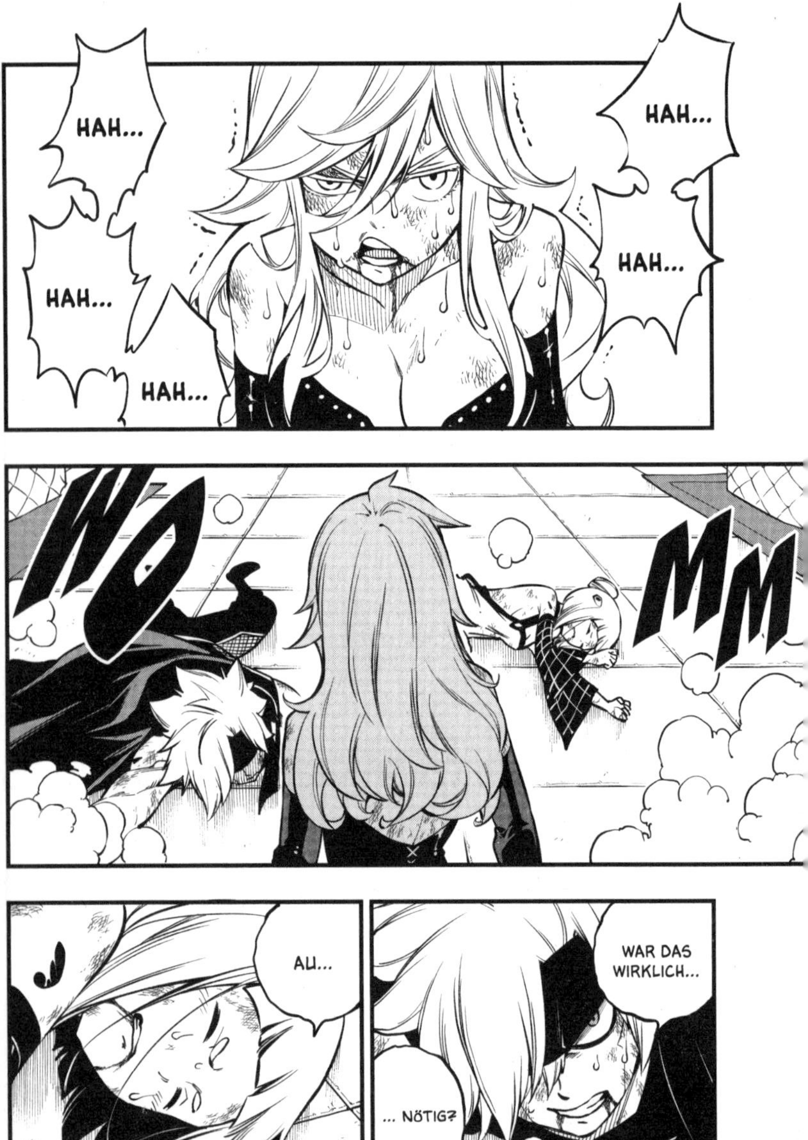
HAH...
HAH...
HAH...
HAH...
HAH...
WOMM
WAR DAS WIRKLICH...
... NÖTIG?
AU...

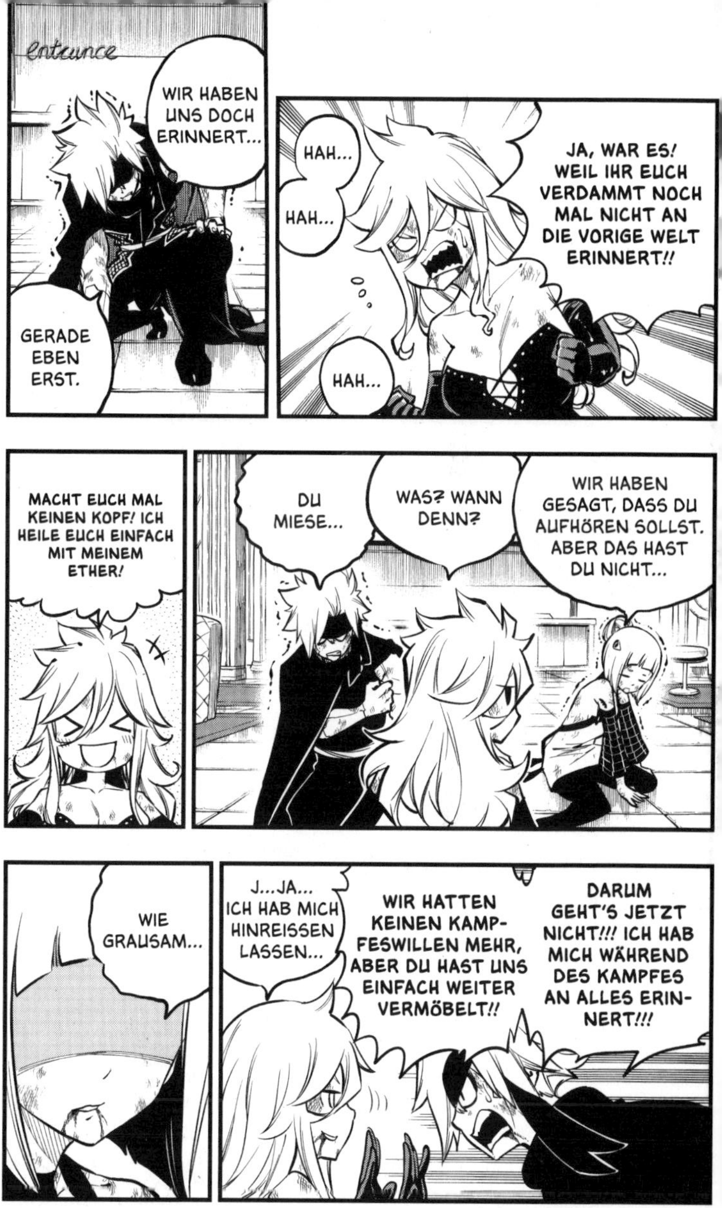
Entrance
WIR HABEN UNS DOCH ERINNERT…
GERADE EBEN ERST.
HAH…
HAH…
HAH…
JA, WAR ES! WEIL IHR EUCH VERDAMMT NOCH MAL NICHT AN DIE VORIGE WELT ERINNERT!!
WIR HABEN GESAGT, DASS DU AUFHÖREN SOLLST. ABER DAS HAST DU NICHT…
WAS? WANN DENN?
DU MIESE…
MACHT EUCH MAL KEINEN KOPF! ICH HEILE EUCH EINFACH MIT MEINEM ETHER!
DARUM GEHT'S JETZT NICHT!!! ICH HAB MICH WÄHREND DES KAMPFES AN ALLES ERINNERT!!!
WIR HATTEN KEINEN KAMPFESWILLEN MEHR, ABER DU HAST UNS EINFACH WEITER VERMÖBELT!!
J…JA… ICH HAB MICH HINREISSEN LASSEN…
WIE GRAUSAM…

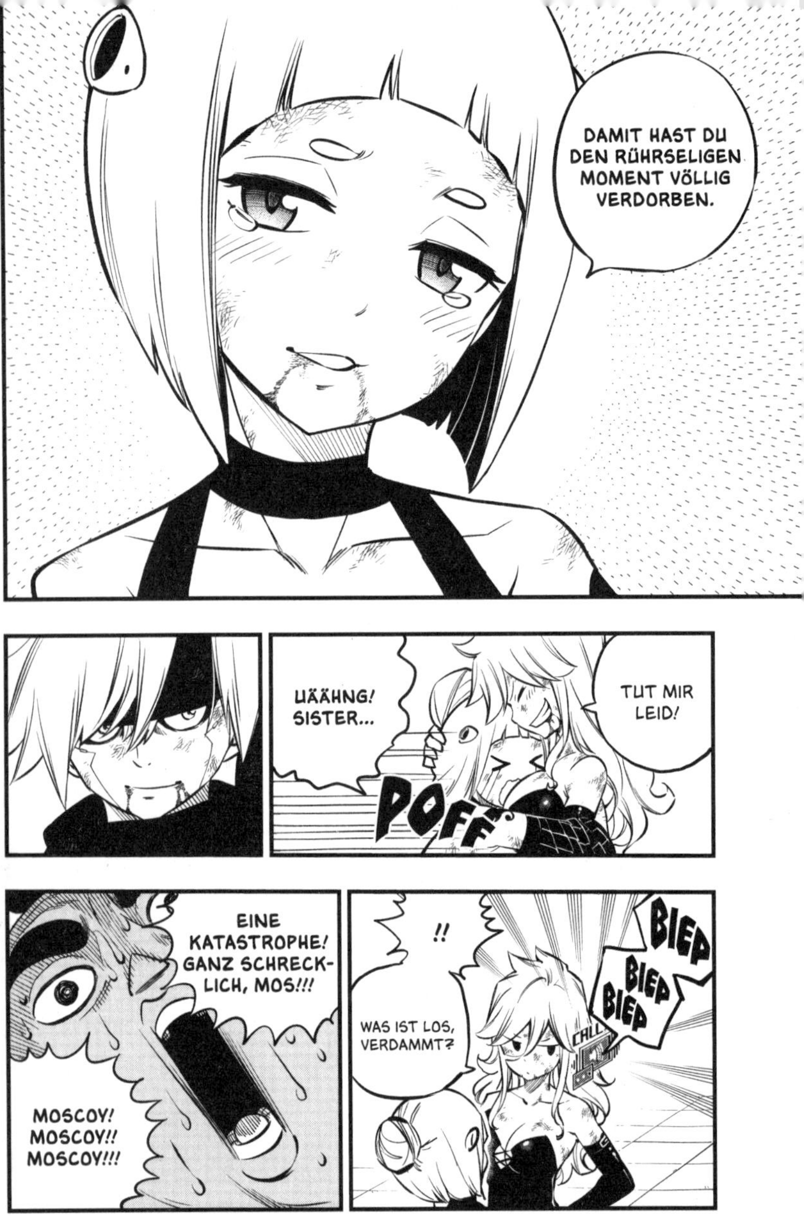
DAMIT HAST DU DEN RÜHRSELIGEN MOMENT VÖLLIG VERDORBEN.
UÄÄHNG! SISTER...
TUT MIR LEID!
POFF
EINE KATASTROPHE! GANZ SCHRECK-LICH, MOS!!!
MOSCOY! MOSCOY!! MOSCOY!!!
!!
WAS IST LOS, VERDAMMT?
BIEP
BIEP
BIEP

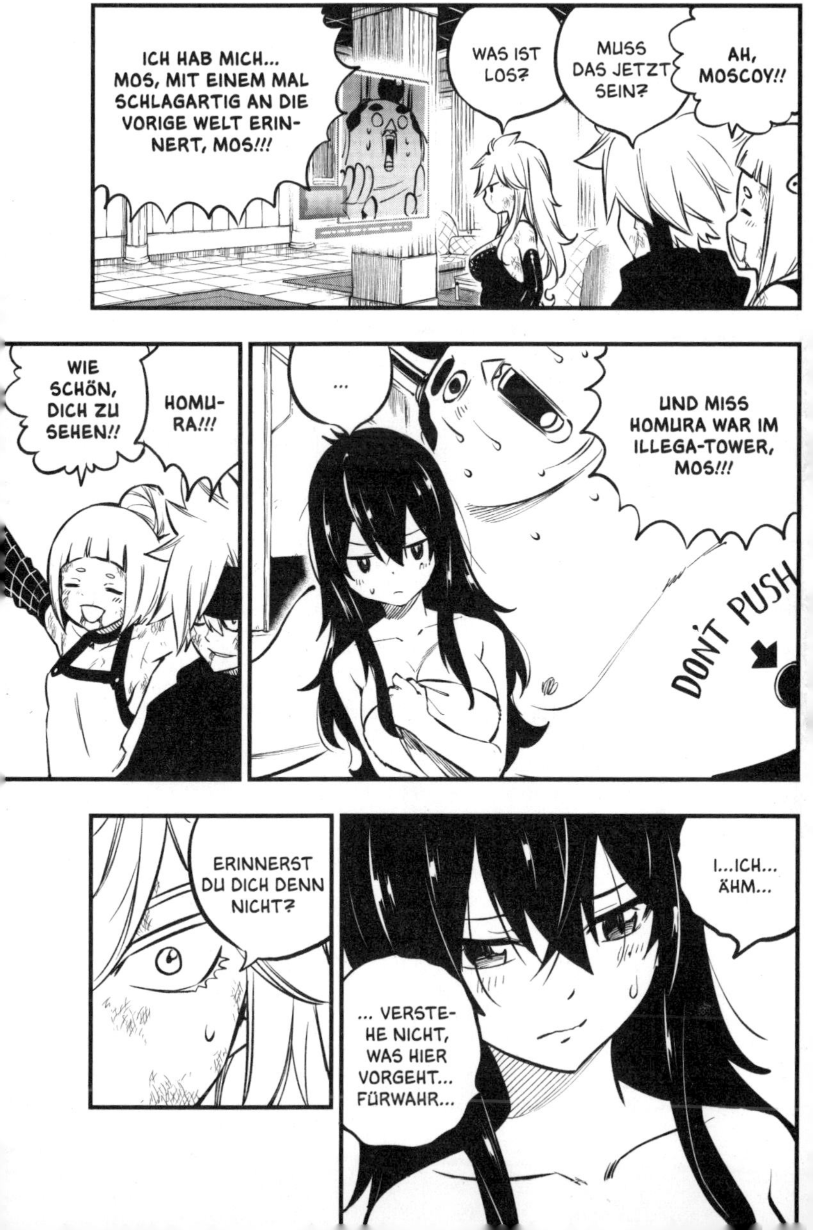
AH, MOSCOY!!
MUSS DAS JETZT SEIN?
WAS IST LOS?
ICH HAB MICH... MOS, MIT EINEM MAL SCHLAGARTIG AN DIE VORIGE WELT ERIN-NERT, MOS!!!
UND MISS HOMURA WAR IM ILLEGA-TOWER, MOS!!!
DON'T PUSH
...
HOMU-RA!!!
WIE SCHÖN, DICH ZU SEHEN!!
I...ICH... ÄHM...
... VERSTE-HE NICHT, WAS HIER VORGEHT... FÜRWAHR...
ERINNERST DU DICH DENN NICHT?

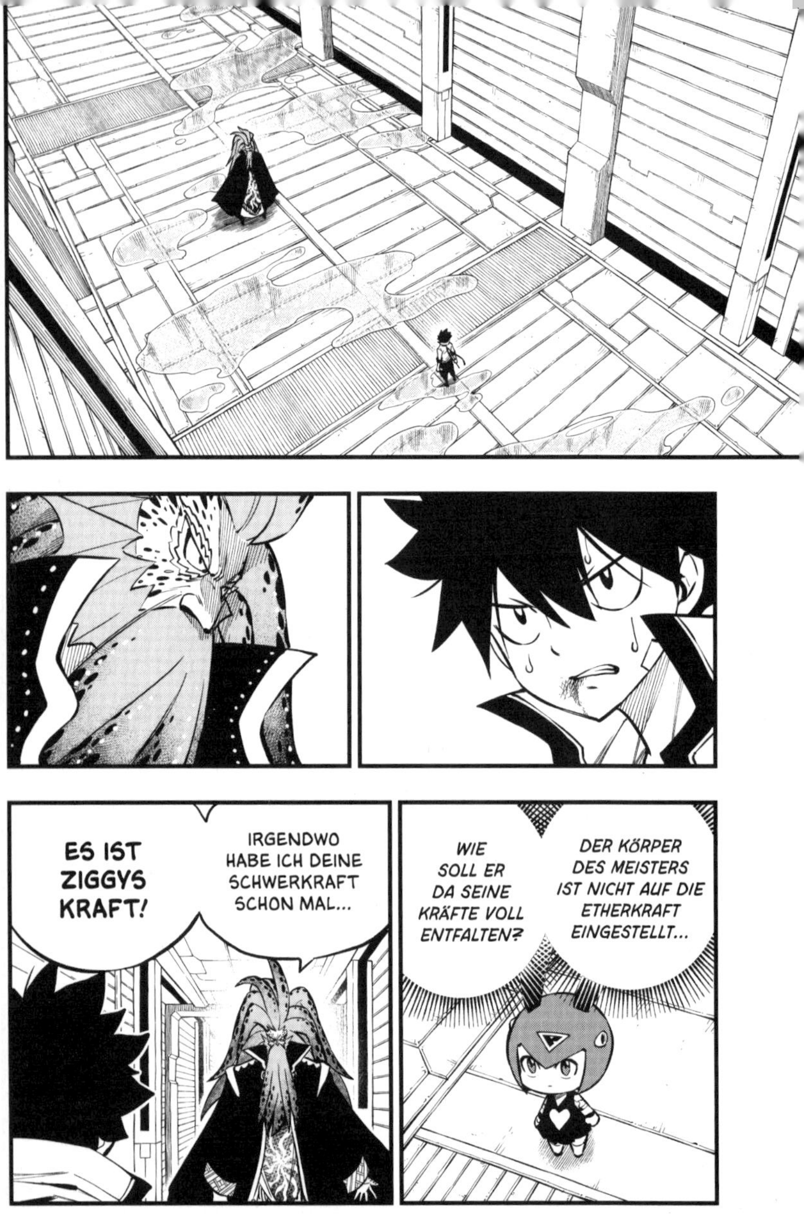
DER KÖRPER DES MEISTERS IST NICHT AUF DIE ETHERKRAFT EINGESTELLT...
WIE SOLL ER DA SEINE KRÄFTE VOLL ENTFALTEN?
IRGENDWO HABE ICH DEINE SCHWERKRAFT SCHON MAL...
ES IST ZIGGYS KRAFT!

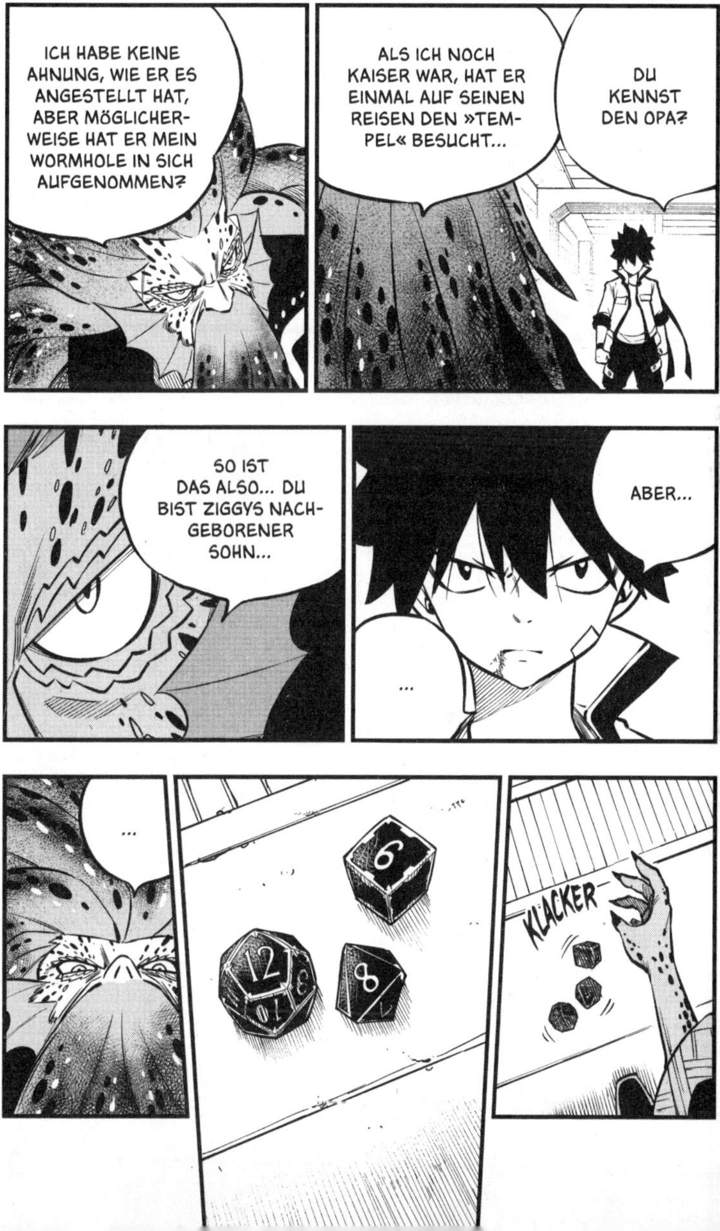
ICH HABE KEINE AHNUNG, WIE ER ES ANGESTELLT HAT, ABER MÖGLICHER-WEISE HAT ER MEIN WORMHOLE IN SICH AUFGENOMMEN?
DU KENNST DEN OPA?
ALS ICH NOCH KAISER WAR, HAT ER EINMAL AUF SEINEN REISEN DEN »TEMPEL« BESUCHT…
SO IST DAS ALSO… DU BIST ZIGGYS NACH-GEBORENER SOHN…
ABER…
…
…
KLACKER

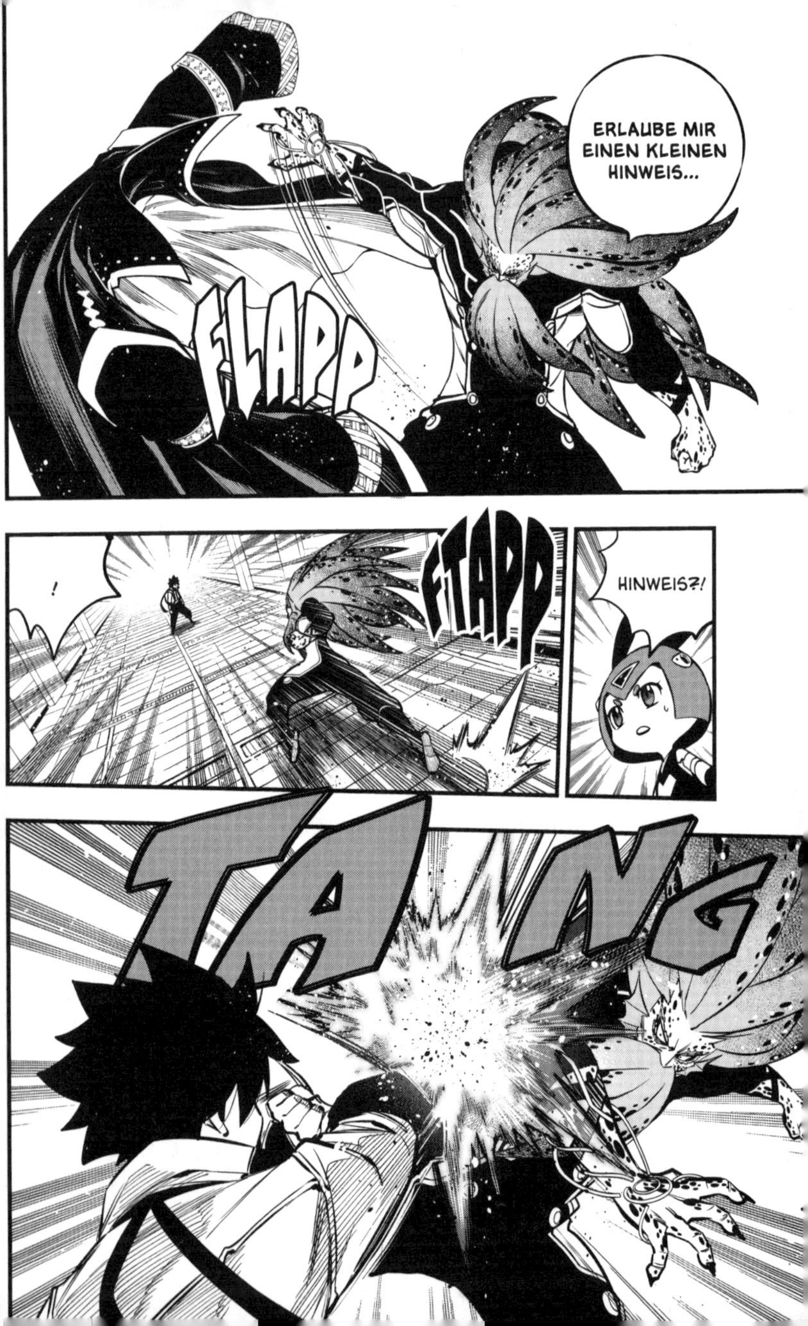
ERLAUBE MIR EINEN KLEINEN HINWEIS...
FLAPP
FTAPP
!
HINWEIS?!
TANG

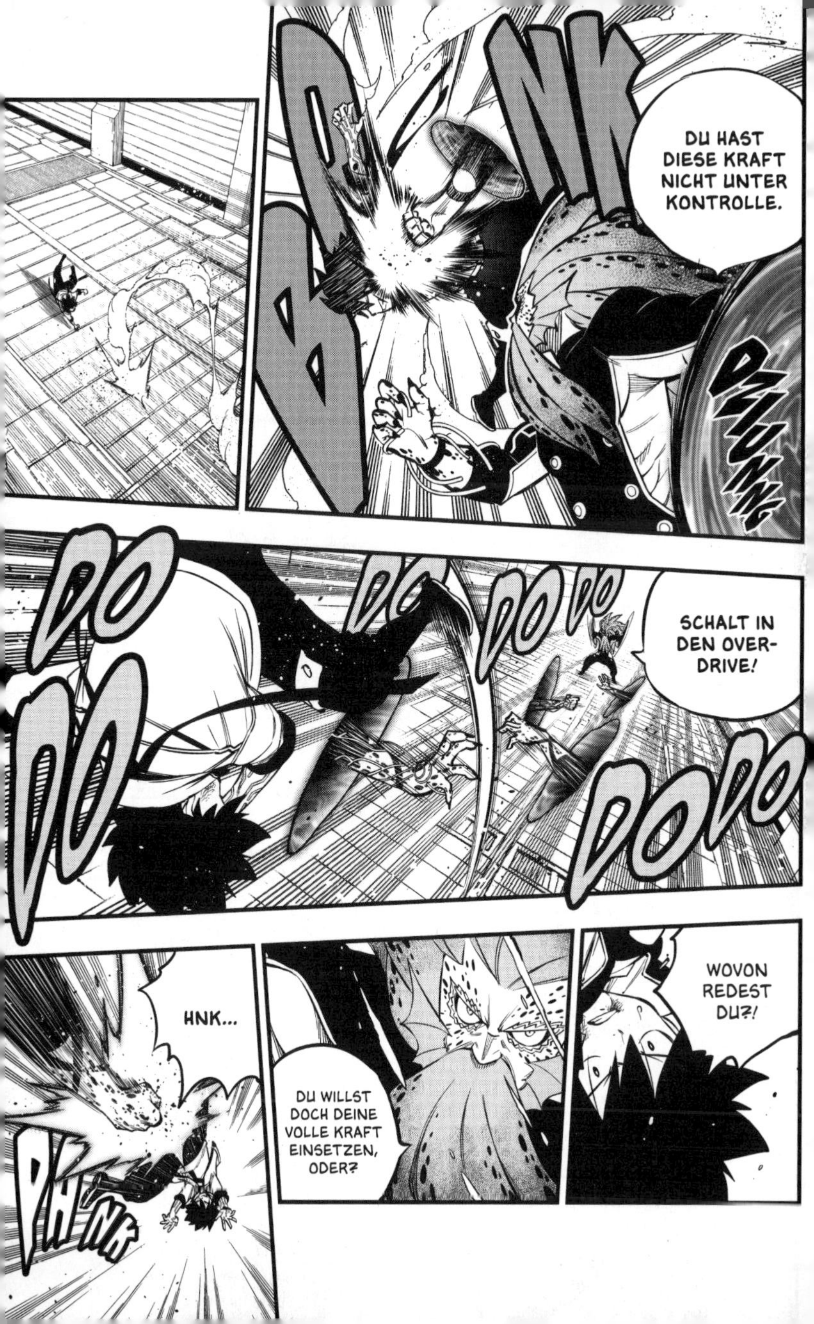
DU HAST DIESE KRAFT NICHT UNTER KONTROLLE.
SCHALT IN DEN OVER-DRIVE!
WOVON REDEST DU?!
DU WILLST DOCH DEINE VOLLE KRAFT EINSETZEN, ODER?
HNK...

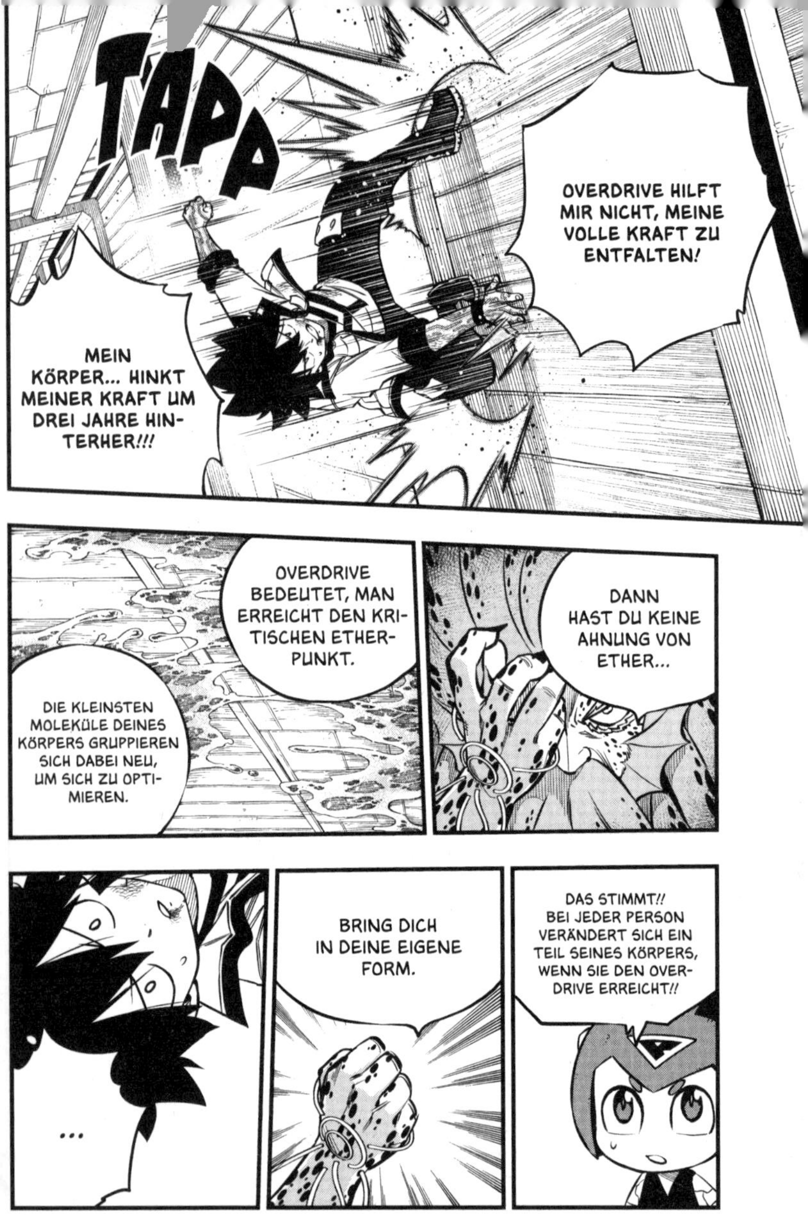
TAPP
OVERDRIVE HILFT MIR NICHT, MEINE VOLLE KRAFT ZU ENTFALTEN!
MEIN KÖRPER... HINKT MEINER KRAFT UM DREI JAHRE HIN-TERHER!!!
DANN HAST DU KEINE AHNUNG VON ETHER...
OVERDRIVE BEDEUTET, MAN ERREICHT DEN KRI-TISCHEN ETHER-PUNKT.
DIE KLEINSTEN MOLEKÜLE DEINES KÖRPERS GRUPPIEREN SICH DABEI NEU, UM SICH ZU OPTI-MIEREN.
DAS STIMMT!! BEI JEDER PERSON VERÄNDERT SICH EIN TEIL SEINES KÖRPERS, WENN SIE DEN OVER-DRIVE ERREICHT!!
BRING DICH IN DEINE EIGENE FORM.
...

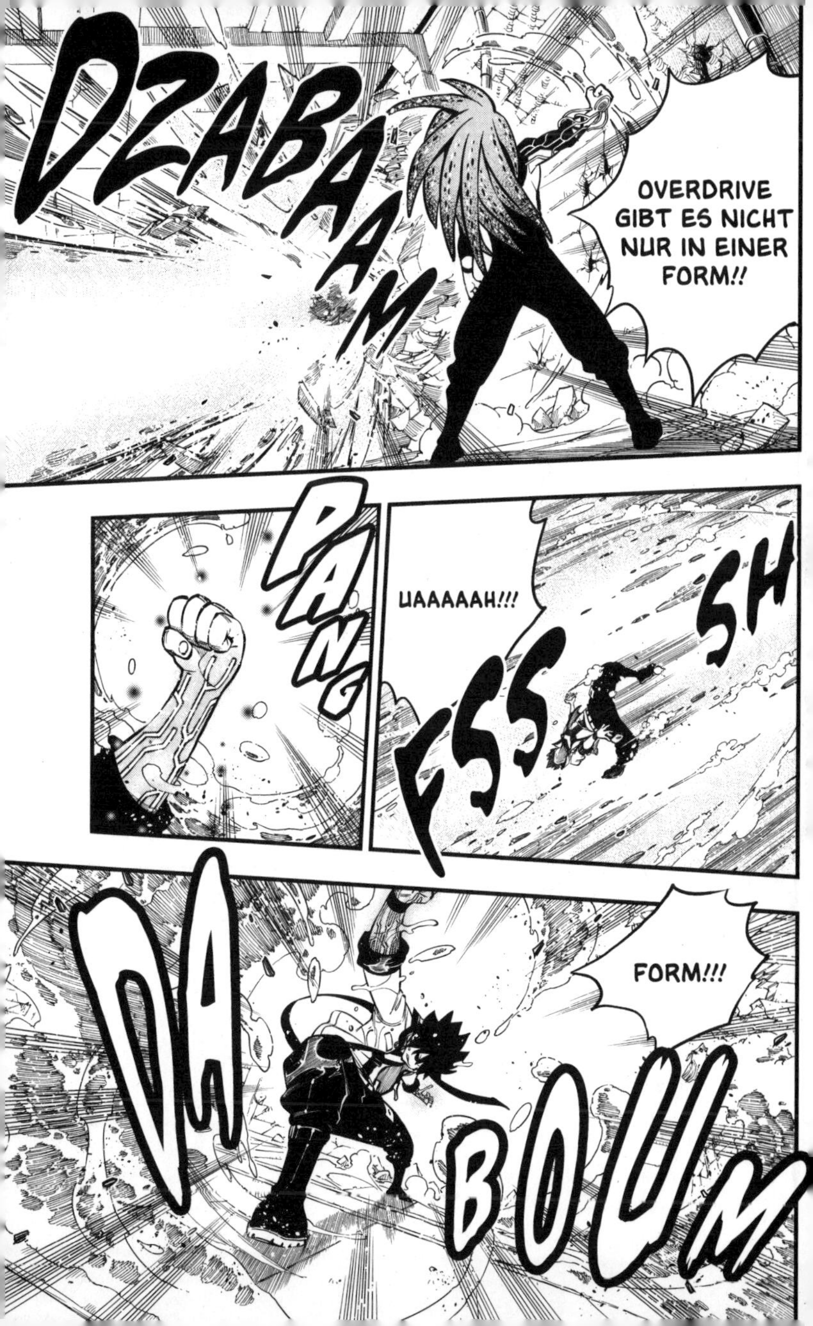
DZABAAM
OVERDRIVE GIBT ES NICHT NUR IN EINER FORM!!
UAAAAAH!!!
FSSSH
PANG
FORM!!!
DABOUM

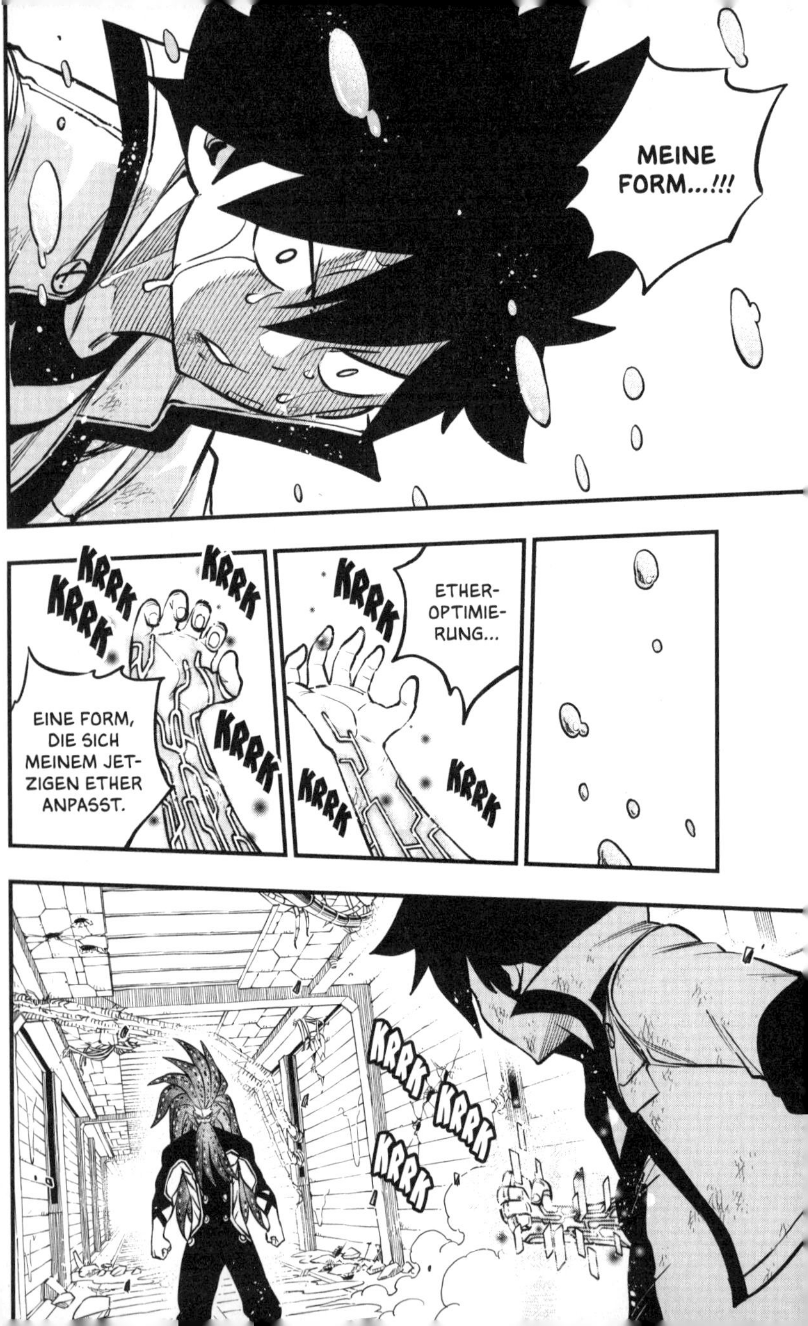
MEINE FORM...!!!
ETHER-OPTIMIE-RUNG...
KRRK
KRRK
KRRK
EINE FORM, DIE SICH MEINEM JET-ZIGEN ETHER ANPASST.
KRRK
KRRK
KRRK
KRRK
KRRK
KRRK
KRRK
KRRK

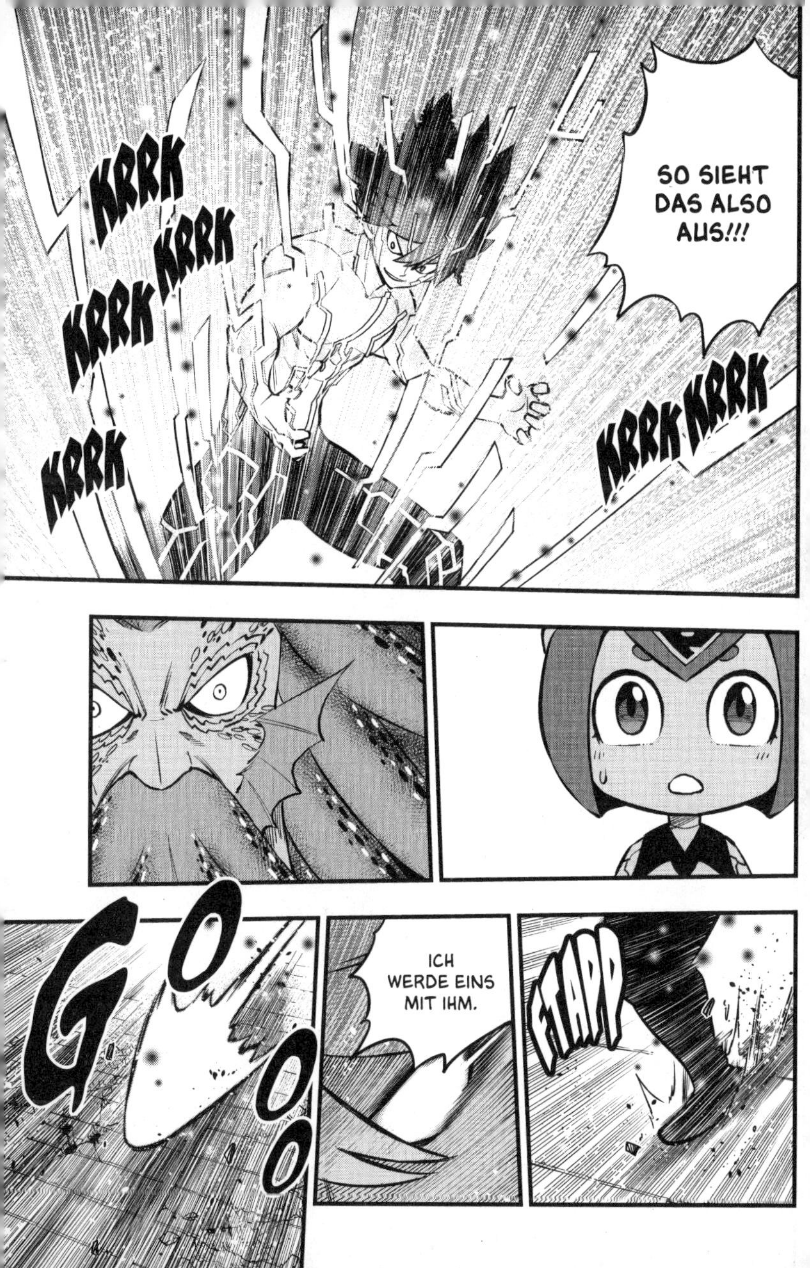
SO SIEHT DAS ALSO AUS!!!
KRRK KRRK
KRRK KRRK KRRK
KRRK
STAPP
ICH WERDE EINS MIT IHM.
GOOOO

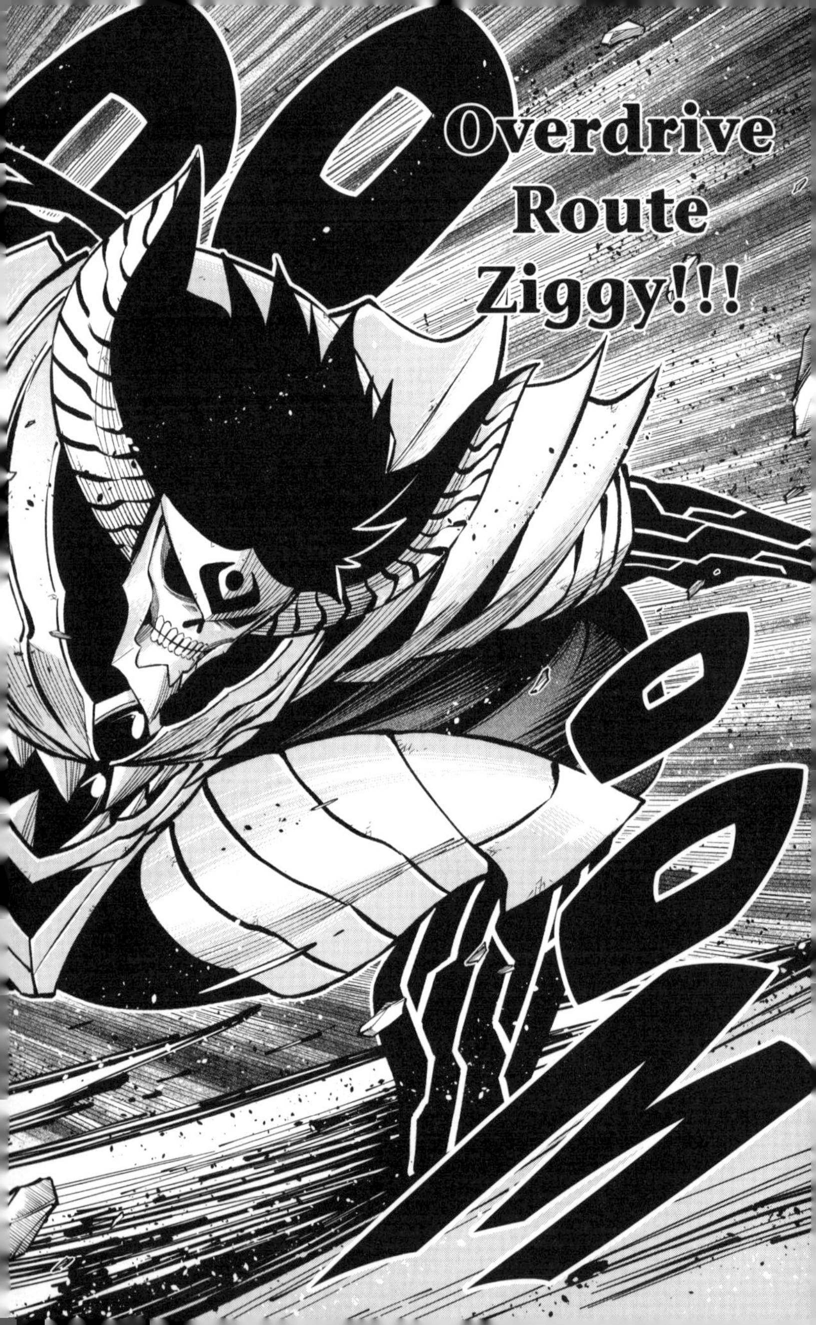
Overdrive
Route
Ziggy!!!

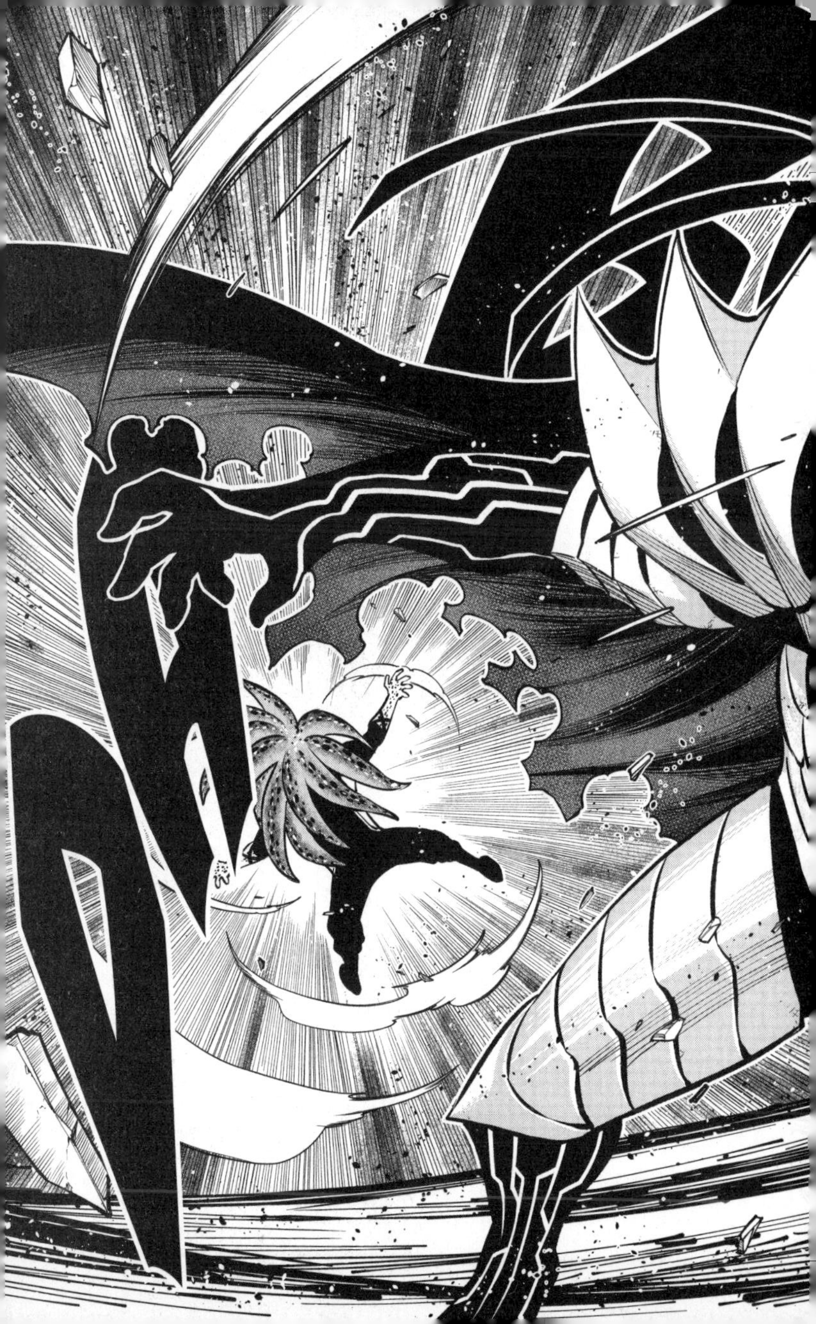

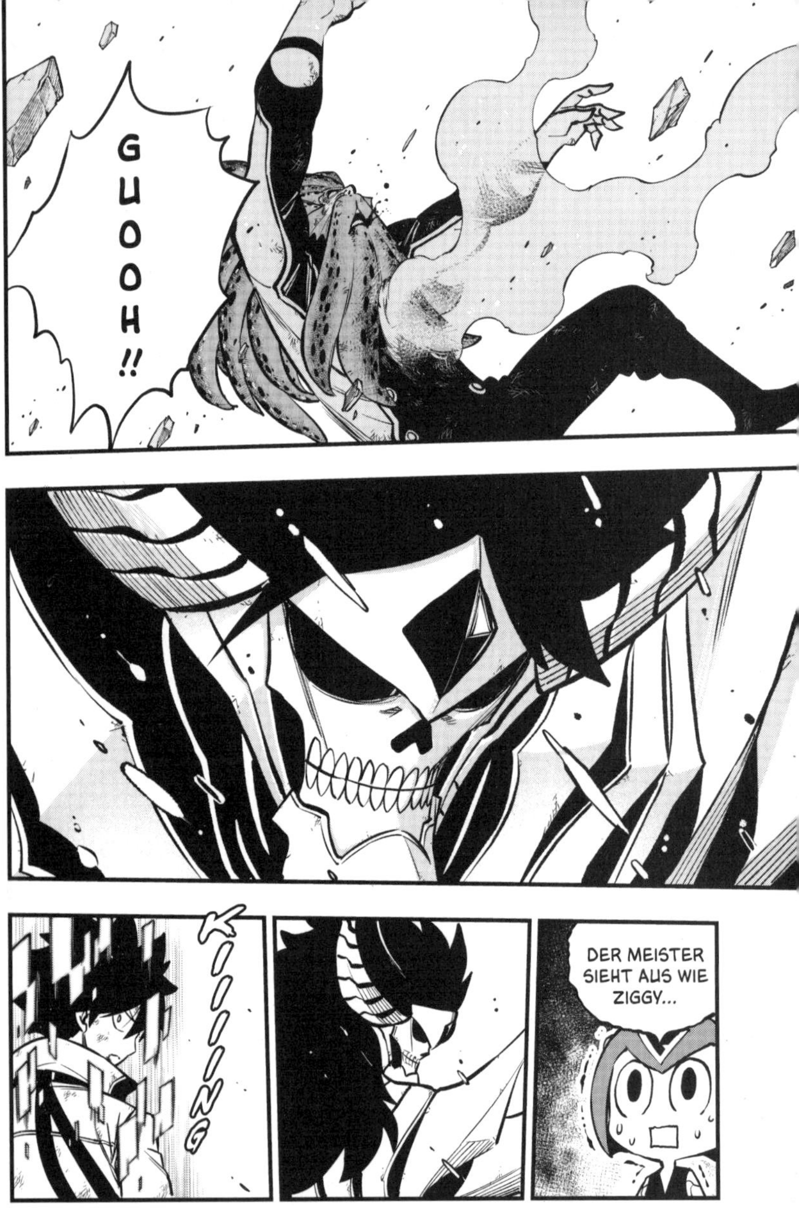
GUOOOH!!
KIIIIIING
DER MEISTER SIEHT AUS WIE ZIGGY...

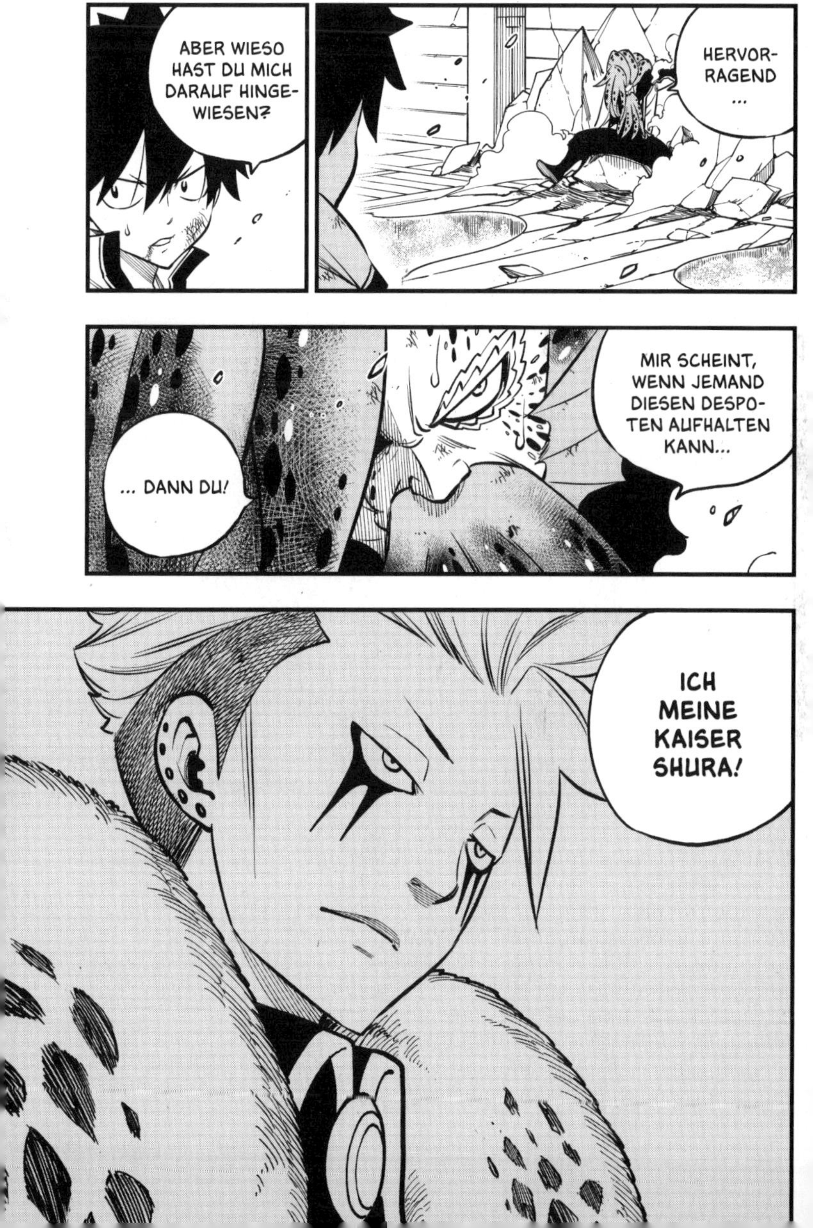
HERVORRAGEND ...
ABER WIESO HAST DU MICH DARAUF HINGEWIESEN?
MIR SCHEINT, WENN JEMAND DIESEN DESPOTEN AUFHALTEN KANN...
... DANN DU!
ICH MEINE KAISER SHURA!

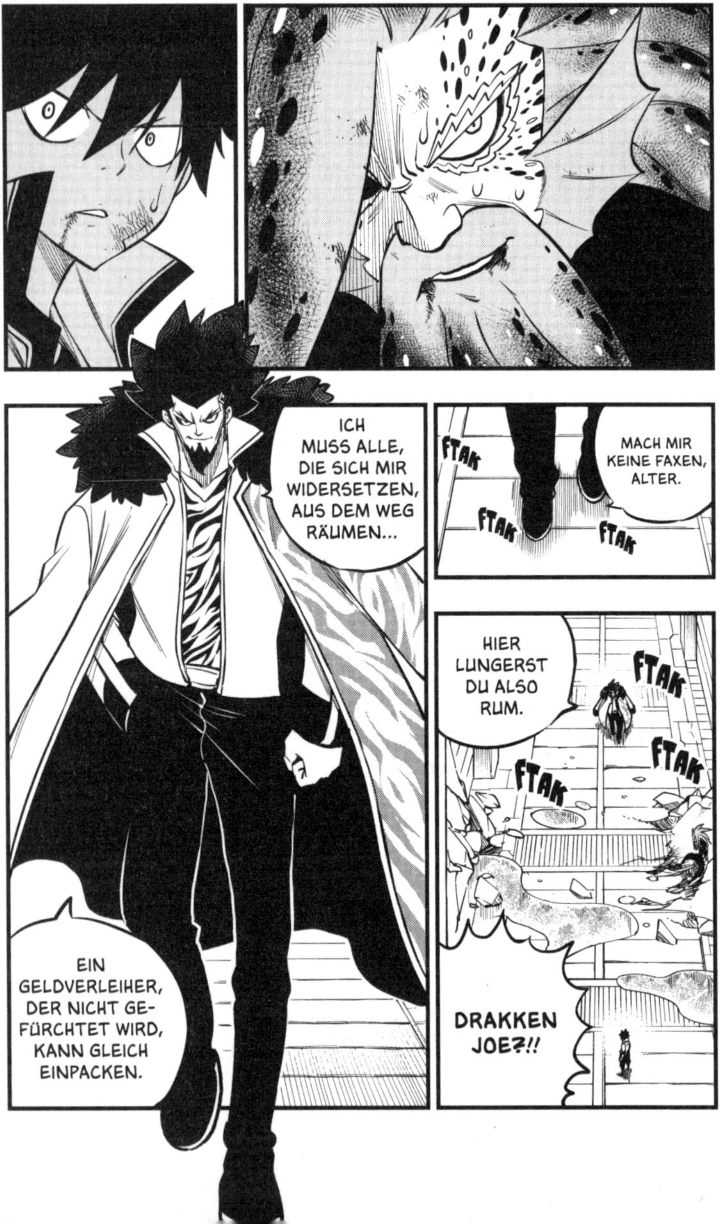
FTAK
MACH MIR KEINE FAXEN, ALTER.
FTAK
FTAK
HIER LUNGERST DU ALSO RUM.
FTAK
FTAK
FTAK
DRAKKEN JOE?!!
ICH MUSS ALLE, DIE SICH MIR WIDERSETZEN, AUS DEM WEG RÄUMEN...
EIN GELDVERLEIHER, DER NICHT GE-FÜRCHTET WIRD, KANN GLEICH EINPACKEN.

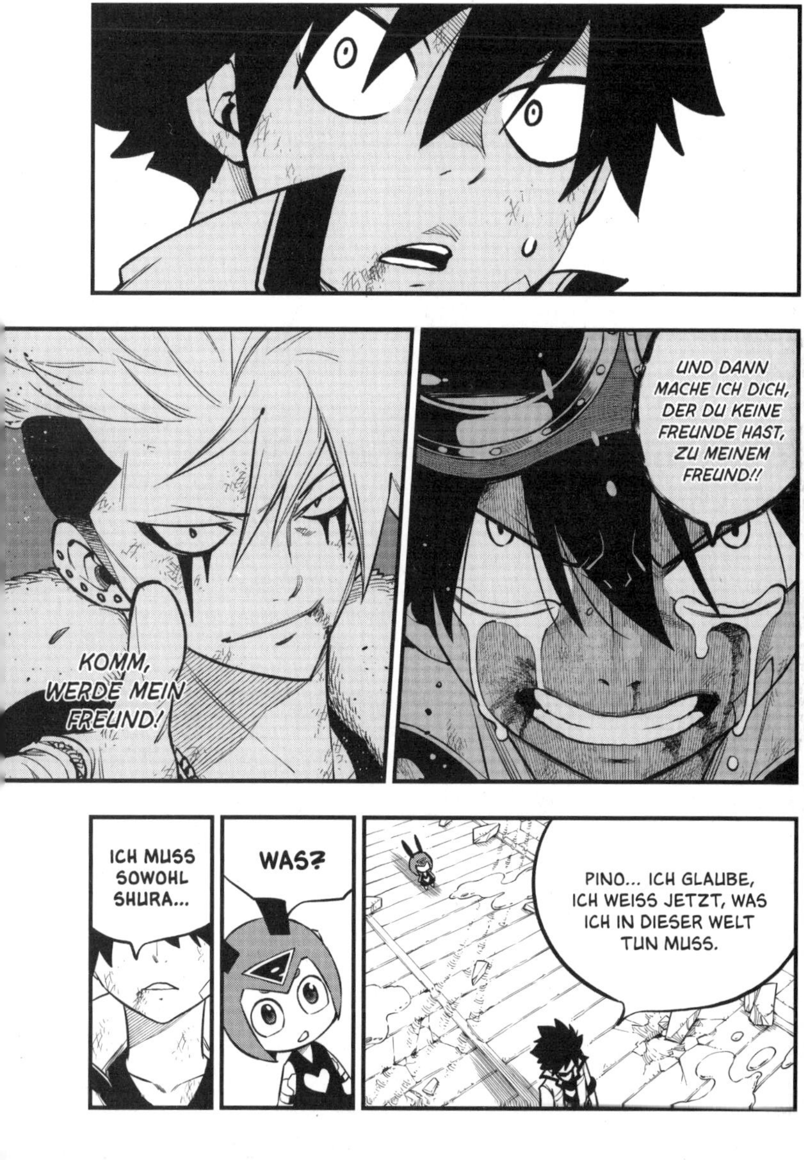
UND DANN MACHE ICH DICH, DER DU KEINE FREUNDE HAST, ZU MEINEM FREUND!!
KOMM, WERDE MEIN FREUND!
PINO... ICH GLAUBE, ICH WEISS JETZT, WAS ICH IN DIESER WELT TUN MUSS.
WAS?
ICH MUSS SOWOHL SHURA...

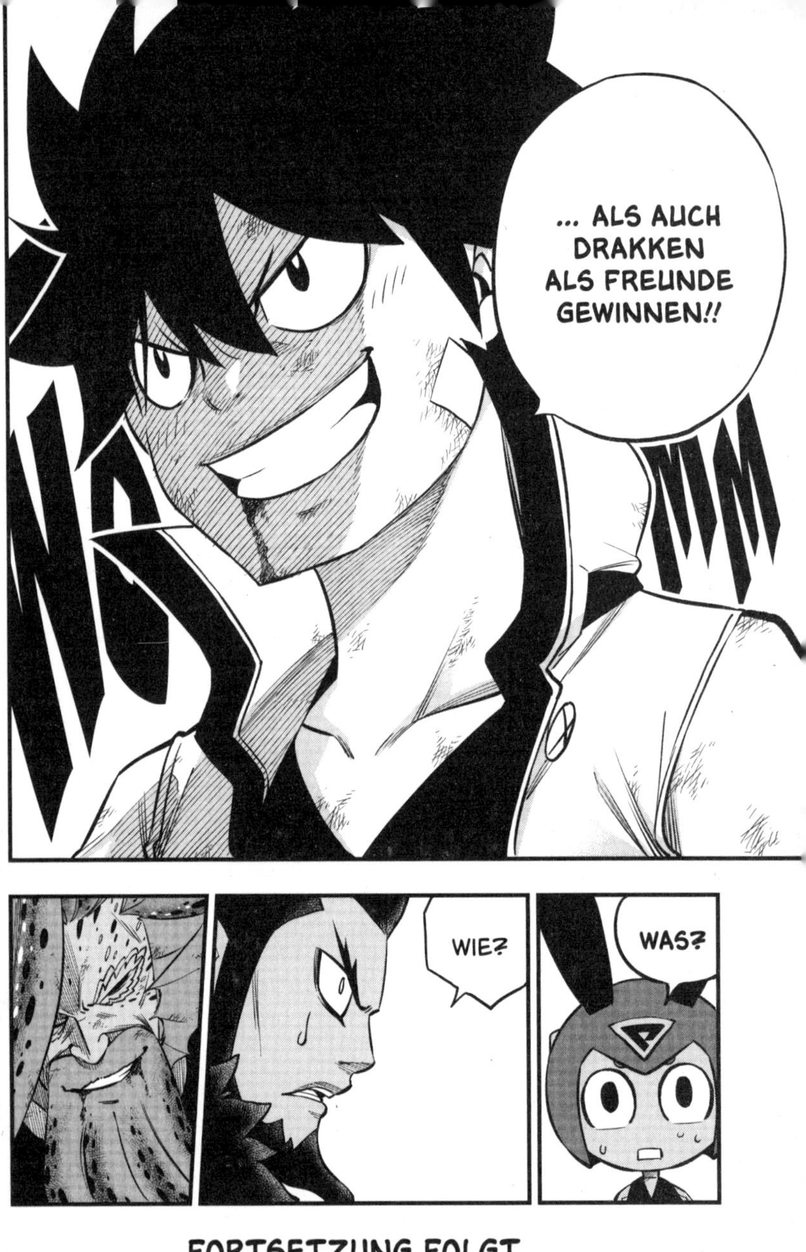

FORTSETZUNG FOLGT...

NACHWORT

Ich arbeite an einem eigenständigen Anime. Dabei geht es weder um »Fairy Tail« noch um »Edens Zero«, sondern es ist ein ganz neues Werk. Ich wollte es komplett selbst machen, daher bin ich von der Konzeption über das Charakterdesign bis hin zum Drehbuch für alles verantwortlich. Thematisch gehört er zu einem Genre, an das ich mich bisher noch nie gewagt habe, daher komme ich nur mühsam voran. Ich glaube, ich habe das Image eines Mangaka von Kampfszenen und Fantasy. Aus einer Laune heraus, mal etwas komplett anderes zu probieren, habe ich nun also dieses Projekt aufgenommen, aber nun... Es ist wirklich ein ganz schöner Brocken Arbeit!

Gerade habe ich das Charakterdesign sowie das Skript zur ersten Folge fertiggestellt. Aber als ich es mir hinterher durchgelesen habe, fand ich es absolut lahm! Also landete es im Mülleimer. Jetzt bin ich dabei, alles von Grund auf neu zu machen. Wehe mir! Wann wird wohl der Moment kommen, das Werk zu veröffentlichen...?

Parallel dazu stecke ich gerade in den Vorbereitungen für eine monatliche Mangaserie. Ich glaube, ich kann hier bald etwas dazu veröffentlichen. Die Serie soll konzentriert über einen kurzen Zeitraum herauskommen, aber da ich sie ja neben »Edens Zero« und »Fairy Tail« mache, muss ich jetzt viel Power aufbringen. Was für eine Geschichte das sein wird, erfahrt ihr bei der Veröffentlichung. Aber es wird ein bisschen anders als alle bisherigen Mashima-Werke: zwar Battle-Fantasy, aber aus ethischer Perspektive überhaupt nicht Mashima-like.

Parallel dazu arbeite ich auch noch an einem eigenem Game. Früher habe ich mal privat eine Freeware namens »Rebekka to kikai no yokan« (»Das Haus von Rebecca und den Maschinen«) gestaltet. Das hier ist jetzt allerdings ein völlig neues Game. Vom Charakterdesign über die Grafik im Spiel bis zum System und zum Plot des Skriptes bin ich komplett selbst verantwortlich. Das Skript selbst und das Programmieren will ich allerdings jemandem anvertrauen, der das auch kann.

Vom Genre wird es wohl so was wie eine »Thriller-Horror-Adventure«-Story. Genau. Ich hatte erst nicht das Gefühl, das Skript für ein Horror-Game schreiben zu können, daher habe ich überlegt, jemand anderen damit zu beauftragen. Allerdings habe ich die Sprechtexte der Charaktere sorgfältig überarbeitet, weil ich möchte, dass es letzten Endes auch wie mein Stil wirkt.

Außerdem beschäftige ich mich mit einigen anderen Projekten, über die ich noch nichts bekannt geben kann. Alle sagen ja immer: »Hab ich viel zu tun!« Aber ich denke dann nur: »Gott, ich hab wirklich viel zu tun!«

Ich will gar nicht immer davon reden, dass ich so beschäftigt bin... Aber aktuell ist das tatsächlich so. Aus diesem Grund kann ich in der nächsten Zeit erst mal keine neuen Projekte starten. Es tut mir so leid! Nichts ist für einen Mangaka schmerzlicher, als wenn er gezwungen ist, Auftragsanfragen abzulehnen.

EDENS ZERO

ALLE TORTUREN!!!

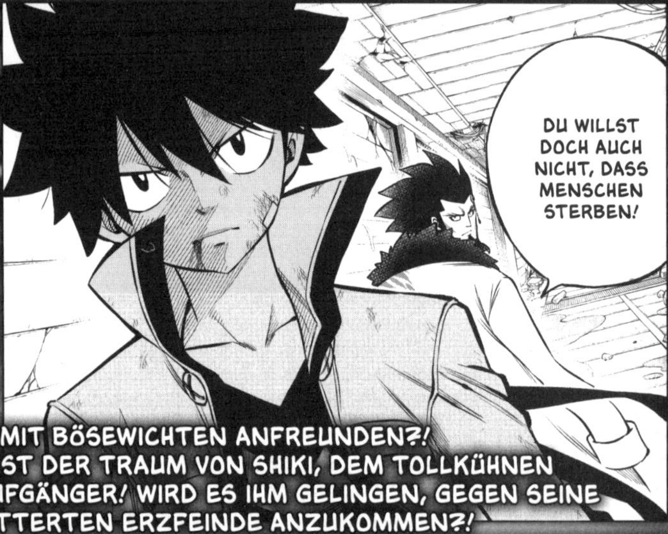

SICH MIT BÖSEWICHTEN ANFREUNDEN?! DAS IST DER TRAUM VON SHIKI, DEM TOLLKÜHNEN DRAUFGÄNGER! WIRD ES IHM GELINGEN, GEGEN SEINE ERBITTERTEN ERZFEINDE ANZUKOMMEN?!

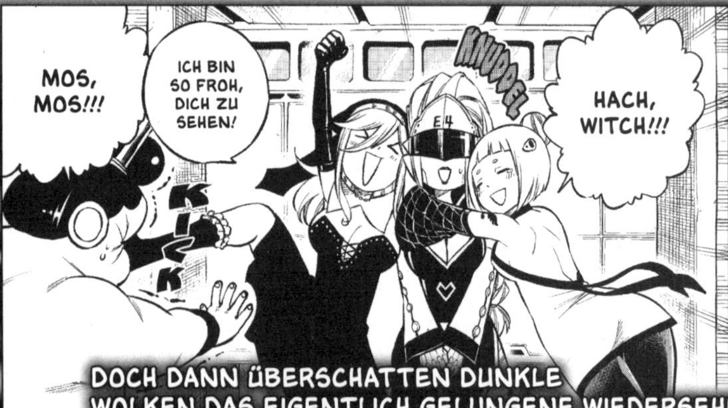

DOCH DANN ÜBERSCHATTEN DUNKLE WOLKEN DAS EIGENTLICH GELUNGENE WIEDERSEHEN DER CREWMITGLIEDER...

ERSCHEINT VORAUSSICHTLICH IM JANUAR 2025!

UNIVERSE 0 =

WELT DER MÖGLICHKEITEN

ÜBERWINDE HIER

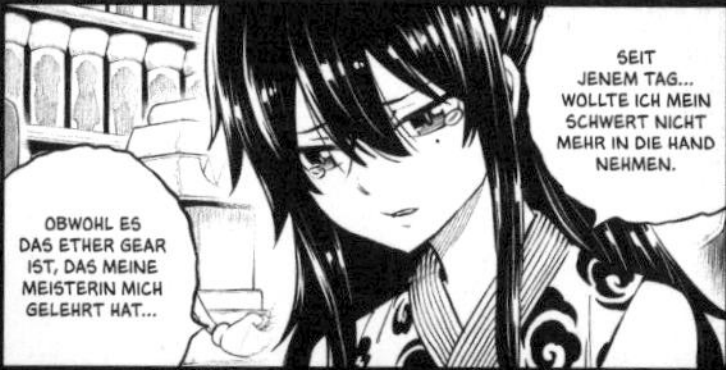

DIE SCHWERTKÄMPFERIN DER FOUR SHINING STARS ERINNERT SICH WEITERHIN AN NICHTS! SIE WILL NICHT LÄNGER KÄMPFEN...!

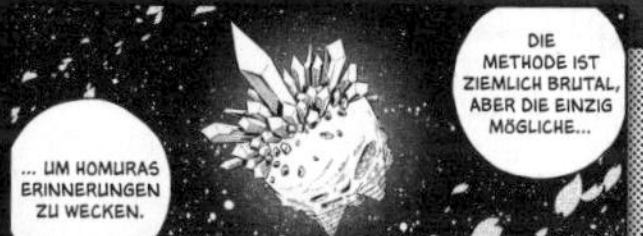

AUF DER SUCHE NACH EINER LÖSUNG IN DIESER VERZWICKTEN LAGE GEHT ES NUN AUF ZUM PLANETEN SUN JEWEL.

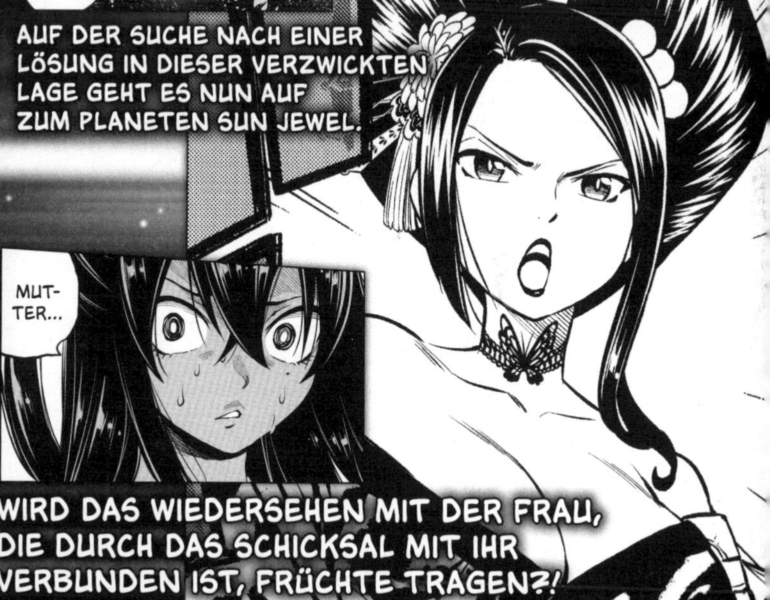

WIRD DAS WIEDERSEHEN MIT DER FRAU, DIE DURCH DAS SCHICKSAL MIT IHR VERBUNDEN IST, FRÜCHTE TRAGEN?!

EDENSZERO BAND 27

MISSION: Yozakura Family

HITSUJI GONDAIRA

VORHANG AUF FÜR DIE SCHRÄGSTE UND GEFÄHRLICHSTE FAMILIE DER WELT!

Taiyo Asano ist ein extrem schüchterner Oberschüler. Die einzige Person, mit der er unbeschwert reden kann, ist seine Kindheitsfreundin Mutsumi Yozakura. Doch dann stellt sich heraus, dass Mutsumi ein Geheimnis hat, das Taiyos Leben völlig auf den Kopf stellt: Ihre Familie besteht aus lauter Superspionen! Und als wäre das nicht schon aufregend genug, trachtet Mutsumis großer Bruder ihm auch noch nach dem Leben! Wie weit wird Taiyo gehen, um seine Haut zu retten?

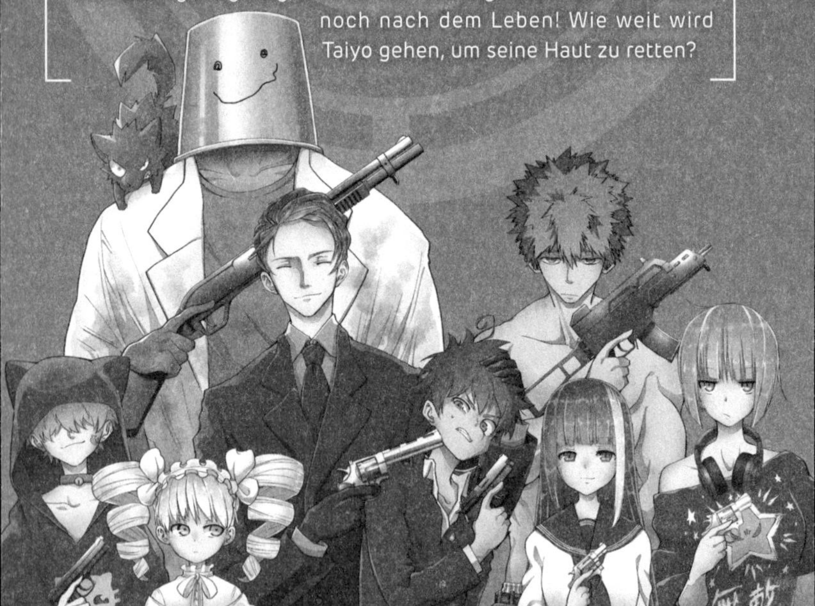

CARLSEN MANGA!

www.carlsenmanga.de

carlsen_manga

carlsenmanga

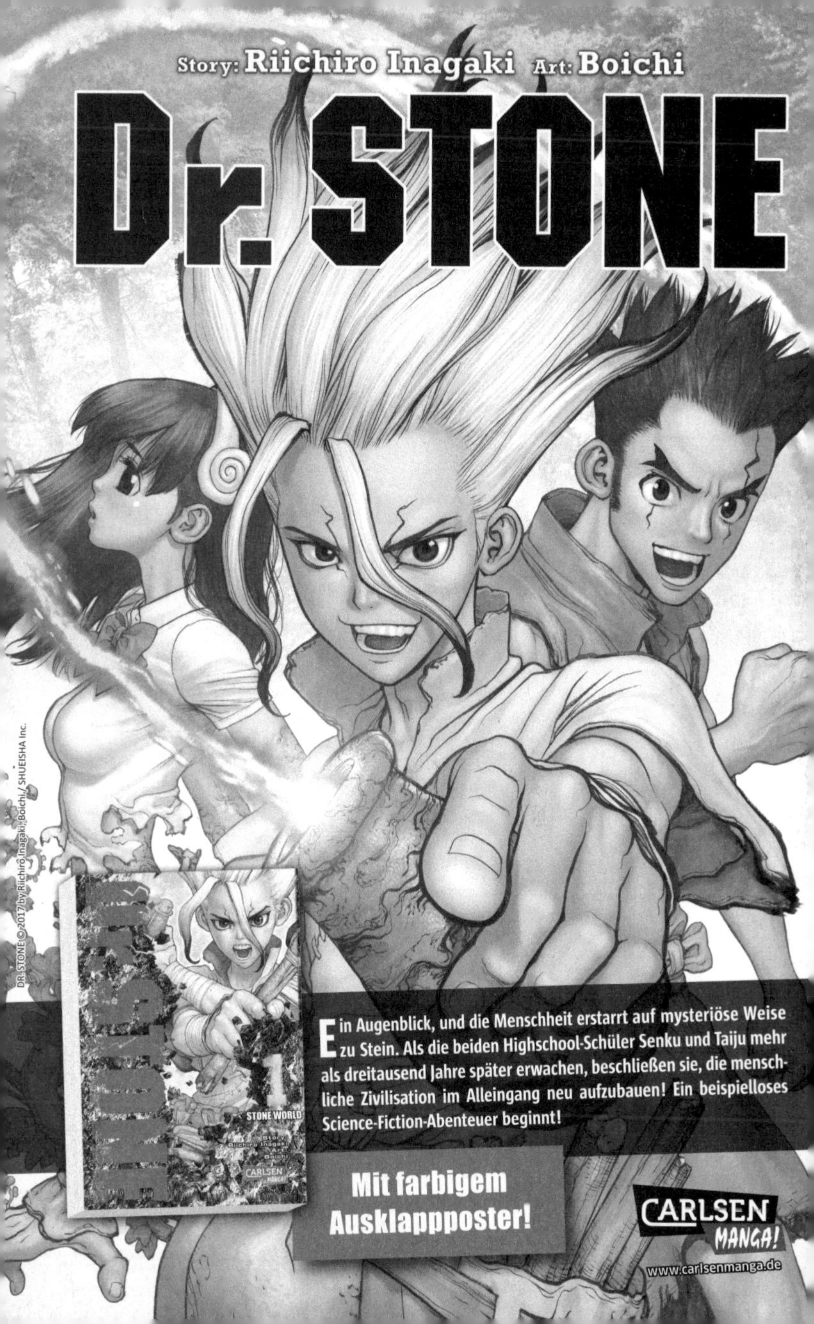

Story: Riichiro Inagaki Art: Boichi
Dr. STONE
Ein Augenblick, und die Menschheit erstarrt auf mysteriöse Weise zu Stein. Als die beiden Highschool-Schüler Senku und Taiju mehr als dreitausend Jahre später erwachen, beschließen sie, die menschliche Zivilisation im Alleingang neu aufzubauen! Ein beispielloses Science-Fiction-Abenteuer beginnt!
Dr. STONE 1
STONE WORLD
Mit farbigem Ausklappposter!
CARLSEN MANGA!
www.carlsenmanga.de
DR. STONE © 2017 by Riichiro Inagaki, Boichi / SHUEISHA Inc.

»EDENS ZERO« ist eine japanische Serie, und in Japan wird von »hinten« nach »vorn« und von rechts nach links gelesen. Man muss diesen Manga also »hinten« aufschlagen und Seite für Seite nach »vorn« weiterblättern. Auch die Bilder auf jeder Seite und die Sprechblasen innerhalb der Bilder werden von rechts oben nach links unten gelesen, so wie in der Grafik gezeigt. Viel Spaß mit »EDENS ZERO«!

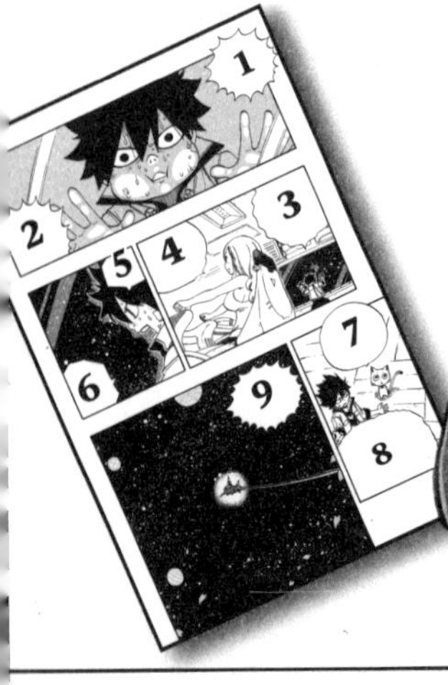

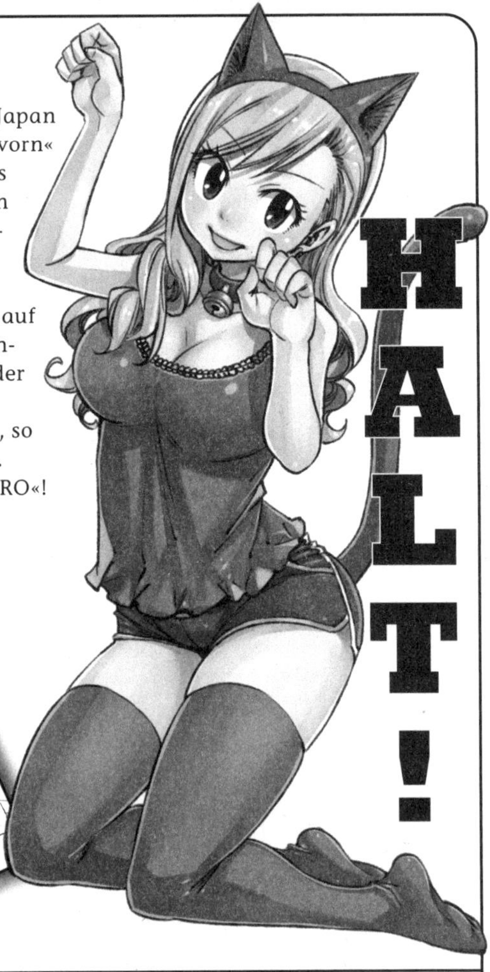

CARLSEN MANGA · Deutsche Ausgabe / German Edition

Aus dem Japanischen von Nadja Stutterheim

First published in Japan in 2023 by KODANSHA Ltd., Tokyo
Publication rights for this German edition arranged through Kodansha Ltd.
Redaktion: Patricia Janzen · Textbearbeitung: Steffen Haubner · Produktionsmanagement: Tobias Hametner
 · ISBN: 978-3-551-80028-2

FSC
www.fsc.org
MIX
Papier | Fördert gute Waldnutzung
FSC® C083411